编委会主任／潘敏　于信汇

SHANGHAI JINGSHEN WENMING JIANSHE LANPISHU

上海精神文明建设蓝皮书（2019）

主编／王玉梅　杨雄

《上海精神文明建设蓝皮书》(2019)编委会

主　任　潘　敏　于信汇

副主任　王玉梅　杨　雄

委　员　(按姓氏笔画排序)
　　　　王泠一　汤蕴懿　陈庆安　陈建军　郑英豪
　　　　周洁莉　唐洪涛　徐峻音　裘晓兰　蔡伟民
　　　　魏莉莉

主　编　王玉梅　杨　雄

副主编　汤蕴懿　徐峻音

摘　要

　　精神文明，乃一个国家和民族从灵魂中迸发的最深沉、厚重的力量，作为文化认同与共同梦想的载体，为国家和民族的凝心聚力、协调发展提供着生生不竭的动力。自改革开放伊始，党中央就提出了"两手都要抓，两手都要硬"的方针，将精神文明建设与物质文明建设并举，从战略层面肯定了精神文明作为完成改革开放和现代化建设目标之重要保证、构建社会主义和谐社会之重要任务的地位。随着中国特色社会主义迈进新时代，精神文明建设也已行至继往开来、承前启后的关键节点，迎来了新时代的新使命、新任务。党的十九大和十九届四中全会就新时代精神文明建设提出了新要求、新希望、新任务，赋予了新论断、新部署、新遵循，以明烛引路、高屋建瓴的姿态，为进一步推进精神文明建设提供了清晰的思想指引和实践指南。

　　为全面贯彻党的十九大和十九届四中全会精神、服务国家发展与战略大局，上海始终坚持以习近平新时代中国特色社会主义思想为根本遵循，坚持以人民为中心的发展思想，以"两个文明"为目标导向，以"文化自信"为内容维度，以培育和践行社会主义核心价值观为主线，以共建共治共享为路径，以深化改革开放40周年的实践经验为动力，聚焦全力打响"上海文化"品牌、兼具时代特征和上海特色的精神文明建设。《上海精神文明建设蓝皮书》意在立足实际，总结、提炼上海市、区以及各基层单位在精神文明建设工作中的经验和建议，以期进一步落实《上海市精神文明建设"十三五"发展规划》工作要求，谋划上海精神文明建设的未来发展，进而为将上海建设成为卓越的全球城市和具有世界影响力的社会主义现代化国际大都市提供精神保障与文化支撑。

　　本书在上海市精神文明委员会办公室的指导下，由上海社会科学院研究团队及相关领域专家,通过一篇总报告、十篇专题报告和十三篇案例报告,贯通市级、区级、基层等三个层面,立体地描摹了2018年上海市精神文明建设落实习近平总书记提出的"举旗帜、聚民心、育新人、兴文化、展形象"使命任务的新时代图景。

总报告结合上海市精神文明建设的相关背景、目标和工作情况,从新态势、新发展、新经验、新展望四个方面,对上海精神文明的建设水平、年度发展和未来规划进行了提纲挈领的总结、精彩生动的展示。专题报告在市级、区级层面,基于各单位的工作实际,聚焦区域特征与发展特色,围绕"进博会""海派文化""毗邻党建""奉贤区贤文化"等具有鲜明"时代特征"和"上海特色"的关键词,对上海市精神文明建设的思想与实践进行了深入而独到的分析。案例报告重在从基层选取具有代表性和针对性的典型案例,对精神文明建设下贯至基层、下贯至人民日常生活的情况和方式进行细致、具体的考察和总结,致力于帮助进一步推动上海市精神文明建设走近群众、走向实处。其中的"家校共育"案例为加强未成年人思想道德建设提供了生动的实例,"上海伴手礼"案例则探讨了"打响四大品牌"在实践中的具体落实。

关键词: 精神文明　五大创建　上海特色

目　录

总　报　告

文明滋养城市气质，精神构筑上海底蕴
　　——2018年上海精神文明建设报告 …………… 杨　雄　裘晓兰 / 003

专　题　报　告

以文化滋润心田，以文明铸就城市
　　——上海宣传系统精神文明建设的实践探索
　　　………………………………… 市委宣传部基层工作处 / 025
进博会与上海城市精神的升华 ………………………… 张虎祥 / 032
丰富内涵创新机制，志愿服务助推城市精神文明建设
　　………… 俞　伟　裘晓兰　魏莉莉　张虎祥　徐嘉蓓 / 042
加强未成年人思想道德建设，培养社会主义建设者和接班人
　　………………………………………… 魏莉莉　裘晓兰 / 063
打造海派修身，展示文明形象
　　——上海市民修身行动 ……………… 余玉花　刘　程 / 074
"毗邻党建"模式的实践与探索 ………………………… 程　艳 / 091

001

凝聚巾帼力量，奏响家庭文明新乐章
　　…………………………………………上海市妇联宣传与网络工作部 / 101
"贤文化"的迭变
　　——奉贤区精神文明建设之魂
　　……………………………徐　卫　盛群华　张文权　刘　波 / 113
发挥红色文化场馆在精神文明建设中的重要阵地作用
　　——以陈云纪念馆为例 …………………………………… 陈炜炜 / 130
书香浸润申城，助推社会文明
　　——上海图书馆行业协会以阅读提升市民素养 ………… 陈起众 / 140

案 例 报 告

以志愿服务为依托，推进基层精神文明建设
　　——普陀区石泉路街道精神文明建设的实践与启示 …… 赵　健 / 159
借力精神文明创建，筑梦未成年人成长
　　——中国福利会少年宫精神文明创建的实践与探索
　　……………………………………………………… 陈　敏　陈　杨 / 169
聚力打造"风貌区党建"品牌
　　——徐汇区天平街道引领城市基层社会治理创新
　　………………………………………………… 徐汇区天平街道党工委 / 177
精神文明建设的"互联网+"：女性的"网上娘家"
　　——"上海女性"微信运营探析 ………陈建军　徐维娜　江海伦 / 184
创新社会组织模式，助力精神文明建设
　　——以静安区社会组织联合会为例 ……………………… 顾维民 / 193
以楼宇社区为平台，探索新时代城市基层党建新路径
　　——黄浦区淮海中路街道推进楼宇党建的实践
　　………… 金韶靖　李连涛　陈祥勤　冯　莉　马丽雅　李锦峰 / 202

摘　要

精神文明，乃一个国家和民族从灵魂中迸发的最深沉、厚重的力量，作为文化认同与共同梦想的载体，为国家和民族的凝心聚力、协调发展提供着生生不竭的动力。自改革开放伊始，党中央就提出了"两手都要抓，两手都要硬"的方针，将精神文明建设与物质文明建设并举，从战略层面肯定了精神文明作为完成改革开放和现代化建设目标之重要保证、构建社会主义和谐社会之重要任务的地位。随着中国特色社会主义迈进新时代，精神文明建设也已行至继往开来、承前启后的关键节点，迎来了新时代的新使命、新任务。党的十九大和十九届四中全会就新时代精神文明建设提出了新要求、新希望、新任务，赋予了新论断、新部署、新遵循，以明烛引路、高屋建瓴的姿态，为进一步推进精神文明建设提供了清晰的思想指引和实践指南。

为全面贯彻党的十九大和十九届四中全会精神、服务国家发展与战略大局，上海始终坚持以习近平新时代中国特色社会主义思想为根本遵循，坚持以人民为中心的发展思想，以"两个文明"为目标导向，以"文化自信"为内容维度，以培育和践行社会主义核心价值观为主线，以共建共治共享为路径，以深化改革开放40周年的实践经验为动力，聚焦全力打响"上海文化"品牌、兼具时代特征和上海特色的精神文明建设。《上海精神文明建设蓝皮书》意在立足实际，总结、提炼上海市、区以及各基层单位在精神文明建设工作中的经验和建议，以期进一步落实《上海市精神文明建设"十三五"发展规划》工作要求，谋划上海精神文明建设的未来发展，进而为将上海建设成为卓越的全球城市和具有世界影响力的社会主义现代化国际大都市提供精神保障与文化支撑。

本书在上海市精神文明委员会办公室的指导下，由上海社会科学院研究团队及相关领域专家,通过一篇总报告、十篇专题报告和十三篇案例报告,贯通市级、区级、基层等三个层面,立体地描摹了2018年上海市精神文明建设落实习近平总书记提出的"举旗帜、聚民心、育新人、兴文化、展形象"使命任务的新时代图景。

总报告结合上海市精神文明建设的相关背景、目标和工作情况,从新态势、新发展、新经验、新展望四个方面,对上海精神文明的建设水平、年度发展和未来规划进行了提纲挈领的总结、精彩生动的展示。专题报告在市级、区级层面,基于各单位的工作实际,聚焦区域特征与发展特色,围绕"进博会""海派文化""毗邻党建""奉贤区贤文化"等具有鲜明"时代特征"和"上海特色"的关键词,对上海市精神文明建设的思想与实践进行了深入而独到的分析。案例报告重在从基层选取具有代表性和针对性的典型案例,对精神文明建设下贯至基层、下贯至人民日常生活的情况和方式进行细致、具体的考察和总结,致力于帮助进一步推动上海市精神文明建设走近群众、走向实处。其中的"家校共育"案例为加强未成年人思想道德建设提供了生动的实例,"上海伴手礼"案例则探讨了"打响四大品牌"在实践中的具体落实。

关键词: 精神文明　五大创建　上海特色

全面构建"家校共育"模式,用心呵护学生和谐成长
………………………………………………… 浦东新区教育局 / 211

精神文明建设的专业化:浦东家庭社工专业服务实践
………………………………………………… 王丽蓉　许艳萍 / 219

创新基层治理新模式,建设精神文明新亮点
　——闵行区浦江镇"党建集群"的探索实践 ………… 张友庭 / 227

"美丽庭院"扮靓文明乡村
　——浦东新区泥城镇公平村的探索 ………………… 夏江旗 / 236

依托信息技术重构治理网络
　——宝山"社区通"构建互联网时代党建引领基层社会
　　治理新模式 ……………………………………… 宝山区民政局 / 244

凝心聚力开创文艺院团文明创建新篇章
　——上海交响乐团围绕中心、服务大局打造城市精神的
　　文化主体 ………………………………………………… 王　颖 / 250

满怀文化自信的上海"伴手礼" …………… 陶爱莲　唐健盛　刘　波 / 257

总报告

文明滋养城市气质,精神构筑上海底蕴

——2018年上海精神文明建设报告

杨 雄 裘晓兰

摘 要: 精神文明是一个国家和民族最深沉、最厚重的力量,也是国家和民族协调发展最持久、最根本的支撑。面对新时代的新使命、新任务,2018年上海始终将习近平新时代中国特色社会主义思想作为凝魂聚气、凝心聚力的核心指引,立足市情,创新突破,紧扣纪念改革开放40周年和首届中国国际进口博览会契机,以培育和践行社会主义核心价值观为主线,以共建共治共享为基本路径,聚焦全力打响"上海文化"品牌,积极推进和开展具有时代特征和上海特色的精神文明建设活动。坚持与时俱进、奋发有为,更好推动精神文明建设走向自觉、走进百姓、走在实处、走出新路;为广大市民提供更加丰富、多样的文化产品;倡导更加绿色、文明的精神生活;为上海加快建设卓越的全球城市和具有世界影响力的社会主义现代化国际大都市提供更加坚实的精神保障是上海精神文明建设的未来发展方向。

关键词: 新时代 精神文明建设 上海精神 上海文化

精神文明是一个国家和民族最深沉、最厚重的力量,也是国家和民族协调发展最持久、最根本的支撑。改革开放之初,党中央正式提出了建设社会主义精神文明的战略任务,确立了"两手抓、两手都要硬"的战略方针。40年来,作为中国特色社会主义的重要内容、作为社会主义现代化建设的重要目标,社会主义精神文明建设伴随着改革开放和现代化建设而不断推进深化,与物质文明建设相互促进、均衡发展,成为我国长期坚持的治国兴邦的重大战略,成为中国道路、中国理论、中国制度的重要组成,不仅为改革开放提供了强大的精神动力和思想支柱,更为全面建成小康社会奠定了坚实基础。

一、心系发展、服务大局
——上海精神文明建设新态势

2018年正逢改革开放40周年,既是我国改革事业承前启后、继往开来的关键节点,也是精神文明建设的战略之年。新时代意味着新使命、新任务,需要有新谋略、新作为。

1. 党的十九大引领上海精神文明建设迈入新时代

党的十九大报告围绕精神文明建设提出了一系列新论断、新部署、新要求,为进一步推进精神文明建设提供了清晰的思想指引、理论遵循和实践指南。2018年,上海始终把精神文明建设摆在突出位置,积极开展具有时代特征、上海特色的精神文明建设活动。

一是,坚持以习近平新时代中国特色社会主义思想为核心遵循。党的十九大对社会主义精神文明作出了重大部署。习近平总书记指出"必须坚持马克思主义,牢固树立共产主义远大理想和中国特色社会主义共同理想","更好构筑中国精神、中国价值、中国力量,为人民提供精神指引",为新时代社会主义精神文明建设指明了方向。2018年,上海精神文明建设始终将习近平新时代中国特色社会主义思想作为凝魂聚气、凝心聚力的核心指引,进一步推进精神文明建设的蓬勃发展,为上海实现转型发展提供思想保证和精神动力。这不仅是上海城市发展的必然方向,也是促进上海城市持续发展的重大保证。

二是,坚持以"两个文明"为协调发展之目标导向。提升社会文明程度是社会主义现代化建设的重要内涵。社会文明水平是社会发展程度的重要标志,是社会价值导向、社会风气和精神风貌的集中体现。针对进入新时代上海精神文明建设过程中出现的新情况、新问题，我们始终坚持"两手抓、两手都要硬"，切实加强社会主义精神文明建设与践行社会主义核心价值观相结合，切实加强社会主义精神文明建设与精细化城市治理相结合，切实加强社会主义精神文明建设与打响"四个品牌"相结合，切实加强社会主义精神文明建设与提升市民素养相结合，推动了社会文明程度与现代化建设进程相适应，实现了市民文明素质和社会文明程度的持续提升。

三是，坚持"以人民为中心"为精神文明建设之价值取向。随着上海近年来经济由追求高速度转向实现高质量发展，广大市民不仅对物质文化生活提出更高要求，而且在民主、法治、公平、正义、安全、环境等方面的要求也日益增长。而坚持以人民为中心，既是精神文明建设实践工作的根本立场，也是检验精神文明建设成效的重要标准。因此，进入新时代，上海精神文明建设不仅需要满足市民"基础民生"到"质量民生"的需求，还要围绕人民更加多元、更加丰富的精神文化需求，从而把为民、利民、惠民体现到本市精神文明建设方方面面，为实现"人民对美好生活的向往"提供助力。

四是，坚持以"文化自信"为精神文明建设之内容维度。文化是一个国家、一个民族的灵魂。文化自信是对中华民族传统文化的自我肯定、认同以及遵从，其注重的是精神层面和价值层面的自信。文化自信与精神文明建设之间有着不可分割的关系，坚定的文化自信是凝心聚力的精神纽带，也是中华民族伟大复兴的精神支撑。在新时代的发展关键时期，上海始终坚持以新时代中国特色社会主义文化的主体精神和文化自觉，牢固树立文化自信，优化精神文明建设的内容体系，推动本市精神文明建设蓬勃发展。

2. 城市创新发展推进上海精神文明建设踏上新台阶

2018年5月，李强书记在精神文明建设工作会议上指出，上海要坚持以习近平新时代中国特色社会主义思想统领精神文明建设，要在培育和践行社会主义核心价值观上持续用力、不断深化，紧紧围绕全市改革发展稳定大局出实招、求实效，为上海加快建设卓越的全球城市和具有世界影响力的社会主义现代化国际大都市提供强大精神力量。

一是，现代化国际大都市目标定位为精神文明建设提供了发展空间。

2017年5月,中共上海市第十一次代表大会报告鲜明地提出了上海今后五年的发展目标:基本建成"四个中心"和社会主义现代化国际大都市,建设创新之城、人文之城、生态之城。上海将人文之城建设放在经济社会建设的战略高度来定位,放在社会治理创新、民生福祉改善的大局中来谋划,为精神文明的发展提供了舞台和空间。大力弘扬"海纳百川、追求卓越、开明睿智、大气谦和"的城市精神和"开放、创新、包容"的城市品格,整体增强城市的竞争力、吸引力、凝聚力,全面提升城市的吸引力、创造力、竞争力,使上海更具人文关怀,让城市更有温度,让市民幸福感、获得感不断增强,是人文之城的重要体现,也是上海精神文明建设的发展目标。

二是,全力打响"四大品牌"为精神文明建设注入了发展动力。打响"四大品牌"是构筑新时代上海发展战略优势的重要举措。2018年4月,上海市委、市政府发布《关于全力打响上海"四大品牌"率先推动高质量发展的若干意见》和具体行动计划,明确打响"上海服务""上海制造""上海购物""上海文化"四大品牌的主要目标、重点任务和工作措施,这为精神文明建设提供了强有力的发展动力。全力打响"四大品牌"是上海推动高质量发展、创造高品质生活的重要举措。从而进一步明确了上海精神文明建设要与打响上海"四大品牌"紧密结合,一方面要依托"上海文化"品牌,创新渠道载体,延伸触角阵地,扩大精神文明建设覆盖面和影响力;另一方面要与创新社会治理相呼应,推进精神文明建设成为打响服务品牌、制造品牌、购物品牌的强大推动力。

三是,大调研为精神文明建设明确了实施路径。提升市民文明素质和城市文明程度是精神文明建设的核心任务。近年来,上海精神文明建设始终坚持为民惠民,多办群众关心、基层需要、社会关注的好事实事,激发了群众自觉自愿参与的主动性和创造性,得到社会广泛认同。随着社会发展进步,市民对精神文明的要求也出现多元趋向。因此,精神文明建设如何做到坚持需求导向、问题导向、效果导向?如何在围绕中心、服务大局的同时,聚焦民众需求、人民利益,实现供需的精准对接?2018年初市委发布"不忘初心、牢记使命、勇当新时代排头兵、先行者"大调研决定,为精神文明建设补齐短板、创新发展提供了实现路径。通过一年的扎实有效调研，了解市民新需求以及精神文明建设中的短板和薄弱环节，进而为解决老百姓"急难愁盼""老小旧远"民生需求的同时，为进一步提升市民的安全感、幸福感，找到了精神文明建设的任务与实施路径。

二、积极探索、勇于先行
——上海精神文明建设新发展

2018年是上海加快建设国际经济、金融、贸易、航运、科技创新中心，努力迈向令人向往的卓越的全球城市的一年。上海市精神文明建设在市委、市政府的领导下，以习近平总书记出席第一届"进博会"和视察上海的重要讲话精神为指引，在延续和巩固上海精神文明建设成果基础上，立足市情，创新突破，紧扣纪念改革开放40周年和首届中国国际进口博览会契机，以培育和践行社会主义核心价值观为主线，以公民思想道德建设、群众性精神文明创建活动、志愿服务工作和未成年人思想道德建设工作为载体，展现了良好的建设成效。

1. 深入宣传、弘扬社会主义核心价值观

一是，树立和宣传先进典型，加强公民道德建设。2018年，上海广泛开展了"我推荐，我评议身边好人"活动，上报候选事迹120件中有13件入选中国文明网"好人榜"；评选出2017年度社会主义精神文明好人好事10件、好人好事提名20件；组织开展了关爱礼遇全国道德模范专项工作、"慰问好心人"活动；编辑出版了《泽润申城　德耀中华——上海市获全国道德模范（含提名）全记录》。

二是，继承发扬优秀文化，弘扬上海城市精神。2018年，围绕上海红色文化、海派文化和江南文化，为"海纳百川　文化之申——上海城市符号与城市精神"开设了系列专题讲座；组织了弘扬上海建党精神、时代精神和城市精神的"Tell+Shanghai"主题演讲活动；主办了展示上海市民文明素养和城市文明程度创新探索的第三届城市文明论坛，以及"百名金牌家政员欢欢喜喜过大年"上海市家庭服务业行业协会2018年联谊会、社会各界清明感恩典礼、"文明杨浦端午情 市民修身新风尚"民俗游园会、"海上花开月正圆"中秋活动、"颛桥糕会"重阳活动等"我们的节日"主题活动。

三是，加强公益广告和网络宣传，营造文明向上氛围。2018年，市精神文明建设门户官网上海文明网全年累计访问量超60亿人次；各区委办文明办共开通两微一端账号12家，关注用户和粉丝累计近100万人。本市全年公益广告在各类报纸期刊共刊发400多版，上海广播电视台下属电视频道播放超过2.6万分钟，广播播放超过5万分钟，东方明珠移动电视、分众楼宇视频、公交站台视频端等播出时长超过5.7万分钟，20家市级新闻网站和商业网站首页公益广告累计访问人次超3000万。围绕进口博览会等重大活动，全市累计配发宣传海报、折页、易拉宝等超过200万件，覆盖全市5000个居委、村委；6万个东方明珠移动电视端口和1万个分众楼宇端口受众超过6亿人次。

2. 推动、深化上海"市民修身行动"

一是，进一步完善工作机制。2018年，市文明办制定发布了《市民修身行动工作要点》，提出"奋进新时代，修身新风尚"年度市民修身工作目标和任务；立足于现有爱国主义教育基地、红色文化场馆、科普活动基地等优质阵地资源，打造了274家基层活动基地，新命名市级示范点50家，特色项目30个（全市累计有基层活动基地602个，累计命名市级示范点100家，特色项目60个）；召开了2018年度市民修身现场推进会，推动市民修身行动全面落实。

二是，进一步丰富活动形式。扎根上海城市文化特质，以上海"市民修身行动"对接进口博览会，开展科技修身、文创修身、健康修身、体育修身等主题活动。本市推出了"申城行走 人文修身"城市体验项目，打造了"红色文化""海派文化""江南文化"修身路线，制作了市区两级修身路线地图册，发布了市民修身书单等。

三是，进一步创新载体平台。2018年，本市运用互动体验平台"市民修身云"推出了"市民修身日历"，吸引了300多万人次学习打卡；在上海学习网修身专题网页设置了爱国主义、优秀传统文化等10大类专题课程，市民响应踊跃,目前实名注册人数已达130多万。

四是,进一步拓展空间阵地。通过打造思南读书会、思南书集等阅读修身品牌,成立了新业态书店联盟,扩大了市民修身影响力;通过发布《上海市滨江地区文明示范带创建导则》,引导广大市民的文明习惯养成;通过吸纳智慧湾科创园、得丘礼享谷等创意园区开拓了修身新空间,为市民拓展了修身体验新领域。

3. 不断提升群众性精神文明创建活动

一是,精心组织推进开展文明创建工作。2018年,积极配合、响应全国文明城区创建工作,完成上海闵行、杨浦、黄浦、青浦、松江、金山、崇明等7个区第六届全国文明城区提名城区发布;举办长三角全国文明城市(区)文化交流论坛,签署长三角地区首个精神文明建设共建备忘录;开展各项文明创建评选,评选出年度市级文明社区94个、文明镇79个;组织推进年度上海市文明小区、文明村创建评选;启动第19届上海市文明单位创建评选和"滨江地区文明示范带"创建;开展首届"最美河道"系列评选活动。

二是,不断提升行业文明创建水平。2018年,围绕首届中国国际进口博览会窗口服务保障工作,着力开展行业文明创建。据统计,各行业设立进博会宣传点位26 500多个,开展培训541场,参与员工约24万人次;评出进博会"最美窗口"20个;在各行业和重点区域组织开展主题系列活动635场;发动4万余人参与行业设置城市文明志愿服务站(岗)活动。

三是,规范与创新管理体制机制。2018年,修订颁布了《上海市文明单位社会责任报告编制说明》(2018年版);开发研制了《文明单位测评体系操作手册》《文明校园测评操作手册(普教版)》;印发宣传了《海外领事保护与旅游安全指南2018年版》宣传手册;启动了"文明天下行"文明旅游进社区培训活动;并在全国率先探索精神文明建设领域嵌入信用管理机制。

四是,落实"乡村振兴战略"工作。市文明办起草完成了《关于推进乡村振兴加强农村精神文明建设的实施意见》,参与撰写了《上海市乡村振兴战略规划(2018—2022年)》中精神文明建设内容,参与制定并撰写了《上海市乡村振兴战略实施方案(2018—2022年)》,参与制定了《上海市全面提升美丽乡村建设水平行动计划（2018—2020）》和《关于上海市美丽乡村精品村试点遴选工作的方案》，参加了第一批精品村现场评审并推出2018年度10个上海市美丽乡村精品村试点，推进开展了上海首届"最美河道"系列评选活动。

4. 展现、涵育上海志愿服务文化

一是，规范志愿服务工作运行。2018年，全市进一步完善了志愿服务"一体两翼"以及由区、街镇文明委牵头志愿服务统筹协调机制；进一步优化了志愿服务各相关部门及人民团体通力协作、全社会共同参与的总体格局，加强了日常工作规范管理。同时，推进完善志愿服务规范化、制度化建设，统筹社会多元资源，开辟政策支持、专项资助、政府购买服务、供需对接等多元化途径和多层面保障，为志愿服务提供良好发展平台。

二是，加强志愿服务能力建设。2018年，本市积极推动志愿服务理论研究成果向实践转化，出版了《上海志愿服务发展蓝皮书（2018）》，汇编了上海市社区志愿服务体系建设指导手册；进一步推动了志愿服务专业培训，社区志愿服务中心研修培训班培训170余名骨干志愿者、志愿服务工作负责人200余人；完成了《志愿心》教材编印，首批印发2万册；提升了志愿服务信息化建设水平，打造了由"一网（上海志愿者网）一线（志愿服务热线）一群（志愿服务微信QQ咨询群）二平台（志愿服务信用激励平台、在线培训平台）"构成的综合服务平台。

三是，拓宽志愿服务惠民渠道。2018年，全市深入推进社区志愿服务体系建设。推进了徐汇、黄浦、杨浦、青浦等4家区志愿服务指导中心标准化建设；开展了"创新、创优"上海市社区志愿服务示范中心创建评选活动，评选出年度"制度创新""品牌创新""管理创优""服务创优"示范中心各10家；创新了条块联动工作机制，推动14家市级部门单位与70家社区志愿服务中心资源对接；合作开展了"家庭健康管理""智慧生活进社区""创业指导""绿化服务进社区""青年社会组织进社区""好书童享、为爱悦读""斑斓的生命"助老行动等14大项94个具体志愿服务试点项目，取得了良好成效。

四是,推广志愿文化。2018年,本市通过加强典型宣传和示范引领,展示志愿精神。举办了2016—2017年度上海市志愿服务先进颁奖典礼暨第二届上海志愿服务网络文化节闭幕式、开展了2018年全国学雷锋志愿服务"四个100"先进典型上海地区宣传推选、在《市民政务通——直通990》节目推出了志愿服务先进典型访谈节目。通过打造志愿服务文化品牌,培育志愿文化。结合中国国际进口博览会开展"迎进口博览会,扬志愿精神,展文明风尚"志愿服务主题实践和宣传活动;以"12·5"国际志愿者日和"3·5"学雷锋日为节点,组织了年度上海志愿服务文化推广季;发布了《志愿服务条例》主题公益宣传片,吸引了更多市民参与志愿服务。

5. 拓展和优化未成年人思想道德建设内涵

一是,围绕中心工作,开展调查研究。2018年,本市积极推进开展了新一轮上海未成年人成长发展指数评估,组织开展了上海市未成年人心理健康辅导工作调研和学校少年宫建设专题调研,通过加强对未成年人思想道德建设领域的整体把握和深入研究,为提升相关工作的科学性、系统性和预见性提供支持。

二是,聚焦典型树立,强化修身立德。2018年,本市举办了以"新时代 好少年"为主题的年度"上海市美德少年"颁奖典礼,选出十佳和百优合计110名美德少年;举办了"从石库门再出发"——2018修身励志讲堂、童心话中华——2018上海青少年传承中华优秀传统文化等系列活动;开展了第五届"上海好童书"评选和阅读推广活动,吸引了广大青少年的积极参与。

三是,注重创新融合,提升建设内涵。2018年,本市发布了《上海市学校少年宫调研报告》,命名表彰首批上海市示范性学校少年宫;江浙沪皖四省市签订了战略合作框架协议,正式成立长三角地区未成年人思想道德建设与新时代城乡一体化学校少年宫发展联盟;举办了"新时代唱响新童谣"——上海市优秀童谣征集传唱活动,精选136首原创优秀童谣参加全国第七届优秀童谣征集评选;召开了上海市未成年人思想道德建设工作会,表彰91家第四届上海市未成年人思想道德建设先进单位、54名第四届上海市未成年人思想道德建设先进工作者;举办了2018年上海市未成年人心理健康辅导工作专题培训班和2018年上海市学校少年宫课程资源包师资培训等，丰富了上海未成年人思想道德建设内涵，得到中央文明办的肯定。

三、凝心聚力、惠民利民
——上海精神文明建设新经验

2018年，上海以培育和践行社会主义核心价值观为主线，以共建共治共享为基本路径，聚焦全力打响"上海文化"品牌，积极推进和开展具有时代特征和上海特色的精神文明建设活动，全面推进了市民文明素养和城市文明程度。作为城市管理创新、促进社会和谐的重要途径，精神文明建设的内涵不断充实，为上海加快建设卓越的全球城市和具有世界影响力的社会主义现代化国际大都市提供了坚实的动力和保障。

1. 坚持培育和践行社会主义核心价值观为精神文明建设主线

培育和践行核心价值观是精神文明建设的灵魂工程和根本任务。结合上海超大型城市的发展特征，在认真贯彻中央路线、方针和政策基础上，上海精神文明建设在贯穿、结合、融入上下功夫，积极把建设社会主义核心价值体系作为基础工程和灵魂工程，融入精神文明建设全过程。

一是，围绕中心任务，以上海文化、城市精神为底蕴，牢筑市民精神支柱。将精神文明建设融入改革发展、社会治理、城市管理、环境保护、文化建设等各项任务，为改革、发展、稳定的大局服务，是上海精神文明建设始终坚持的基本路线。上海坚持以习近平新时代中国特色社会主义思想凝聚人心，将中国梦和社会主义核心价值观的贯彻和落实作为精神文明建设工作的聚焦点、着力点、落脚点，领会贯彻习近平总书记在上海系列重要讲话精神，把握改革开放40周年重大节点，结合实施"打响上海文化品牌三年行动计划""党的诞生地发掘宣传工程"等重点工作，广泛开展理想信念教育和爱国主义教育。

以市民的精神文化需求为导向，找准切入点、结合点、着力点，将形式多样的宣传教育融入各类群众性精神文明创建活动和各类主题文化活动中，把社会主义核心价值观贯穿融入经济社会发展各领域和市民社会生活方方面面，引导广大市民增进政治认同、思想认同和情感认同，大力推动学习型城市建设，使每一个市民获得思想的滋养，使上海城市有根有魂。

二是，创新建设载体，以专项推进为路径，提升城市文明素养。树立先进，弘扬崇德向善风尚。积极发挥重点群体的示范引领作用，如引导领导干部、公众人物、青少年、先进模范等重点人群带头遵守公序良俗，带头保持良好道德情操，带领市民积极践行核心价值观；通过表彰树立模范，如评选上海市精神文明好人好事、组织推荐全国道德模范等，使先进典型成为社会道德建设的重要旗帜。

专项推进，发挥城市特色精神。从实际出发，精心策划组织各项专项行动和主题活动，营造具有时代特征、上海特色的精神文明建设。如精心组织推进融城市精神和文化特色为一体，具有中国特色、时代特征、上海特点之精神文明建设新亮点——上海"市民修身行动"，通过教育培训和实践养成的衔接融汇，在引领上海城市的社会价值风向，凝聚社会价值共识，打造修身养德、齐家守道、崇德向善、见贤思齐、睦邻友善的良好社会风气，提升上海市民的品德素质和上海城市整体文明水平方面起到了积极的作用。再如组织开办以弘扬上海文化和上海精神为主题的"海纳百川 文化之申——上海城市符号与城市精神"系列专题讲座、推进开展以倡导宣传身边道德模范为主题的"上海好心人节"主题活动、举办以展现改革开放巨大成就的庆祝改革开放40周年"勇立潮头"主题展览等，由于策划到组织、宣传得到位，吸引了本市大批各个阶层人士积极参与。

守正创新，拓展引领激发精神文明建设活力。只有站在时代前沿，引领风气之先，精神文明建设才能发挥更大威力。上海精神文明建设在守正中不断创新，积极用好公益广告和网络媒体的宣传弘扬作用，努力扩大精神文明宣传覆盖面，在新阵地中进一步激发精神文明建设的生机活力。上海在整合传统宣传文化资源的同时，运用互联网、微信、微博、移动终端等新型社交媒体推进矩阵式传播，与市级新闻网站和商业网站首页建立共同推进公益广告宣传，将文明创建向新闻网站、APP、公众号、订阅号等互联网行业单位和新业态组织延伸，使互联网这个最大变量成为精神文明建设的最大增量。

2. 坚持共建、共治、共享为精神文明建设基本思路

党的十九大报告提出"打造共建共治共享的社会治理格局"战略目标，为精神文明建设的深入发展提供了思路和方向。2018年，上海从市民关心、基层需要、社会关注出发，以群众性文明创建活动为抓手，以社区志愿服务体系建设为平台，以进博会为契机，在引导群众积极参与社会治理过程中，同向、同步、同力发力，共同推进精神文明建设。

一是，以群众性文明创建活动为抓手，提升城市文明程度。在深入推进群众文明创建工作的过程中，上海始终坚持创建为民、创建靠民，使各项创建活动成为弘扬核心价值观的实践、创新社会治理的基础、干部作风建设的载体、展示城市形象的窗口、整治痼疾顽症的抓手，不断提升公民文明素养和社会文明程度。一方面，深化文明创建内涵建设。聚焦市民关注和社会需求，拓展同创共建形式，通过整合各类行政与社会资源，鼓励吸引市民参与文明交通、文明旅游、修身行动、生活垃圾分类、社会诚信建设等实践活动，将社会治理要求融入各项创建评选活动，推进群众文明创建活动的深入、深度开展。另一方面，提升精神文明同创共建成效。从优化标准、完善制度、创新机制入手，如开展全国文明城区创建专题培训，优化文明城区测评体系等；从社会最关注、群众最关心的问题入手，如集中开展交通等专项整治行动等，增强创建的实效，提升文明创建的质量和水平。

二是，以志愿服务为阵地，促进奉献精神深入人心。志愿服务是培育和践行社会主义核心价值观的前沿阵地，也是共建共治共享社会治理的实践平台。2018年，上海积极发挥联合的优势和作用，广泛加强政府部门间，以及政府与社会各界的合作，团结凝聚志愿服务社会资源，深入推进志愿服务到基层、到社区、到家庭，形成我为人人、人人为我的社会风尚。一方面，积极发挥枢纽组织平台功能。构建完善了市、区、街镇、村居四级志愿服务组织网络，发挥各级志愿者协会、志愿者服务基地联谊会、外企志愿服务联盟等枢纽型志愿服务组织的平台作用，形成面向社会和社区辐射、延伸、拓展的志愿服务阵地和载体。另一方面，结合落实市政府实事项目，聚焦社区、

关注民生，不断完善社区志愿服务中心服务民生功能，充分发挥社区志愿服务中心在价值引领、道德示范、公益服务、关爱帮助、互助合作等方面的枢纽作用，使得"服务他人、奉献社会"蔚然成风。

三是，以进博会为契机，弘扬城市精神风尚。中国国际进口博览会是上海对外开放的新名片。2018年11月，首届中国国际进口博览会在上海举行，这是向世界展现上海的魅力、活力和吸引力的机会，也是让更多的人参与上海、了解上海、爱上上海的平台。上海围绕城市服务保障重点任务和关键环节，科学设计流程，成立了由市文明办、上海市商务委共同牵头，由大口党委、行业主管部门、重点保障地区、重点保障单位等23家相关单位和45个行业组成的窗口服务保障组，设置了315个城市文明志愿服务站（岗），成立了近250支城市文明志愿服务队，组织了近5万名城市文明志愿者、5 000多名会期志愿者，围绕文明宣传、信息咨询、语言翻译、应急服务等内容全力服务保障进口博览会，举全市之力，展现了"上海服务"的闪亮名片，也体现了上海城市文明风尚。

3. 坚持全力打响"上海文化"品牌为精神文明建设重要依托

文化品牌是一座城市的金字招牌、重要标志，承载着城市精神品格和理想追求，是增强城市文化软实力的重要依托。2018年，聚焦服务于国家文化发展战略、长三角一体化发展战略、上海城市发展战略，对标人民群众精神文化生活的更高需求，在市委宣传部牵头下，制订出台了《关于全力打响"上海文化"品牌加快建成国际文化大都市三年行动计划》，充分用好上海红色文化、海派文化、江南文化的丰富资源，依托"上海文化"品牌进一步增强城市软实力和核心竞争力，建设国际文化大都市，成为上海精神文明建设的重要内涵。

一是，挖掘历史积淀，打响红色文化品牌。红色文化是上海继承中国特色革命文化的核心内涵和宝贵资源，也是上海的城市底色。作为中国共产党的诞生地，作为中国近代工业和中国工人阶级的发祥地，作为社会主义建设的先行者和改革开放的排头兵，上海在继承革命文化、发展当代社会主义先进文化、讲好中国故事方面，有着得天独厚的文化资源和优势。一方面，立足丰厚红色资源,开发特色修身活动。将爱国主义教育与市民修身活动紧密结合,推出"不忘初心,牢记使命,红色文化修身路线"等红色专题活动,突出践行融入和文化体验,倡导广大市民与海内外参观者走近上海红色文化,积极开展红色修身。另一方面,挖掘红色文化素材,加强理论宣传和研究。通过设立以上海城市精神和红色文化培育为主题的学术项目和研究课题等方式,深入开展大调研,推进党的创新理论研究和宣传阐释,打造思想理论创新高地。结合"党的诞生地发掘宣传工程"等重点工作,精心组织推进全方位、立体化的媒体报道和社会宣传,推动建党历史和建党精神宣传教育。

二是,弘扬多元并蓄,打响海派文化品牌。城市精神是一个城市独有的精神品格。通过实施城市精神弘扬、人文历史展示,打响海派文化品牌,培育城市精神,让上海的精神文明建设在实践中不断赋予新的时代内涵,促进精神文明建设更上新层次,是上海精神文明建设的重要任务。在策划、设计和开展市民活动时,注重彰显上海城市特质和区域文化特色是上海精神文明建设的一大特色。如市文明办会同市教委共同推出"申城行走,人文修身"市民终身学习活动,形成"海派文化"修身线路;出台《上海城市精神弘扬专项行动工作方案》,凸显城市精神在群众性精神文明创建中的引领作用;举办"海纳百川 文化之申——上海城市符号与城市精神"系列专题讲座等。通过结合培育和践行社会主义核心价值观,大力弘扬海纳百川、追求卓越、开明睿智、大气谦和的城市精神和中西融汇、多元并存、兼收并蓄、引领风尚的海派文化,使其转化为上海市民的生活方式、精神气质和文明素养。

三是,推广优秀传承,打响江南文化品牌。厚植于中华传统文化的江南文化,在上海城市发展进程中扮演着极其重要的角色,与上海的城市化进程相辅相成,是涵养上海城市气质的丰沃土壤。延伸阵地,挖掘扩大江南文化的时代内涵和价值,为上海精神文明建设增添助力是必然的方向。一方面,要加强对江南特色传统文化的传承和推广,结合春节、清明、端午、中秋、重阳等传统节庆的开展宣传普及活动,与实施乡村振兴战略结合传承弘扬优秀乡村文化,丰富民族民间民俗文化活动载体,充分发挥古建筑、重点文物、特色遗址场馆的教育宣传功能,打造非物质文化遗产创造性转化,振兴老字号非物质文化遗产项目品牌，引导市民了解、热爱、传承、弘扬江南文化。另一方面，要结合新形势新目标，深入探讨阐释江南文化蕴涵的人文精神、道德理念和时代价值，推动塑立"江南文化"品牌，进一步激发江南文化的活力，努力使江南文化品牌成为精神文明的动力依托，成为推动区域发展的重要力量。

四、砥砺前行、开拓创新
——上海精神文明建设新展望

2019年是全面建成小康社会关键一年，也是上海建设"五个中心"和具有世界影响力的社会主义现代化国际大都市之重要之年。上海必须从战略全局高度，以新时代中国特色社会主义思想为指导，贯彻落实习近平总书记在上海考察的重要讲话精神，紧紧围绕举旗帜、聚民心、育新人、兴文化、展形象的使命任务，围绕庆祝中华人民共和国成立70周年主线，大力培育和践行社会主义核心价值观，持续深化群众性精神文明创建活动，推动上海精神文明建设高质量发展。

1. 将深入贯彻习近平新时代中国特色社会主义思想融入"五大文明"建设之中

学习宣传贯彻习近平新时代中国特色社会主义思想，是精神文明建设最根本的政治任务和最重要的政治责任。为此，上海将始终坚持把习近平新时代中国特色社会主义思想学懂弄通做实。结合"不忘初心、牢记使命"主题教育和"两学一做"学习教育常态化制度化，用好各级党委（党组）中心组学习和"学习强国"平台，引导广大干部群众增进对党的创新理论的政治认同、思想认同、情感认同。上海将坚持以习近平新时代中国特色社会主义思想统领精神文明建设。坚持用习近平新时代中国特色社会主义思想武装头脑、指导实践、推动工作，贯彻落实总书记关于文明城市、文明村镇、文明单位、文明家庭、文明校园、诚信制度化建设和志愿服务制度化建设的重要指示精神，将形式多样的宣传教育活动落实转化为精神文明建设的具体任务举措，推动习近平新时代中国特色社会主义思想走进基层、贴近群众。

2. 拓展深化中国特色社会主义和"中国梦"宣传、教育

2019年恰逢中华人民共和国成立70周年,广泛开展群众性宣传教育活动,以城乡环境整洁的新面貌、群众精神振奋的新状态、社会文明和谐的新风尚迎接和庆祝中华人民共和国70华诞和上海解放70周年,是精神文明建设责无旁贷的重要任务。一方面要积极推进中华人民共和国成立70周年主题宣传教育活动。以庆祝中华人民共和国成立70周年、上海解放70周年为主题,聚焦发展成就,展望美好前景,通过刊播展示导向鲜明、富有内涵、出新出彩的主题宣传和公益广告,广泛开展"我和我的祖国""你好新时代"等群众性主题教育活动,更好地凝魂聚气、鼓舞士气,打造喜迎国庆、祝福祖国的浓厚生活场景。另一方面要继续深化中国特色社会主义和中国梦宣传教育。将庆祝中华人民共和国70周年宣传教育与深化中国特色社会主义和中国梦宣传教育相结合,与加强爱国主义、集体主义、社会主义教育相结合,与开展党史、国史、改革开放史学习教育相结合,贯穿融入到群众性精神文明创建、志愿服务活动、未成年人思想道德教育、网络文化建设、市民修身等各项活动中,激发广大市民群众的爱国之情、报国之志。

3. 扎实推进社会主义核心价值观落细、落小、落实

习近平总书记深刻阐述了新时代精神文明建设实践工作的价值取向:"抓精神文明建设要办实事、讲实效,紧紧围绕促进人民福祉来进行,坚决反对形式主义、官僚主义,努力满足人民群众不断增长的精神文化需求。"精神文明建设要紧紧围绕促进人民福祉,坚持虚功实做,办实事、讲实效,不断满足人民群众多样化、多层次、多方面的精神文化需求。

首先,应着力建设新时代文明实践中心。按照中央要求,立足上海特点,推进区级中心、街(镇)级分中心和居(村)级站三级阵地网络全覆盖,努力在有效开展学习教育、常态化开展各类活动、以志愿服务机制支撑中心运转、综合利用阵地资源等方面实现突破,着力形成管用、可推广的上海经验。

其次,应进一步深化推进市民修身行动。以市民修身行动为主要抓手,持续扩大市民修身书单、修身日历、修身地图等品牌项目的影响力和覆盖面,

加强网络修身内容和载体建设，引导市民明大德、守公德、严私德，大力宣传诚信价值取向，营造具有时代特征、上海特色的市民修身文化，提升上海市民的品德素质和上海城市整体文明水平方面。

第三，应不断丰富拓展宣传载体。一方面，要巩固和拓展抓好公益广告阵地，利用移动终端、微视频平台、互联网站、公共信息平台等新媒体传播方式，充分发挥公益广告在培育和践行社会主义核心价值观、引领文明风尚等方面的重要作用。另一方面，要加强网络精神文明建设，深化"网德工程"，倡导文明办网、文明上网，引导人们提升网络文明素养；加大网络正面宣传力度，开展先进模范学习宣传活动，扩大精神文明建设的渗透力和感召力。

4. 创新推进群众性精神文明创建活动

精神文明建设是一项不断进步的事业，坚持为民利民惠民原则，以人民福祉水平检验建设实效，以人民对美好生活的向往作为发展动力，以为人民谋幸福作为奋斗目标是精神文明建设的出发点和落脚点。

首先，应结合第二届中国国际进口博览会、打响上海"四大品牌"、城市精细化管理、基层社会治理、乡村振兴战略等中心工作。通过深化群众性创建活动有效解决群众关切的问题，让创建活动成为群众的内在需求和自觉行动，不断增强群众获得感、幸福感、安全感。

其次，围绕第二届中国国际进口博览会窗口服务保障等重点活动，以此为契机，上海应积极推动行业文明建设，提升窗口行业服务水平。特别要加强对与市民生活密切相关的重点服务行业的创建指导，深化行业同创共建品牌项目建设。

第三，立足市民生活需求，结合文明城区、文明社区、村镇、文明单位、文明校园、文明家庭的创建，上海还将在整治顽症痼疾、提升市容市貌、推进垃圾分类、河道整治、住宅小区综合治理等方面引导市民共建共享、同向发力，提高城市居住质量的同时提升市民的文明程度。

5. 优化提高志愿服务体系建设和内涵发展

随着我国经济社会发展进入新时代，社会分化持续加速，利益格局日趋多样化和复杂化，不同社群的需求、诉求与追求也呈现出变动性和不确定性，这对新时代上海志愿服务工作提出了更高要求。上海要紧紧围绕夯实组织领导、聚焦重点任务、激发创新动能，继续以提升上海志愿服务五大体系建设为抓手，促进学雷锋志愿服务制度化常态化，推动上海志愿服务内涵式发展。主要应从以下两个方面着手：

第一，进一步关注民生，夯实志愿服务的民生基础。民生服务是新时代志愿服务工作推进的主要抓手。要进一步强化民生导向、项目导向，深入挖掘新时代市民的新需求，尤其要注重民生短板，坚持需求导向、问题导向、效果导向，借助学雷锋志愿服务工作站深入居民日常生活的网络，积极培育和引导源自草根的生活服务志愿团队，吸引更广泛的市民和社会组织参与志愿服务，夯实基层志愿服务体系的基础。此外，在保障基本民生的同时，还要注重引导和服务于质量民生，尤其是要引导居民高层次追求，并将其嵌入新时代文明实践志愿服务之中，以新思想引领新追求，推进人民美好生活的不断实现。

第二，加强能力建设，提升志愿服务的能级。能力建设是推进新时代志愿服务工作的重要支撑。进入新时代以来，随着经济社会发展，市民需求趋向多样化、社会化与复杂化，意味着志愿服务组织以及志愿者要不断提升能力以适应新时代的新要求。正是从这个意义上看，今后有必要持续推进志愿服务能力建设，优化制度保障，提升能力建设体系化、专业化水平。一方面，要加强志愿服务制度保障的法治化水平和专业化水平，进一步为志愿服务发展营造良好的法制环境和制度保障，进一步提升志愿服务组织和志愿者的专业技能与服务能力；另一方面，要加强对新时代志愿服务发展规律的理论研究和信息化建设，促进志愿服务能级提升，保证志愿服务长效发展。

6. 全面提升未成年人思想道德建设

未成年人是城市发展的活力之源，推进未成年人道德成长是上海精神文明建设的核心内容。上海牢牢抓住立德树人的根本任务，坚持以社会主义核心价值观引领未成年人思想道德发展，引导青少年知行合一，树立远大志向、养成文明风尚。

首先，应继续推动社会主义核心价值观融入学校教育、融入家庭教育、融入社会教育。要适应青少年身心特点和成长规律，健全完善中小学有效衔接的德育课程和教材体系，创新中小学德育课程教育教学，推动社会主义核心价值观进教材、进学校课堂、进学生头脑。用社会主义核心价值观引领家庭文明建设，将社会主义核心价值观教育融入家庭、家教、家风之中。尤其是，要引导广大家长自觉传承家庭美德，以身作则、言传身教，推进开展"扣好人生第一粒扣子"系列教育实践，引导未成年人养成并保持各种优良品德、树立正确的价值观和人生态度。推动社会主义核心价值观融入社会教育，引导未成年人通过主题社会实践、志愿者活动、参观考察等形式，将社会主义核心价值观内化于心、外化于行。

其次，要进一步拓展、夯实未成年人参与道德实践的渠道和途径。要坚持宣传教育、示范引领、实践养成相统一的，积极推进将思想道德教育融合到实践活动中，通过推进学生社区实践指导站建设，完善中学生等参加社会实践（志愿服务）综合素质评价，不断探索实践活动的形式和内容的丰富性，吸引未成年人通过亲身参与和体验，将自身的价值观养成与社会主义发展相统一，将知识认知与道德行为落实相统一。

第三，要形成未成年人思想道德建设工作合力。强化政府责任和协调指导作用，充分发挥《未成年人思想道德建设测评体系》和未成年人成长发展指数的导向作用，整合全市资源，营造全社会共同关心未成年人健康成长的良好氛围。

在未来新的一年中，上海将坚持以习近平新时代中国特色社会主义思想统领精神文明建设，坚持与时俱进、奋发有为，更好推动精神文明建设走向自觉、走进百姓、走在实处、走出新路。为广大市民提供更加丰富、多样的文化产品；倡导更加绿色、文明的精神生活；为上海加快建设卓越的全球城市和具有世界影响力的社会主义现代化国际大都市提供更加坚实的精神保障。

作者简介：
杨　雄，上海社会科学院社会调查中心主任、研究员
裘晓兰，上海社会科学院社会学研究所助理研究员

专题报告

以文化滋润心田，以文明铸就城市

——上海宣传系统精神文明建设的实践探索

市委宣传部基层工作处

摘　要： 从 2015 年起，市委宣传部将志愿服务工作作为宣传系统群众性精神文明创建活动的重要抓手，积极发挥宣传系统文化资源优势，在系统各基层单位中广泛开展以"文明与文化同行"为主题的志愿服务行动。倡导"文明共建、文化共享"的价值理念，宣传系统广大基层单位和干部职工，特别是各级文明单位和专业文化工作者，以广泛结对社区、村镇、学校、部队，以及帮扶基层群众文化团队和弱势群体为基本方式，积极投身文化志愿服务活动。如今，"文明与文化同行"已成为宣传系统精神文明创建活动的重要品牌，成为宣传系统推动社会主义核心价值观建设、引领社会文明风尚、传播社会主义先进文化的有效载体。

关键词： 文明与文化　精神文明　实践探索

党的十八大以来，上海市宣传系统认真学习贯彻习近平总书记关于精神文明建设的重要论述，坚持"两手抓、两手都要硬"，以培育和践行社会主义核心价值观为根本，以深化群众性精神文明创建活动为载体，不断加强社会主义精神文明建设。2015 年 3 月起，市委宣传部依托宣传系统文化资源优势，积极发挥宣传文化战线示范引领作用，启动开展"文明与文化同行"主题志愿服务行动，引领系统各单位广大职工积极投身文化志愿服务，以志愿服务常态化、制度化，促精神文明创建常态长效、落实落地，使创建活动成为助推社会文明进步的重要动力。

2015 至 2019 年，市宣传系统积极与本市街镇、中小学等开展结对共建，共组建了 340 多支市民服务团队、开展了 570 多个市民服务项目，共计 2.5 万余人次职工群众参与文化志愿服务，在全社会产生良好反响，涌现出一大批在志愿服务方面的先进典型。宣传系统中，曹鹏获评第七届"全国助人为乐道德模范"提名称号，3 人获全国最美志愿者称号，1 个项目获全国最佳志愿服务项目，1 个团队获全国最佳志愿服务组织，上海图书馆、上海博物馆、中华艺术宫（上海美术馆）、中共一大会址纪念馆为全国首批公共文化设施开展学雷锋志愿服务示范单位。

一、把握主线、突出重点，努力打造价值引领的文化纽带

宣传系统自主题志愿服务行动启动以来，始终坚持落细、落小、落实总要求，倡导"文明共建、文化共享"价值理念，不断增强精神文明建设引方向、促实践的影响力、行动力。

一是聚焦塑魂铸魂，大力弘扬伟大建党精神。上海是党的诞生地，拥有丰富的红色资源，鲜明展示了开天辟地、敢为人先的建党精神，这是开展文明建设的生动课堂。主题志愿活动着力挖掘蕴含其中的红色传统、红色基因，让她融入城市血脉、根植市民心中。中共一大会址纪念馆志愿者团队始终践行"传播先进文化、宣传党的光荣历史"职责，积极参与志愿讲解，并以周恩来等党的第一代领导人的事迹为主要内容，开展党史教育，向社会讲好党的初心课、使命课、宗旨课。陈云纪念馆结合专业优势，成立志愿服务总队，持续开展"红色修身，风范永传"系列品牌活动，创排曲艺党课《陈云的故事》，用群众喜闻乐见的上海说唱、快板书和评话等形式，把优秀共产党人的修养之课送到社区，送到高校。

二是抓好结合融入，持续推进社会主义核心价值观建设。宣传系统承担

着文化建设和传播的使命，把社会主义核心价值观融入社会发展各方面，转化为人们的情感认同和行为习惯，是宣传系统的职责所在。在主题志愿服务行动中，宣传系统各单位结合自身专业特长，积极探索文化浸润社会、引导文明实践的有效途径，积极将中华优秀传统文化、社会主义先进文化融入人民群众日常生活之中，推动社会主义核心价值观入脑入心。东方卫视《诗书中华》栏目走进街道社区、城市地标等，开展经典诵读，吸引公众广泛参与，营造了文化修身的社会氛围。上海东方明珠广播电视台运用自身作为上海地标性建筑的影响力，在社会公益日点亮主题灯光，向社会传入主旋律、传递正能量。

三是坚持固本培元，着力加强青少年思想道德建设。青年一代的理想信念、精神状态、综合素质，是一个国家发展活力的重要体现，也是一个国家核心竞争力的重要因素。宣传系统聚焦青少年思想道德培育，积极拓展工作平台。2018年起，市委宣传部组织发动宣传系统各单位志愿者，积极参与市政府实事项目"爱心暑托班"公益课程配送。2019年起，市委宣传部作为该项目主办方之一，共组织宣传系统182名志愿者，为"爱心暑托班"的小学生们配送了党史教育、阅读赏析、戏曲鉴赏、戏剧鉴赏、音乐鉴赏、舞蹈鉴赏、书画鉴赏、影视鉴赏、非遗传承、科学普及等十大类、360余节文化艺术类课程，配送范围包括长宁、虹口、静安、普陀、杨浦、闵行等五区所有办班点，以及松江、嘉定、宝山、金山、奉贤等郊区十七个街镇，共计7 000余名小学生获益。上海图书馆每周日在场馆广场举办"国旗下成长——上海市青少年爱国升旗仪式"，目前已举办超过150场升旗仪式，近1万名10—14岁青少年在国旗下接受了爱国主义教育和熏陶。

二、提升品质、打造品牌，在服务 社会中拓展文化建设的范围

宣传系统各单位在开展文化志愿服务中，注重主动引领与回应需求相结合，注重"送文化"与"种文化"相结合，注重扩大公益覆盖面和培育特色

品牌相结合，不断推动宣传系统主题志愿服务向纵深推进。

一是深入基层社区，扩大覆盖面。社区是社会有机体最基本的内容，社区服务工作是社区社会治理工作的重要基础。宣传系统各单位通过文化援助、文化惠民的形式，不断加大优秀文化输出的力度，同时对基层单位的文化事业予以全力扶持，发挥文化在社会治理中潜移默化的正向作用。市文联与市志愿者协会共同成立文艺志愿服务总队，联合文联各专业协会，组织了多场"到人民中去——上海市文艺家深入基层文化服务活动"，将文化服务活动送往社区、营区、郊区、校区。东方数字社区信息苑服务团队多年在社区中开展"百苑传爱、温暖回家"指导务工者网购春运火车票、"银发理财乐章生活"老年人金融知识普及教育公益服务等。

二是弘扬优秀文化，增强认同感。根植于中华传统文化的江南文化，孕育了自成一体的海派文化，为上海留下了丰富的历史文化遗产。宣传系统各单位积极发掘传统文化的魅力，推动文化传统由"虚"向"实"转化，文化遗产由"静"向"动"升级。朵云轩组织员工到共建社区绘制非遗文化主题黑板报，向社区居民宣传木版水印等传统技艺，使传统的非物质文化遗产持续发挥其生命力。上海博物馆与全国文明镇——青浦区朱家角镇开展文明共建，将自主研发的100多个种类4 000余件文化创意产品引入朱家角"角市"市场，既宣传了上海博物馆，又进一步提高了古镇的文化品位。

三是关爱特殊群体，传递正能量。宣传系统各单位把社区孤老、贫困家庭、残疾人等作为文化志愿服务的重点群体，积极开展文化助老、助幼、助残、助医等活动，为特殊群体提供平等享受文化资源的机会，不仅让本市的困难群众得到及时的关爱，感受到社会的温暖，同时，还将来自上海的热情与关心，传递到周边、传递到全国。《新闻晨报》主推"谢谢侬，帮我找到回家的路——关爱走失老人公益项目"，重点为浦东各社区高龄独居老人和患有阿尔茨海默症的老人免费发放千份设计精美的"老人紧急联系卡"。上海影城志愿服务队开展"阳光之家志愿服务""关爱小雨人——自闭症儿童中心志愿服务"等。艺海剧场连续3年为"来自大山的孩子"公益活动提供剧场服务，接待全国100多所民族学校的少数民族孩子展示各自民族特色文化。文汇报社着文化建设和传播的使命,把社会主义核心价值观融入社会发展各方面,转化为人们的情感认同和行为习惯,是宣传系统的职责所在。在主题志愿服务行动中,宣传系统各单位结合自身专业特长,积极探索文化浸润社会、引导文明实践的有效途径,积极将中华优秀传统文化、社会主义先进文化融入人民群众日常生活之中,推动社会主义核心价值观入脑入心。东方卫视《诗书中华》栏目走进街道社区、城市地标等,开展经典诵读,吸引公众广泛参与,营造了文化修身的社会氛围。上海东方明珠广播电视台运用自身作为上海地标性建筑的影响力,在社会公益日点亮主题灯光,向社会传入主旋律、传递正能量。

三是坚持固本培元,着力加强青少年思想道德建设。青年一代的理想信念、精神状态、综合素质,是一个国家发展活力的重要体现,也是一个国家核心竞争力的重要因素。宣传系统聚焦青少年思想道德培育,积极拓展工作平台。2018年起,市委宣传部组织发动宣传系统各单位志愿者,积极参与市政府实事项目"爱心暑托班"公益课程配送。2019年起,市委宣传部作为该项目主办方之一,共组织宣传系统182名志愿者,为"爱心暑托班"的小学生们配送了党史教育、阅读赏析、戏曲鉴赏、戏剧鉴赏、音乐鉴赏、舞蹈鉴赏、书画鉴赏、影视鉴赏、非遗传承、科学普及等十大类、360余节文化艺术类课程,配送范围包括长宁、虹口、静安、普陀、杨浦、闵行等五区所有办班点,以及松江、嘉定、宝山、金山、奉贤等郊区十七个街镇,共计7 000余名小学生获益。上海图书馆每周日在场馆广场举办"国旗下成长——上海市青少年爱国升旗仪式",目前已举办超过150场升旗仪式,近1万名10—14岁青少年在国旗下接受了爱国主义教育和熏陶。

二、提升品质、打造品牌,在服务社会中拓展文化建设的范围

宣传系统各单位在开展文化志愿服务中,注重主动引领与回应需求相结合,注重"送文化"与"种文化"相结合,注重扩大公益覆盖面和培育特色

品牌相结合,不断推动宣传系统主题志愿服务向纵深推进。

一是深入基层社区,扩大覆盖面。社区是社会有机体最基本的内容,社区服务工作是社区社会治理工作的重要基础。宣传系统各单位通过文化援助、文化惠民的形式,不断加大优秀文化输出的力度,同时对基层单位的文化事业予以全力扶持,发挥文化在社会治理中潜移默化的正向作用。市文联与市志愿者协会共同成立文艺志愿服务总队,联合文联各专业协会,组织了多场"到人民中去——上海市文艺家深入基层文化服务活动",将文化服务活动送往社区、营区、郊区、校区。东方数字社区信息苑服务团队多年在社区中开展"百苑传爱、温暖回家"指导务工者网购春运火车票、"银发理财乐章生活"老年人金融知识普及教育公益服务等。

二是弘扬优秀文化,增强认同感。根植于中华传统文化的江南文化,孕育了自成一体的海派文化,为上海留下了丰富的历史文化遗产。宣传系统各单位积极发掘传统文化的魅力,推动文化传统由"虚"向"实"转化,文化遗产由"静"向"动"升级。朵云轩组织员工到共建社区绘制非遗文化主题黑板报,向社区居民宣传木版水印等传统技艺,使传统的非物质文化遗产持续发挥其生命力。上海博物馆与全国文明镇——青浦区朱家角镇开展文明共建,将自主研发的100多个种类4 000余件文化创意产品引入朱家角"角市"市场,既宣传了上海博物馆,又进一步提高了古镇的文化品位。

三是关爱特殊群体,传递正能量。宣传系统各单位把社区孤老、贫困家庭、残疾人等作为文化志愿服务的重点群体,积极开展文化助老、助幼、助残、助医等活动,为特殊群体提供平等享受文化资源的机会,不仅让本市的困难群众得到及时的关爱,感受到社会的温暖,同时,还将来自上海的热情与关心,传递到周边、传递到全国。《新闻晨报》主推"谢谢侬,帮我找到回家的路——关爱走失老人公益项目",重点为浦东各社区高龄独居老人和患有阿尔茨海默症的老人免费发放千份设计精美的"老人紧急联系卡"。上海影城志愿服务队开展"阳光之家志愿服务""关爱小雨人——自闭症儿童中心志愿服务"等。艺海剧场连续3年为"来自大山的孩子"公益活动提供剧场服务,接待全国100多所民族学校的少数民族孩子展示各自民族特色文化。文汇报社主办的"书送希望"捐书助学活动已连续开展了十三届,累计捐书50万册,先后送往安徽、云南、四川、新疆等全国十余个省份的20多所希望学校,建立起了"文汇希望图书室"。

四是打造公益品牌,扩大影响力。促进社会公益事业,为创造和谐文明的社会环境贡献力量,是文明建设的题中应有之义。宣传系统各单位积极对接传播先进文化、引领文明风尚的要求。全国最佳志愿服务组织"梦晓心里志愿服务团队"从百姓实际需求出发,开设"婆媳训练营""情绪训练营"等公益心理文化讲座。东方广播中心上广新闻频率与市残联联合打造"无障碍电影公益解说"项目,200多位专业的播音员、主持人志愿者每月风雨无阻在上海17个区的商业影院进行爱心解说,解说场次超过400场,惠及申城视障群体数万人次。中福会少年宫推出"流动少年宫"项目,为外来务工子女提供文化、科技、艺术活动指导,举办汇报展演,帮助孩子们实现心中的梦想。

三、创新机制、聚合力量,深化文明与文化同行内涵

"文明与文化同行"的最终目的是与社会同行,用"同向发力"的机制推动志愿服务活动再上新台阶。

一是形成制度安排,整合社会资源。宣传系统各单位以条块结合的方式,通过共领任务、共推项目,将结对共建的项目常态化、长效化,有力地促进结对双方形成党群组合和文化团队互联互通,优质资源互补互动,群众文化传承出新的局面,使谋共建成为内在,促共建成为内驱。上海京剧院与龙华街道共同推出"国粹好邻居"项目,3年来共开展经典戏曲导赏、公开排练观摩、名家实践指导等40多次主题活动。上海话剧艺术中心与闵行区4个社区共建,设计专属共建路线,带戏进闵行,推行戏剧教育,提升群众文化品质。

二是搭建生长平台,打造内生动力。宣传系统各单位不仅把主题志愿行动作为辐射职能、服务社会的有力抓手,同时,还以志愿行动为契机,抓好

内部队伍的思想建设和能力建设，不断增强干部职工的社会责任感。上海古籍出版社的"国风讲团"启动以来，不仅把打造出广受社区居民欢迎的传统文化普及项目作为工作目标，更是把综合素质和业务能力能不能符合志愿服务活动的要求作为衡量本社编辑工作水平的重要标准，自觉提高业务素质、积极参加公益事业、传播传统文化已经成为出版社青年编辑的共识。

三是促进共享共赢，广泛动员力量。宣传系统各单位坚持眼光向内抓主业、视野向外抓延展，将业务特色、职能优势与社会潜能有机结合，引领带动更广泛的社会力量参与志愿服务。上海大剧院与市教委合作"艺术课堂进校园"活动，全市30多所重点高中和大专院校师生积极参与，将活动覆盖到全市各区县，每年受惠逾3万人次。新闻出版职业技术学校动员广大共青团员和各领域优秀青年，响应共建单位张庙街道团工委的号召，组建了一支由青年网络文明志愿者组成的网宣员队伍，积极主动地加入到"弘扬网上主旋律，传播青春正能量"的大军中，努力构建清朗文明的网络空间。

四、面向未来、着眼发展，在知行合一中推动志愿服务行动开辟新的境界

自"文明与文化同行"主题志愿服务行动开展以来，宣传系统精神文明建设工作在市文明办的指导下，始终以社会主义核心价值观建设为引领，形成了"三个坚持"的工作经验。

一是坚持正确导向、价值引领，深入基层弘扬社会主义核心价值观。培育和践行社会主义核心价值观，是志愿服务行动的主轴。宣传系统各单位以增强全社会的文化自信为担当，切实发挥工作主动性，立足职能，结合实际，认真回答好志愿服务活动应当秉持什么样的价值导向、倡导什么样的社会风尚、宣传什么样的思想观念、振奋什么样的精神状态等一系列问题，将红色文化、优秀传统文化引导激励，与海派文化、江南文化人文滋养的作用有机结合，大力弘扬建党精神、时代精神和上海城市精神，不断提升城市文明程度和市民文化修养。社科、新闻单位通过理论普及讲座、时事政策解读、典

型宣传报道等方式,增强社会主义核心价值观在全社会的感召力,推动核心价值观深入人心;文艺、出版单位将优秀的文化资源引入公共文化服务领域,将高雅艺术送到基层,丰富了城乡基层文化生活。

二是坚持整体布局、聚合发力,形成点面结合、点精面广的工作格局。宣传系统突出文明共建、文化共享理念,将主题志愿服务行动作为系统文明创建的有力抓手,制定出台实施意见,并以举办现场交流会、汇编经验成果、表彰先进典型等一系列措施,在抓好志愿服务行动顶层设计,明确行动目标、明晰任务分工的同时,做实做细接续提升的各项工作,将各单位的重心引导到抓实效、抓深化、抓长远上。各单位主动打破相对局限和单一的传统视野,深入基层,积极作为,将文明与文化的社会价值和社会效应辐射到更为广阔和多元的领域中,形成了以"文化带动文明,文明促进文化"为目标,以"组织共建、资源共享、文化共种、文明共育、发展共赢"为措施的工作新格局。

三是坚持精准对焦、靶向供给,切切实实地把行动成果立起来、活起来。宣传系统各单位认真落实群众路线,以提高干部职工和人民群众两个主体的素质为重点,既以掌握实情为目的开展深入系统的情况调研,也以供需对接为目的加强充分及时的主体互动,找准文化输出与社会需求的结合点。在实践中,主题志愿服务行动一方面突出目标导向,将文明建设、文化建设的目的,与服务对象的现实需要对接起来,小中见大,细中做实,如经典947频道通过举办"辰山草地广播音乐节",几年来培养了一大批高素质乐迷,创造了"6 000人散场不留一片纸屑"的文明盛景,引起了包括中央电视台在内的全国几十家媒体的关注。另一方面突出问题导向,充分发挥文化在引领文明风尚、增进社会和谐方面的重要作用,引导全社会讲文明、守规矩、懂礼仪,如东方广播中心与申通地铁集团合作开启"地铁音乐主题车站"的文化共建之旅,在提供优质音乐服务的同时,提醒听众乘客安全文明乘车。

经过4年多的实践,"文明与文化同行"主题志愿服务行动在社会上产生了良好反响。宣传系统将以习近平新时代中国特色社会主义思想和党的十九届四中全会精神为指引,更好地担负起引领文明风尚、提升文明素质的职责使命,将主题志愿服务行动推向更高层次、更高标准、更高水平、更高效益。

进博会与上海城市精神的升华

张虎祥

摘　要： 城市精神是城市的核心价值观，也是城市的核心竞争力所在。自建城以来，上海在长期的经济社会变迁中逐步形成了"海纳百川、追求卓越、开明睿智、大气谦和"的城市精神。进博会落户上海并且每年持续举办，不仅契合上海城市精神的内涵，同时还将持续塑造和提升上海的核心价值，并由此助推上海在落实国家"三大任务、一大平台"的过程中砥砺奋进，推进高质量发展与高品质生活的同步并进。正是从这个意义上看，进博会因上海城市而绵延，上海城市精神因进博会而升华。

关键词： 城市精神　进博会　上海

　　城市是人类赖以生存的大寓所。城市的实力、活力和魅力，就在于它参差多态，各具特色；而城市精神是城市特色的集中概括，市民素质又是城市精神的重要内涵和基础。在人类文明发展史上，那些培育出独特文化和精神气质的城市，往往能形成强大的吸引力，长期保持领先的地位。无论是纽约的"梦想和创造"、伦敦的"不屈不挠"的精神，还是东京的"干练、优雅、合作"等，都凭借绵延不衰的城市精神，使它们跻身于世界大都市之列。对上海而言，要在建成现代化国际大都市的历程中持续发展提升，离不开城市精神的培育和塑造。正是从这个意义上看，进博会落户上海及其每年的举办，将进一步推进上海城市精神的塑造与升华，并最终将为上海打造"文化品牌"、提升城市竞争力提供有力的支撑。

一、进博会宗旨契合上海城市精神

城市精神是深层次的社会意识,是指以城市为中心的文化形态和与城市相关的社会现象总和。① 城市精神涉及城市形态格局、建筑景观、历史文化、市民价值理念、思想态度、文化素养等各方面,是城市政治、经济、文化和社会状况的高度概括和真实写照,是城市居民集体价值取向、精神品质的提炼和总结,因此能够代表城市的价值追求、文化魅力和品牌影响力,参与全球竞争的文化软实力。城市精神是根植于城市历史、体现于城市现实、着眼于城市未来、区别于城市特质的灵魂。② 作为城市最核心的竞争力,城市精神既体现了城市自身的内在特质,同时也是引领和推动城市发展的重要动力。

从其发展来看,上海城市精神始终伴随着城市社会变化剧烈激荡,而呈现出具有显著时代特征。上海设县开始至筑城之前,封建闭塞自然经济社会,自给自足,生活富足,居民生活恬淡安逸,健康长寿,城市精神表现为"宁静",处在未开发、未开化的状态。筑城至开埠期间表现为重商、奢华、宽容;开埠至中华人民共和国成立前,城市发展更加多元化,社会环境复杂,经济形式多样,人口流动频繁,城市精神同样丰富多彩,包括开放、创新、竞争、法制、宽容、奢华、时尚、重商、崇洋、爱国。中华人民共和国成立后至改革开放前城市精神为内向、奉献、听话、自傲。每一时期的城市精神都是对当时社会历史的评价和总结,是城市发展的缩影、城市文化的品质。③ 改革开放以来,上海围绕城市精神与市民素养进行了两次大讨论,从 1991 年年底持续到 1992 年年底,历时 1 年多的 20 世纪 90 年代初的"九十年代上海人形象"大讨论使上海人民对"形象问题"形成共识,归纳为 4 个方面 16 个字:"文明礼貌、勤奋高效、胸怀大志、开拓创新。"这既是对上海人形象的

---

① 肖红缨:《试论城市精神》,《江汉论坛》2004 年第 8 期。
② 熊月之:《上海城市精神述论》,《史林》2003 年第 5 期。
③ 熊月之:《上海城市精神:从历史到今天》,《上海城市管理》2003 年第 12 期。

高度概括，也是对提高市民素质的具体要求。① 进入21世纪，改革开放已成为上海经济社会持续发展的强劲动力。作为"九十年代上海人形象"大讨论的延续和深化，上海不失时机地开展"面向新世纪的上海人精神"讨论。这一讨论不仅对20世纪90年代以来上海人精神面貌的变化进行了回顾和总结，而且对上海构建社会主义道德体系，形成良好的社会风尚，全面提高城市综合竞争力奠定坚实基础。② 从政府部门、专家学者以及普通市民都对于上海城市精神的总结表述进行了大讨论和学术研究，专家学者从不同学科背景、不同视角纷纷给予解答，如熊月之认为是海纳百川、敢为人先、与时俱进、儒雅大气、诚信守法、天下意识、崇尚科学、天人和谐。③ 以此为基础，上海市2003年精神文明建设工作会议将上海城市精神正式确定为"海纳百川""追求卓越"8个字。此后，上海城市精神的内涵不断扩展，2007年5月召开的上海市第九次党代会上，时任上海市委书记习近平同志在代表中共第八届上海市委所作的工作报告中提出"与时俱进地培育城市精神"，新增了"开明睿智"和"大气谦和"的表述。2011年11月，中共上海市委九届十六次全会提出要结合上海历史文化积淀和现阶段发展实际，积极倡导"公正""包容""责任""诚信"的价值取向，进一步丰富和完善了城市精神的内容和价值引导功能。④ 纵观上海城市精神的发展和演变，始终与上海城市经济社会发展相同步，展现了特定时代的精神风貌。而今进入新时代，上海也正在迈向卓越的全球城市的进程中，以"新时代，共享未来"为理念的世博会则正是契合了上海城市精神的内涵。

作为全球第一个以进口为主题的博览会，进博会不仅是为世界各国展示国家发展成就、开展国际贸易搭建的开放型合作平台，同时也是我国着眼于推动新一轮高水平对外开放作出的重大决策，是我国主动向世界开放市场的重大举措，更是打造了一个包容开放合作的新平台，大家共谋发展、共解难

---

① 中共上海市委宣传部：《九十年代上海人形象》，上海人民出版社1993年版。
② 许德民：《面向新世纪的上海人精神》，上海科学技术文献出版社2001年版。
③ 熊月之：《上海城市精神述论》，《史林》2003年第5期。
④ 王承云、刘金伟：《上海城市精神与世界城市建设》，《中国名城》2015年第4期。

题,充分反映世界贸易各参与方的利益诉求,推动经济全球化朝着更加开放、包容、普惠、平衡、共赢的方向发展。

正是从这个意义上看,作为进博会永久举办地,进博会的这些内涵在本质上与上海的城市精神相契合。如前所述,上海自古以来就有海纳百川、兼容并蓄的城市文化与精神。上海的城市品格既根植于城市历史,也体现于城市现实。作为这座城市的主体上海人,又因其来源众多、结构复杂,气象万千。通过生产方式、生活方式、伦理道德、审美情趣、规章制度、城市景观等体现出来的上海城市品格,在中国乃至世界大城市中卓尔不凡、熠熠生辉。[1] 自从1843年开埠以后,上海从一个传统市镇迅速发展为远东乃至世界上一个屈指可数的大都市。离不开当时西方现代文明以及国内外移民在上海的汇聚交流。一方面,近代以来的"土洋杂居"使得现代西方文明开始传入并在与传统文化的碰撞中逐步融汇;另一方面,来自全国各地的移民进入上海,使得各地方文化在上海汇聚交融,并由此形成了上海海纳百川的城市文化。[2] 改革开放以来,随着资本、信息、人员等的流动日趋频繁,"海纳百川"也有了新的内涵,那就是对标国际最高标准争创一流的雄心,通过不断提升环境软实力增强向心力、创造力、竞争力、辐射力及影响力;同时,"海纳百川"也是广博的胸怀,欢迎全球人才在这里圆梦。正是这种容纳了东西方、各地方的人才、资源以及不同的生活方式与文化理念,才使得上海成为"海纳百川"的汇聚之地。正如李强同志所指出的:"海纳百川,是一种开放胸襟。今天上海的开放又站在新的起点,比以往任何时候更需要以开放的胸襟接纳全球人才到上海创新创业,在全方位对外开放中增强城市功能。"[3]

从某种程度上看,进博会的举办,是为了推进我国新一轮高水平对外开放,尤其是当今世界正在经历百年未有之大变局,各国经济社会发展联系日益密切,全球治理体系和国际秩序变革加速推进。同时,世界经济深刻调整,

---

[1] 熊月之:《解析上海人》,上海教育出版社2019年版。
[2] 徐甡民:《上海市民社会史论》,文汇出版社2007年版。
[3] 《"五四"前一天李强特地到复旦详述他理解的"上海城市精神"》,澎湃新闻,2018年5月3日。

全球经济增长动力不足,"反全球化""逆全球化"思潮涌动,保护主义、单边主义抬头,风险挑战加剧,贸易摩擦和投资保护不断加剧,世界经济持续稳定增长面临严峻考验的背景下,开放与交流就成为引领世界发展的重要推进力。① 也正是从这个意义上看,进博会落户上海,也正是上海城市精神契合了进博会的初衷与战略。不仅如此,进博会的举办,也成为塑造新时代上海城市精神的重要路径。

二、进博会行动塑造上海城市精神

城市精神是城市文化软实力的重要内容,是彰显城市特色的重要因素,是市民的文明素养、精神风貌、道德素质、文化习俗的集中表现,是一个城市区别于其他城市的重要标志。城市精神内蕴时代精神、主流价值观、先进社会文化等,能够培育市民的理想信念、道德信仰,增进市民的价值共识和情感认同。从城市精神的塑造来看,不仅仅要进一步夯实城市的经济基础、完善其设施,更要能够通过社会文化活动能够形成核心价值观。从某种程度上看,城市精神的塑造是通过具体的经济活动与社会参与来实现的,或者说,一个有活力的城市,一个具有认同和凝聚力的城市也必然是一个经济、社会及文化等各方面共同发展的城市。而城市精神的塑造,则往往能够通过大型活动的举行而展现其具象化特征。②

在全球化时代,城市精神成为各地的差异化的主要来源。如纽约是一座国际化大都市,直接影响着世界的经济、政治和文化。作为一座典型的移民城市,开放、包容、多元的精神,使纽约成为世界城市。又如巴黎是拥有世界各大城市难以相比的历史古迹、艺术建筑和文化遗产的城市,同时也是充满活力、创造力和生机的城市。而这种城市精神往往体现为市民文化与生活方式。正如贝淡宁所指出的,我们也看到市民往往为他们的城市及其所代表

---

① 上海研究院项目组:《中国国际进口博览会发展报告》,社会科学文献出版社2019年版。
② 魏然:《走出城市精神的塑造误区》,《人民论坛》2018年第31期。

的价值观感到骄傲，同时还会促进独特的市民文化和生活方式。蒙特利尔人努力推动他们的语言身份；耶路撒冷人努力宣传他们的宗教身份；伦敦人以人文传统和对外开放为傲；阿姆斯特丹人的骄傲在于他们的开放和包容，尤其是在整个荷兰都表现出排外态度的时候。① 如其所述，在这种展现城市精神的市民文化或生活方式中，各种大型活动往往是重要的推动和塑造力量。

在迎办首届中国国际进口博览会期间，上海充分动员各方面力量尤其是社会力量共同参与，在保障进博会顺利进行的同时，也重新诠释了上海的"追求卓越"的城市精神。"'追求卓越'，是一种做事标准。对卓越的追求，永无止境，没有最好，只有更好。无论是'上海服务''上海制造'，还是城市管理、社会治理等，都要精益求精、关注细节，不断提高城市的品质和魅力。"② 在筹备和主办进博会期间，上海各行业及重点区域着力做好窗口工作，精益求精，圆满完成了进博会接待任务。在协调行业开展窗口阵地宣传的同时，各行业推动行业开展综合服务培训，以进博会知识、服务规范、行业礼仪等为重点，共开展培训541场，参与员工约24万人次。各行业积极与上海市总工会等部门共同组织立功竞赛活动，参与范围达33个行业3万余名员工。在各行业组织"最美窗口"评选，从45个行业中汇总100个候选窗口，通过全体市民社会投票与专家评审会，从40个入围窗口中初步评选出进博会"最美服务窗口"20个，提名窗口20个。同时，各行业组织系列主题活动，以每月15日和倒计时重要节点为契机，在各行业和重点区域开展窗口服务展示等，组织各类635场，参与人数近4万人。组织开展专项测评巡访，委托专业第三方机构和市民巡防团，以服务进博会情况为重点，针对45个行业开展第一次窗口服务质量测评，半数以上行业市民满意度相较以往明显提升。

与此同时，上海各方面社会力量也被充分动员起来参与进博服务，充分体现了上海在志愿服务与社会参与方面的优良传统和广泛社会基础。市文明

---

① ［加拿大］贝淡宁、艾维纳·德夏里特：《城市的精神：球化时代，城市何以安顿我们》，重庆出版社2018年版。
② 《"五四"前一天李强特地到复旦详述他理解的"上海城市精神"》，澎湃新闻，2018年5月3日。

办牵头统筹全市各区、委办做好迎办进博会期间志愿服务工作,广泛动员全社会力量自觉参与,在机场、码头、火车站、长途客运站、地铁站、宾馆、旅游景点等公共区域,设置 315 个城市文明志愿服务站(岗),成立近 250 支城市文明志愿服务队,组织近 5 万名城市文明志愿者、5 000 多名会期志愿者,围绕文明宣传、信息咨询、语言翻译、应急服务等内容,开展 400 多个志愿服务项目,全力服务保障进口博览会。通过 5 万多名城市文明志愿者、250 多支城市文明志愿者队伍和 5 000 多名展会"小叶子"志愿者高标准、高水平、高质量的服务,诠释了"海纳百川,追求卓越,开明睿智,大气谦和"的上海城市精神和上海人民的良好形象,进一步向世界展示了上海志愿者的风采,唱响了新时代的主旋律。①

可以说,进博会对于新时代上海城市精神的塑造具有极为重要的推动作用。从实践上看,进博会的筹备、组织以及运行都涉及方方面面,而上海在紧张的筹备与运行保障工作中始终体现了"追求卓越"的城市精神,将每一项工作都尽善尽美地完成,在保障进博会顺利进行的同时,也为上海城市精神提供了新的篇章。

三、进博会引领提升上海城市精神

城市精神引领城市发展方向。城市精神是一座城市的文化核心,同时也是这座城市的历史瑰宝,在不断的时代变迁和传承中,已经成为城市的宝贵财富。在城市的不断发展中,城市精神为城市提供源源不断的动力,推动着城市的发展。城市精神不仅是一座城市的名片,更加关系着城市发展的方向,人们在提升自己的精神境界和文化素养的同时,也在不断丰富着城市的精神文化,在城市竞争日益激烈的发展中,为城市竞争增添动力。城市的发展方向也是为了满足市民的生活发展需求,两者之间相互影响,共同发展。而进博会则是将两者汇聚在一起,实现了全球、上海以及普通市民三者的协同,

---

① 上海市文明办:《迎办首届中国国际进口博览会工作总结》,2018 年 11 月 19 日。

并由此助推上海城市精神的提升和发展。①

在进博会开幕式上,习近平主席这样形容上海:"开放、创新、包容已成为上海最鲜明的品格。这种品格是新时代中国发展进步的生动写照。"② 可以说,这是国家领导人对上海的一种认可和期盼,同时也为上海未来发展提出了新的要求:要在服务全国中发展上海。不仅要把增设上海自由贸易试验区新片区、在上海证券交易所设立科创板并试点注册制、实施长江三角洲区域一体化发展国家战略这三项新的重大任务完成好,坚持推动高质量发展的要求,构筑新时代上海发展的战略优势,而且要按照国家统一规划、统一部署,全力服务"一带一路"建设、长江经济带发展等国家战略;要推动经济高质量发展和推动改革开放向纵深发展。通过主动推动质量变革、效率变革、动力变革,加快建设现代化经济体系。把高质量发展着力点放在实体经济上,加快建设实体经济、科技创新、现代金融、人力资源协同发展的产业体系,全面提升上海在全球城市体系中的影响力和竞争力。再有就是要进一步解放思想,准确识变、科学应变、主动求变,深入推进重要领域和关键环节改革。要在更深层次、更宽领域、以更大力度推进全方位高水平开放,为长远发展夯实基础;要推动科技创新和社会治理创新。要瞄准世界科技前沿,加强科技创新前瞻布局,聚焦关键领域,集合精锐力量,尽早取得重大突破,使创新成为高质量发展的强大动能。要坚持以人民为中心的发展思想,坚持共建共治共享,坚持重心下移、力量下沉,着力解决好人民群众关心的就业、教育、医疗、养老等突出问题,不断提高基本公共服务水平和质量,让群众有更多获得感、幸福感、安全感。而要完成这些任务,有必要重温进博会的主题"新时代,共享未来",这一主题的内涵丰富深刻,不仅向世界贡献中国机遇,给世界提供了丰富的生产生活用品的同时也为世界经济增长贡献了自己的力量,以推进构建人类命运共同体;同时,也丰富和发展了上海城市精神的范畴。

---

① 穆廷云:《城市发展与城市精神》,《学理论》2012 年第 2 期。
② 《习近平在首届中国国际进口博览会开幕式上的主旨演讲》,新华网,2018 年 11 月 5 日。

从现实来看,尤其是在进入新时代以来,上海城市经济与社会发展正面临着新的背景:社会结构的高度分化与定型化带来民众诉求的差异性及多样性,经济发展所带来的社会地位与阶层结构日趋固化,不同利益群体在形成的同时其需求也日益多样化;其次是社会的快速流动、利益格局及资源配置方式的深刻调整导致社会多主体间关系的高度复杂化,并带来更加多样化、常态化的社会矛盾与冲突;第三是现代信息技术及互联网科技、大数据、现代金融等技术的快速升级换代发展,不断冲击和改变社会的认知、认同及传统的管理组织方式,社会生活的不确定性日益增强,群体、组织、空间等有形的边界日益模糊,组织和整合社会生活、秩序的主导权力来源和机制将持续发生改变。从现实来看,这些挑战都对经济与社会的发展模式、治理模式提出了新的要求。正是在这种背景下,要将进博会的效应扩展到上海城市发展实践中来,有必要在夯实民生基础、激发社会活力的同时,加强对公民社会公德教育。着力践行社会主义核心价值观,坚持教育倡导与惩戒相结合,提升公民道德素养。践行上海城市价值取向。增进社会包容,加大弱势群体利益补偿和照顾力度,将上海"公正、包容、责任、诚信"的城市价值落到实处。鼓励志愿行动,倡导社会援助。弘扬世博、进博志愿精神,推动志愿服务事业,不断提高城市文明程度和市民文明素养。营造和谐氛围,增强对外来人口的包容与理解,促进"城市融入"等。①可以说,进博会精神进一步助推上海城市精神的升级与发展,并由此为迈向卓越的全球城市奠定了坚实的基础。

从理论上看,城市的活力就在于城市与人协同发展、共同进步。一座有发展活力的城市,就连它的建筑都是充满生机或朝气的,然而人们能真切感受到这一点必然是通过日常生活状态以及城市的整体氛围。从这个意义上看,人建造了城市,经营了城市,发展了城市,同时城市也保护了人,滋养了人。正是从这个意义上看,进博会主题"新时代,共享未来"意味着城市发展理

---

① 杨雄、张虎祥:《改革再出发:"十三五"以来上海社会发展评价与预测》,载杨雄、周海旺主编,《上海蓝皮书——上海社会发展报告》(2019),社会科学文献出版社2019年版。

念是以人为本，城市和人共同发展，铸就城市文化和精神，在城市不断满足人们的基本需求之后，人们的精神追求就会更上一层楼，城市就会具有更加鲜明的城市精神和文化。城市精神随着时代发展，不仅有利于传承，而且在发展的同时让城市更有魅力。

作者简介：
张虎祥，上海社会科学院社会学研究所助理研究员

丰富内涵创新机制，志愿服务助推城市精神文明建设

俞 伟　裘晓兰　魏莉莉　张虎祥　徐嘉蓓

摘　要： 在新时代背景下，积极推进志愿服务事业，大力弘扬和践行志愿精神，是推进精神文明建设走向自觉、走进百姓、走在实处、走出新路的依托和保障。2018年，上海志愿服务事业以习近平新时代中国特色社会主义思想为指导，坚持"创新、协调、绿色、开放、共享"的新发展理念，基本实现了组织运行、制度保障、能力建设、民生服务、文化涵育五大体系建设齐头并进的发展目标。但在工作实践中，上海志愿服务工作依然存在着一些"短板"问题，今后，上海志愿服务要创新发展理念，着力于做精做细，构建可持续的长效的组织保障机制，进一步提升发展能级，更好地服务民生、服务大局。

关键词： 志愿服务　志愿者　精神文明建设

作为中国特色社会主义重要内容的精神文明建设，在改革开放中应运而生，并随着改革开放和现代化建设进程而不断深入推进，是保证社会持续稳定发展的不竭动力。随着改革开放和市场经济的深入发展，中国的志愿服务已经进入迅速发展期。在2008年北京奥运会、汶川地震、2010年上海世博会等重要事件的影响下，"志愿者"与"志愿服务"概念日益深入人心，"奉献、友爱、互助、进步"的"志愿精神"被社会普遍认同，志愿服务正在发展成为一项具有广泛公众基础的社会事业。与此同时，随着国家治理体系和治理

能力现代化的深入推进,志愿服务在社会建设中的地位和作用也越来越凸显,志愿服务正在成为推动国家进步的巨大正能量。在新时代背景下,积极推进志愿服务事业,大力弘扬和践行志愿精神,是推进精神文明建设走向自觉、走进百姓、走在实处、走出新路的依托和保障。

一、2018年度上海志愿服务发展基本情况

上海是一座拥有深厚志愿文化的城市。蓬勃开展的志愿服务活动及其体现的志愿精神,成为构成和彰显国际化大都市——上海的独特气质和绚丽魅力的重要价值基础。自改革开放以来,志愿服务与上海城市发展同步前行,特别是进入新世纪以后,上海的志愿服务事业取得了全方位的发展:形式多样的志愿服务活动广泛兴起,志愿服务理念日益深入人心,志愿者队伍不断发展壮大,志愿服务领域日趋扩展。在城市现代化的进程中,上海孕育了浓郁的志愿文化,培育了积极的志愿服务精神,形成了良好的志愿服务传统,志愿服务成为促进上海经济与社会协调发展的重要途径。

2018年,是中国志愿服务事业发展具有重大意义的一年,《政府工作报告》中"志愿服务健康发展"的提出、"新时代文明实践中心"建设试点工作的推进等,为新时代志愿服务的发展提出了新要求和新期望,也为继续深化和推进志愿服务事业发展指明了前进的方向。从上海来看,志愿服务以习近平新时代中国特色社会主义思想为指导,以贯彻落实市委、市政府关于全力打响"四大品牌"的决策部署,全力打响"上海文化"品牌为核心,以推进上海志愿服务五大体系建设为抓手,保持良好发展势头。根据上海市精神文明建设委员会办公室、上海市志愿者协会、上海社会科学院社会学研究所联合开展的面向全市注册志愿者和市民的调查显示,2018年上海志愿服务呈现以下发展特征:

(一)注册志愿者注册率逐年上升

从上海实名认证注册志愿者的注册率来看,从2009年开始,每年都呈现不断递增的趋势,2018年,上海注册志愿者注册率达到16.60%,比2017年

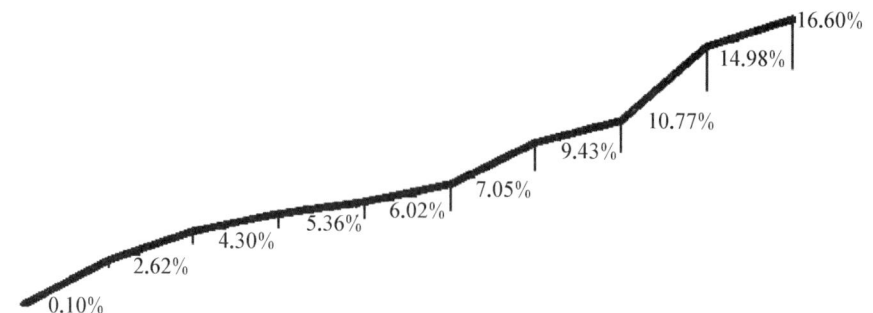

图 1 上海注册志愿者注册率

上升了 1.62 个百分点。这说明上海的志愿服务越来越深入人心,有越来越多的人加入到志愿服务队伍中,志愿服务精神被更多人所接受。

(二)"帮助他人"以及"践行社会主义核心价值观"是志愿者参加志愿服务活动的重要原因

对于志愿者参与志愿服务活动的原因,调查显示,2018 年排在前三位的是"帮助有需要的人""弘扬雷锋精神,践行社会主义核心价值观"和"提

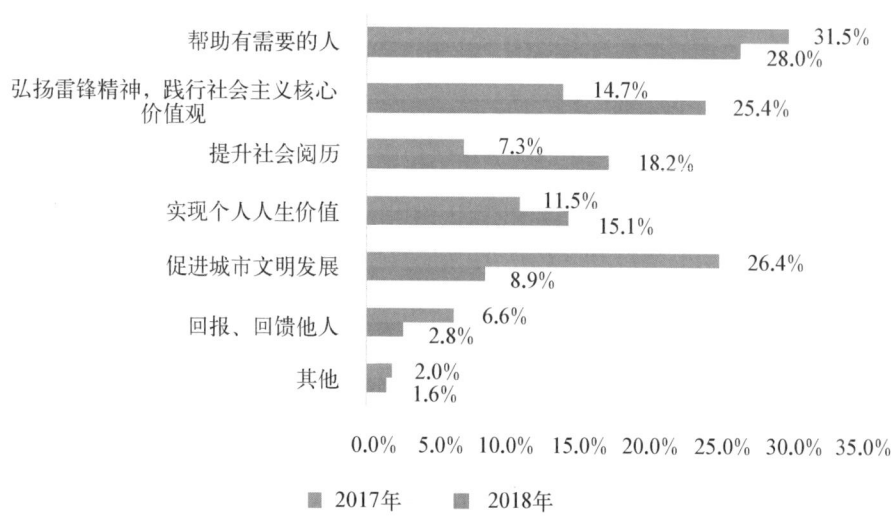

图 2 志愿者参加志愿服务活动的原因

升社会阅历",占比分别为 28.0%、25.4% 和 18.2%。其中因为"弘扬雷锋精神,践行社会主义核心价值观"的比例比 2017 年有较大幅度提升,说明社会主义核心价值观在注册志愿者中的影响力越来越大。

(三) 志愿者参与志愿服务活动的意愿不断增高

对于未来继续参与志愿服务活动的意愿,2018 年调查显示,42.9% 的志愿者表示自己不仅会继续参加,并将增加参与时间,53.4% 的志愿者表示会保持现有参与时间。与过去两年相比,2018 年表示自己会增加志愿服务活动参与时间的注册志愿者比例最高,说明注册志愿者在参与志愿服务活动的过程中实现了社会价值和自我价值的共同提升,因而拥有更高的参与热情。

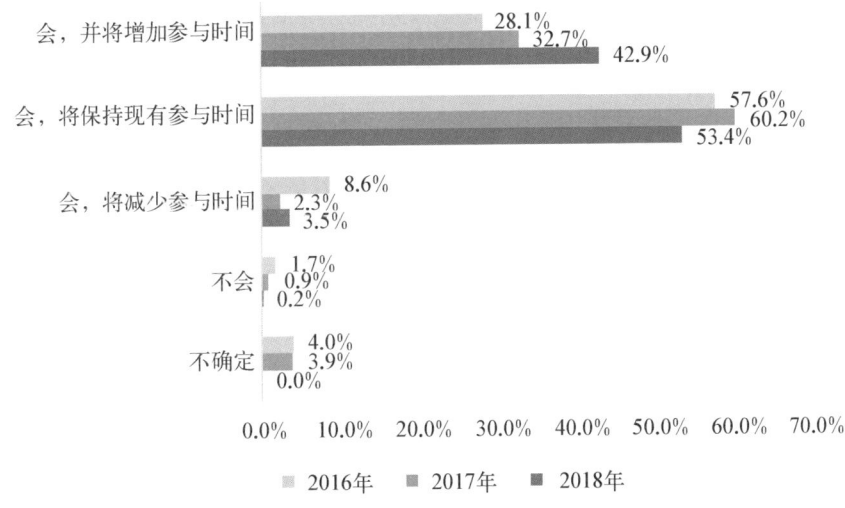

图 3　志愿者未来继续参与志愿服务活动的意愿

(四) 近半数市民接受过社区志愿服务中心提供的志愿服务

从市民接受居住地社区志愿服务中心志愿服务的情况来看,2018 年有 46.4% 的市民表示接受过服务,比 2016 年和 2017 年分别高出 36.4 和 30.1 个百分点。市民接受社区志愿服务中心志愿服务比例的快速上升说明社区志愿服务中心不仅完成了硬件建设,而且服务功能得到切实发挥,真正做到了服

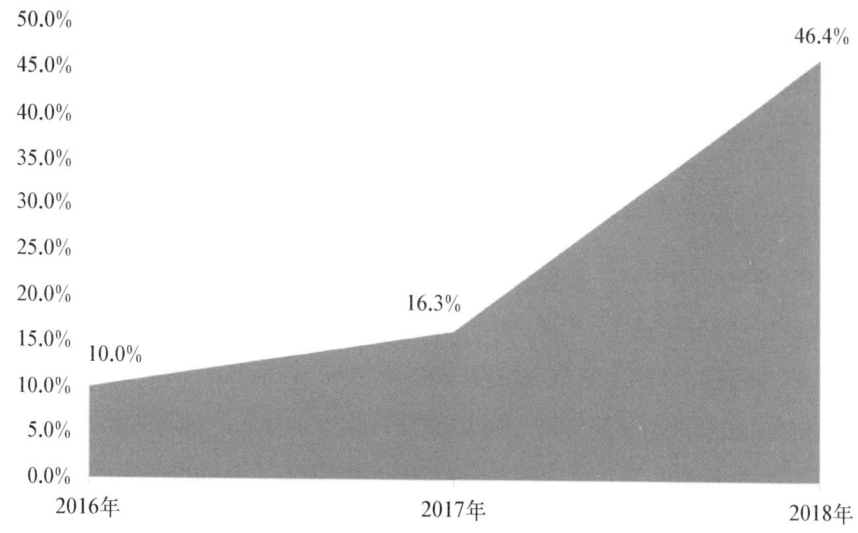

图 4　市民接受社区志愿服务中心志愿服务的比例

务基层、服务市民。

(五)"社区服务类"志愿服务最受市民青睐

从市民最希望接受的志愿服务类别以及最希望接受社区志愿服务中心提供的志愿服务类别来看,社区服务类所占的比例均为最高,分别为21.9%和33.5%,这说明便民型的社区服务类志愿服务最为市民需要,最受市民青睐。

表 1　市民最希望接受的志愿服务类别

	市民最希望接受的 志愿服务类别		市民最希望接受社区志愿服务 中心提供的志愿服务类别	
	2017 年	2018 年	2017 年	2018 年
邻里守望	5.0%	7.1%	13.5%	11.8%
社区服务	23.9%	**21.9%**	23.7%	**33.5%**
城市运行	7.7%	8.6%	3.7%	4.9%
文化教育	10.8%	17.2%	8.3%	12.2%
绿色环保	10.9%	11.5%	13.6%	13.2%

续表

	市民最希望接受的志愿服务类别		市民最希望接受社区志愿服务中心提供的志愿服务类别	
	2017年	2018年	2017年	2018年
医疗卫生	27.5%	14.8%	24.0%	15.0%
赛会服务	1.7%	9.9%	1.3%	4.5%
应急救援	11.4%	5.9%	10.3%	4.0%
其他	0.6%	3.1%	1.0%	0.9%

（六）市民接受志愿服务的意愿持续快速增长

对于未来是否希望接受志愿服务，2018年有48.4%的市民表示"很希望"，远远高于2016和2017年的比例，此外，还有36.4%的市民表示"比较希望"，可见，市民未来接受志愿服务的意愿在持续快速增长，说明志愿服务已经得到市民的高度认同，市民对未来的志愿服务有着较高期待。

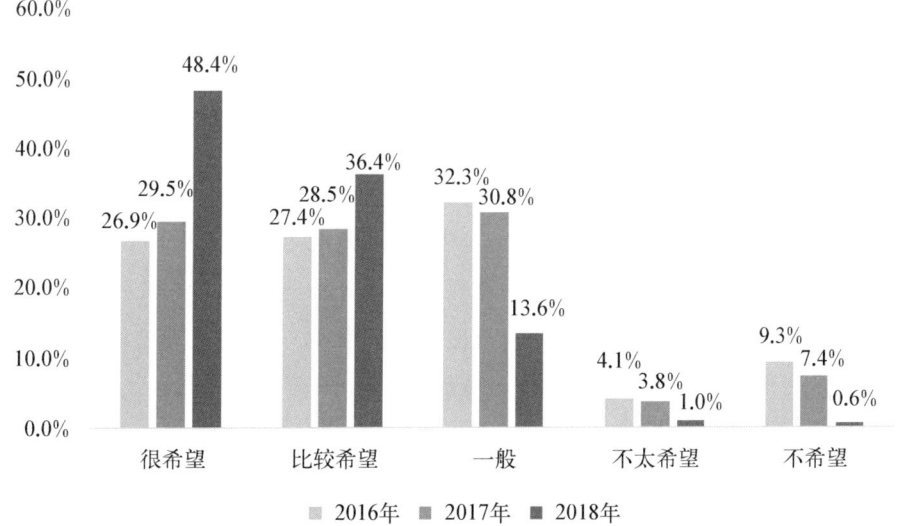

图5　市民未来接受志愿服务的意愿

（七）社交平台在传播志愿服务相关信息中的影响力明显增强

从志愿者和市民平时了解志愿服务相关信息的渠道来看，社交平台如微信和QQ的影响力在明显增强。志愿者通过社交平台了解信息的比例从2017年的14.3%上升到2018年的45.9%，提高了31.6个百分点，市民通过社交平台了解信息的比例从2017年的13.2%上升到2018年的44.1%，提高了近31个百分点。可见，社交平台的重要影响力是2018年志愿服务在传播渠道上区别于2017年的重要特征。

表2 志愿者和市民了解志愿服务相关信息的渠道

	志愿者		市民	
	2017年	2018年	2017年	2018年
社交平台（如微信、QQ等）	14.3%	**45.9%**	13.2%	**44.1%**
组织、单位通知	55.6%	37.1%	13.1%	25.9%
网络媒体	19.9%	12.4%	34.7%	16.8%
电视传媒	2.8%	1.3%	21.6%	6.1%
报纸等纸质媒体	2.0%	0.5%	4.3%	1.6%
亲戚朋友介绍	3.9%	1.6%	5.6%	2.7%
其他	1.5%	1.2%	7.5%	2.9%

（八）志愿者和市民热衷参与"进口博览会"等志愿服务项目

由于2018年年底上海举办了进口博览会，因此志愿者和市民表示愿意参与"进口博览会"志愿服务项目的比例最高，分别达到81.3%和78.5%。此外，有47.8%的志愿者和39.3%的市民表示愿意参与"交通大整治"项目，46.6%的志愿者和43.0%的市民愿意参加"生活垃圾分类"项目，34.3%的志愿者和28.1%的市民愿意参加"烟花爆竹禁燃禁放"项目，27.8%的志愿者和23.6%的市民愿意参加"河道治理"项目。可见志愿者和市民更愿意参与具有时事热点以及与自己生活密切相关的志愿服务项目。

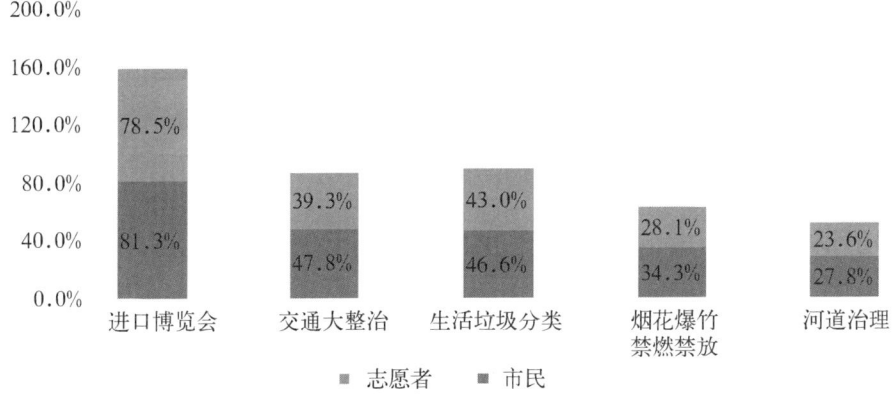

图6 志愿者和市民参与志愿服务项目的意愿

（九）"信用鼓励"和"服务鼓励"是最受志愿者青睐的激励机制

从志愿者选择的对提高志愿者服务积极性最有效的激励机制来看，排在前三位的是"志愿服务时间计入社会信用体系""建立健全'时间银行'制度，将来换取相应服务"和"提供求职或求学使用的服务证明"，选择比例分别为 25.9%、24.5% 和 20.7%，可见"信用鼓励"和"服务激励"是最受志愿者青睐的激励机制。

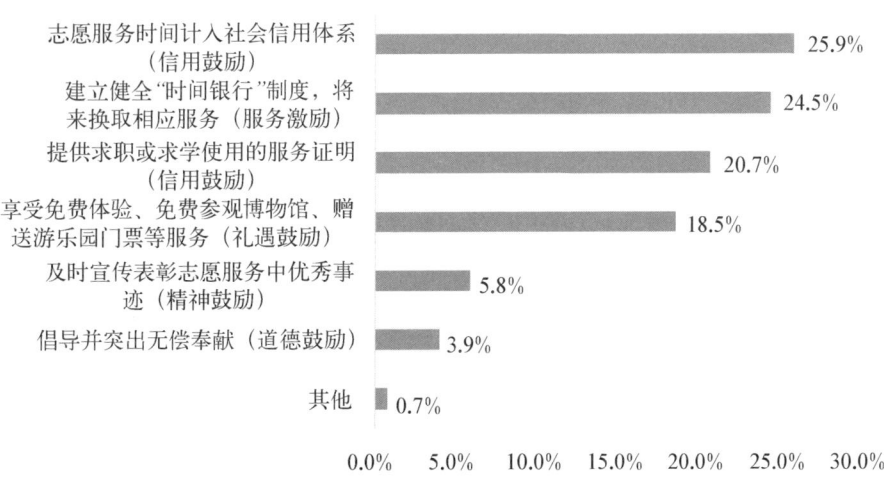

图7 志愿者认为最有效的激励机制

（十）志愿者对"志愿服务保障机制"有着更高期待

上海相关部门正在研究修订《上海市志愿服务条例》，从志愿者认为需要进一步修改和完善的内容来看，排在首位的是"志愿服务的保障机制（包括资金、培训、基地建设、评估、激励等）"，选择比例为71.9%，排在第二位的是"志愿者的权利义务"，选择比例为52.3%，排在第三和第四位的是"志愿服务社会氛围营造"和"志愿服务组织的管理体系"，选择比例分别为43.2%和43.1%。可见志愿服务的保障机制以及志愿者的权利义务是志愿者认为最需要完善的内容。

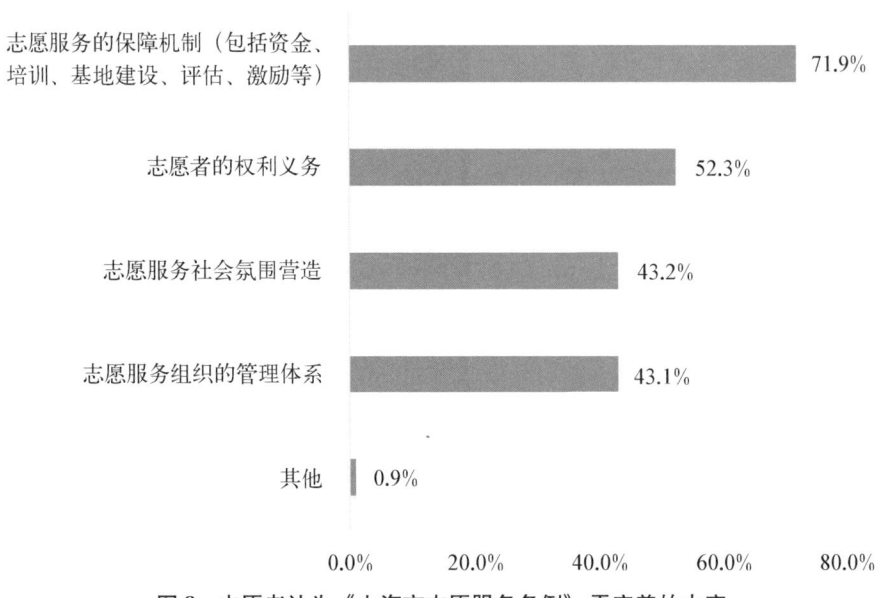

图8 志愿者认为《上海市志愿服务条例》需完善的内容

二、2018年度上海志愿服务发展的主要成效

2018年5月，李强书记在精神文明建设工作会议上指出，"精神文明建设要找准工作切入点和发力点，更好地服务大局"；并针对志愿服务提出，"要

与举办中国国际进口博览会紧密结合,提升市民文明素养,提升窗口服务水平,做好志愿服务工作,全方位展示上海良好形象和城市魅力"。11月,习近平总书记考察上海时指出,要发扬"海纳百川、追求卓越、开明睿智、大气谦和"的上海城市精神,立足上海实际,借鉴世界大城市发展经验,着力打造社会主义现代化国际大都市。这些都为上海志愿服务的深化发展提供了引领和支持。总体看,2018年上海志愿服务事业坚持"创新、协调、绿色、开放、共享"的新发展理念,基本实现了组织运行、制度保障、能力建设、民生服务、文化涵育五大体系建设齐头并进的发展目标。

(一)志愿服务内涵建设进一步推进,社会动员力日益增强

1. 志愿者数量持续攀升,全民参与特征显现

志愿者队伍是开展志愿服务活动的基础。截至2018年年底,全市实名注册志愿者人数超过400万,比2017年新增了近40万人;注册率达到16.6%,比2017年上升了1.6个百分点;有76.0%的志愿者在2018年里参加过志愿服务活动,比2017年高了1.4个百分点,同时,志愿者呈现对志愿服务活动的持续参与热情。从参与活动类型看,社区服务、城市运行和文化教育依旧占据志愿者参与志愿服务活动类型的前三位。总体来看,伴随数量的持续攀升,注册志愿者在年龄结构上也出现分化,青年群体开始成为志愿者队伍的主体,同时,长者和少年儿童所占的比例也不断上升,志愿服务全民参与特性显现。

2. 志愿服务组织稳步增长,影响力日益扩大

广大志愿服务组织以践行社会主义核心价值观为基本遵循,以弘扬志愿精神、奉献社会为根本宗旨,在促进精神文明建设、推动社会治理创新、增进民生福祉等方面发挥着日益重要的作用。发展志愿服务组织是传递社会关爱、促进社会文明的有效举措。截至2018年年底,上海已成立市志愿者协会直属志愿服务总队112支,建成市、区两级志愿者服务基地1 276个,区、街镇两级志愿服务中心234家,各类志愿服务组织达到23 467个,志愿服务项目达到19万个。特别值得注意的是,注册志愿者通过志愿服务组织和"上海志

愿者网"参与志愿服务的比例逐年提升，分别达到16.9%和6.7%，这也说明志愿服务组织和"上海志愿者网"对注册志愿者的影响力正不断扩大，成为引领、激发市民参与志愿服务的有效渠道和组织保障。

3. 志愿服务文化深入人心，社会动员力不断增强

2018年，上海以志愿服务文化涵育为推力，激发志愿服务发挥活力，推进志愿文化深入人心，在全社会形成了团结互助、平等友爱、共同前进的志愿服务新风尚。主要体现在三个方面：第一，展示志愿者风采，积极培育具有上海特色的志愿文化。如通过全国学雷锋志愿服务"四个100"先进典型上海地区宣传推选展播等系列活动，让志愿服务示范引领作用得到了进一步推进。第二，凝聚志愿力量，打造志愿服务文化品牌。如结合举办中国国际进口博览会开展志愿服务主题实践和宣传活动，通过多元渠道的宣传推广，打造志愿服务的"上海品牌"。第三，开拓多元渠道，构筑志愿文化精神家园。如以学习宣传和贯彻落实全国《志愿服务条例》为契机，发挥新闻媒体主渠道作用，开展志愿文化宣传活动，在全市辐射志愿服务文化百万市民。

（二）志愿服务组织运行进一步规范，工作效能不断提升

1. 进一步完善领导和工作机制

依照《志愿服务条例》的规定要求，结合上海的实际情况，市文明委领导、市文明办牵头统筹、市志愿者协会服务保障、市志愿服务公益基金会大力支持的"一体两翼"机制进一步完善，形成由文明办统筹规划、协调指导，民政局负责行政管理，由各相关部门及人民团体通力协作、全社会共同参与的志愿服务组织运行总体格局。

2. 进一步优化组织运行布局

通过进一步完善市、区、街镇、村居四级志愿服务组织网络建设，构建布局更加合理、管理更加规范、服务更加完善、更加充满活力的志愿服务组织运行体系。积极发挥各级枢纽型志愿服务组织如市志愿者协会、市志愿服务公益基金会的桥梁纽带作用和各级联盟行业组织的平台功能，努力推动形成"条块联动、点面结合"的志愿服务组织运行格局。

3. 进一步加强工作规范管理

通过理顺各项日常工作规范，加大服务管理力度，提升志愿服务的管理效能，保障志愿服务日常工作的有效开展和规范运作。如通过完善市志愿者协会理事会、会长单位志愿服务工作部门负责人会议，区、委（办、局）文明办及志愿者协会志愿服务负责人工作例会等工作机制；通过加强对各级志愿服务组织的监督管理，加强各级志愿者协会、市志愿者协会直属志愿服务总队、志愿者服务基地服务管理，促进交流互通、资源共享，提升管理能力和服务水平；通过强化对注册志愿者的招募、管理、培训以及志愿服务项目的前期筹备、过程监控、结果评价等，推动和监督志愿服务规范运行。

（三）志愿服务制度基石进一步夯实，服务保障持续加强

1. 志愿服务制度化建设持续推进

以学习宣传和贯彻落实全国《志愿服务条例》为契机，市文明办与市民政局等加强了《上海市志愿服务条例》修法调研工作。在市志愿者协会的积极推动下，有效推进了志愿服务组织信息的完善工作和志愿服务网络的梳理工作，加强和完善了志愿服务工作的横向联系、志愿服务组织的纵向管理等规范化、制度化建设。

2. 志愿服务组织良性发展

在尊重志愿服务组织主体性发展的同时，上海积极统筹社会多元资源，通过规范引导、加大扶持、加强保障等加快促进志愿服务组织发展壮大，为基本建成布局合理、管理规范、服务完善、充满活力的志愿服务组织体系提供保障。如通过开辟政策支持、专项资助、政府购买服务、供需对接等多元化途径，在场地支持、资源嫁接、能力培养、合作交流、业务指导等方面为志愿服务组织提供扶持和引导；通过对行业志愿服务组织、区级志愿者服务基地的监督管理、评估，更好地规范、保障、激励、促进志愿服务组织各展所长、各尽其能、良性发展。

3. 志愿服务多元保障增强

一是广泛争取志愿服务资金保障。通过进一步发挥市志愿服务公益基金

的资金扶持和"关爱好心人"专项基金的困难资助作用，拓展社会化资金募集渠道，为志愿服务事业持续发展提供动力。上海志愿服务公益基金会成立以来，已资助703个项目，合计1 209.8万元，专项基金36个，开展助老、助医、助学、助困防范金融诈骗、生态环保等志愿服务项目；2018年"关爱好心人"专项基金共审定了3批、20人次的受助对象，共计发放善款20.8万元。二是积极推进志愿者的人身健康与安全保障。在市文明办、市志愿者协会和社会力量的协同推进下，落实了全市注册志愿者和专业类志愿者多重意外保险保障；通过积极统筹资源，为志愿者提供健康体检、医疗急救、心理疏导等服务保障和文体场馆使用、文化活动参与等礼遇项目。

（四）志愿服务惠民渠道进一步拓宽，民生功能日趋完善

1. 深入推进社区志愿服务体系完善、服务升级

围绕社会关切和民生需求，进一步巩固市政府实事项目成果，促进社区资源服务中心补齐短板、完善功能，推动社区志愿服务体系不断完善，从全网覆盖、系统集成向功能细化、服务升级、高效运转进一步提升能级，增强创优动力，为志愿服务扎根社区、服务社区提供保障。

2. 积极推进志愿服务项目跨界合作、惠及民生

深化推进志愿服务政企合作、条块联动、社会协同模式，让受群众欢迎的民生服务项目如"邻里守望"志愿服务、推进"保护母亲河"环保志愿服务等活动更具持续力和影响力，有效地拓展深化了志愿服务在引领社会风尚、提升城市文明中的积极作用的同时，也进一步增强人民群众的获得感、幸福感、安全感，推动了构建共建共享、共治善治的社会治理新格局。

3. 大力推进志愿服务资源供需对接、服务民生

坚持聚焦社区、关注民生，推动科技、经信、绿化市容、市级机关、农委、团委、妇联、志愿服务公益基金会、中国人寿等全市14家市级部门单位与70家有需求的社区志愿服务中心完成资源对接，让全社会的志愿服务资源和力量沉到基层，充分发挥惠及民生、服务群众的强大合力。聚焦民生领域重点方面，如围绕整治管理顽症、提升交通文明、加强垃圾治理、改善河道

环境、建设生态廊道、推进美丽乡村建设等市委市政府重点工作，开展了一批常态化志愿服务项目，精准对接群众对美好生活的需求。

（五）志愿服务能力建设进一步强化，服务能级逐步提升

1. 加强研究培训，推进志愿服务专业化发展

一方面，结合全市"不忘初心、牢记使命，勇当新时代排头兵、先行者"大调研，市文明办、市志愿者协会与各大高校、科研院所及社会各界共同合作，深入开展了志愿服务工作"大调研"和《上海志愿服务发展报告（2019）》研究工作，深化了志愿服务理论课题研究，出版了《上海志愿服务发展蓝皮书（2018）》，在提升了志愿服务理论研究能力的同时，推进了志愿服务研究成果的实践转化，形成顶层设计与基层探索良性互动，为上海志愿服务向纵深发展提供研究支持。另一方面由市志愿者协会主体推进的培训工作围绕社区志愿服务中心建设和志愿服务信息化建设等重点展开，拓展了志愿服务专业培训的广度和深度。举办历时近2个月的社区志愿服务中心研修培训班6期，全市各街道社区志愿服务中心共220余人参加。开办志愿服务进社区培训班，培训170余名骨干志愿者；开办区、委办志愿服务研修班以及市直属志愿服务总队、市级志愿者服务基地培训班，累计培训志愿服务工作负责人200余人，通过电话、邮件、QQ群等在线培训3 000多人次。指导各级各类志愿服务培训规范化开展，全年各区、委办局累计培训志愿者12万余人次。完成《志愿心》教材编印，首批印发2万册，用于首届中国国际进口博览会志愿者、社区志愿服务中心等各级志愿服务培训班。

2. 打造综合平台，提升志愿服务信息化建设水平

提升了上海志愿者网的使用便捷度和管理服务能级，在加强与文明创建工作的融合联动的基础上，通过统一采集数据，构建了覆盖全市的志愿服务大数据库，为志愿服务提供了基础保障。构筑了"一网"（上海志愿者网）、"一线"（志愿服务热线）、"一群"（志愿服务微信QQ咨询群）、"二平台"（志愿服务信用激励平台、在线培训平台）的综合服务平台，在扩大了志愿信息系统的服务覆盖面的同时，进一步提升了服务的内涵和水平。

3. 助力进口博览会和生活垃圾分类,提升志愿服务能级

由市文明办与团市委牵头统筹做好迎办进博会期间志愿服务工作,广泛动员全社会力量自觉参与,设置了315个城市文明志愿服务站(岗),成立了近250支城市文明志愿服务队,组织了近5万名城市文明志愿者、5 000多名会期志愿者,围绕文明宣传、信息咨询、语言翻译、应急服务等内容,开展了400多个志愿服务项目,全力服务保障进口博览会,使得志愿者成为进口博览会的亮丽风景线。市文明办和市绿容局共同推动成立城市生活垃圾分类志愿服务总队,探索六区试点,指导杨浦、静安、长宁、奉贤、松江、崇明成立生活垃圾分类志愿服务分队。全市组织开展垃圾分类志愿服务项目2 700多个,累计13万人次的志愿者参与服务,垃圾分类志愿者不断引领城市文明新时尚。

三、2019年度上海志愿服务发展面临的挑战

近年来上海志愿服务得到了迅速发展,逐步从重大活动的志愿服务转向日常化、生活化、社会化的志愿服务活动开展,进一步夯实了志愿服务活动的社会基础,志愿服务活动的制度化、组织化以及社会化持续推进,信息化程度不断提升。但与此同时,当前上海志愿服务活动面临着一些现实的挑战和瓶颈。

2018年,上海志愿服务工作以习近平新时代中国特色社会主义思想为指导,以贯彻落实市委、市政府关于全力打响"四大品牌"的决策部署为核心,推动志愿服务高质量内涵式发展迈上了新台阶。但与此同时,在工作实践中,依然存在着一些"短板"问题,制约着上海志愿服务的进一步提升。主要体现在以下几方面:

(一)志愿服务专业化水平有待进一步提升

调查数据显示,市民对所接受志愿服务的满意度达到83%,其中,市民表示"很满意"的比例为35.8%,表示"满意"的比例为47.2%。相比之下,

2018年市民的满意度比2017年略微下降,这一方面与志愿服务的质量有待提高相关,另一方面也可能是因为市民对志愿服务有了更高的期待,因此要求也更高了。因此,进一步提升志愿服务的专业化水平,将能够有效满足市民更多样化的需要,从而确保志愿服务常态化进一步发展。从志愿服务的层次来看,从纵向可以分为三类,即"基础志愿服务""技能志愿服务"和"专业志愿服务"。志愿服务专业化的提升,不仅意味着能够满足市民的更高的服务需求,还能够在很大程度上重构志愿服务格局和提升志愿服务水平。

(二)志愿服务项目化运作有待进一步加强

志愿服务的项目普遍需要一个过程才能产生效果,这个也是社会发展类项目的普遍规律。因此要积极推动项目的持续性运作,才能实现志愿服务的效果。调查显示,在具体项目运作方面,志愿者认为目前开展志愿服务面临的主要问题,排在前三位的是"缺乏活动资金""缺乏有力的组织协调"和"评估奖励机制不完善",占比分别为41.2%、38.7%和37.5%。此外还有"缺乏专业技术人员""相关信息获取困难""活动项目单一"和"难以获取市民信任",志愿者的选择比例分别为33.0%、32.3%、20.0%和19.2%。可见,资金问题、组织问题、机制问题、人员问题、信息问题、内容问题和公信力问题是志愿服务项目开展中遇到的主要问题,也是提升志愿服务项目质量要重点关注的问题。正是从这个意义上讲,要能够在较高水平的基础上,进一步提升上海志愿服务的能级,有必要进一步提升其项目化与专业化的能力和水平,以及专业化在项目化运作各个环节中的充分体现。

(三)志愿服务体系内涵建设有待进一步强化

作为社会治理创新的重要组成部分,上海近两年持续推进了政府实事项目,不断加强区、街镇社区两级志愿服务中心建设,已经形成了较为完善的基层志愿服务体系,对于服务百姓民生、推进志愿服务的日常化、社会化产生了积极效应。但同时,志愿服务体系还需要关注内涵建设,不断提升自身的协调和运作水平,并由此发挥更大的影响和作用。调查发现,基层社区志愿服务中心在项目孵化中遇到的问题依次为"缺乏专业的项目孵化运作团队"（57.3%）、"缺乏高效的需求挖掘机制和渠道"（52.7%）、"缺乏多元化的社会资源支持"（50.0%），同时"缺乏品牌塑造和推广意识"（33.6%）和"缺乏充足稳定的资金支持"（32.3%）等也是造成基层志愿服务推进的困难所在。尤其是对于基层志愿服务体系来说，其内涵建设主要缺乏的是专业化的团队、需求挖掘与整合以及资源支持，而这些又与专业化力量的加入密不可分。由此可见，接下来进一步推进基层志愿服务体系建设，要更多地激发源自社会的内在活力，更充分地调动和整合社会各领域资源，培育、扶持和激励专业化组织和团队，辅之以政府强有力支撑，才能进一步夯实社会志愿服务体系的基础。

（四）志愿服务文化有待进一步弘扬

随着志愿服务制度化发展日渐深入，尤其是市民对志愿服务的认识以及志愿服务本身的品牌辨识度和影响力仍有待进一步提升。数据显示，当前志愿服务虽然取得较大发展，但仍然面临一些问题，就大环境而言，志愿者和市民认为目前开展志愿服务面临的主要问题排在前三位的是"市民对志愿服务了解不够""志愿服务组织管理和活动缺乏影响力"和"志愿组织缺乏活动资金"，即市民问题、组织问题和资金问题，志愿者的选择比例分别为49.9%、43.3%和36.9%，市民的选择比例分别为55.5%、47.5%和28.5%。可见，挖掘弘扬志愿服务文化与精神仍然需要持之以恒地推进。从现实看，志愿服务社会文化氛围的塑造，既要通过持续广泛的宣传来加以营造，还需要志愿服务自身不断加强志愿者、组织以及项目品牌的塑造，尤其要注重以志愿者及志愿服务组织活动和志愿服务项目运作来彰显自身的价值和社会影响。

四、2019年度上海志愿服务的发展思路

随着我国经济社会发展进入新时代，社会分化持续加速，利益格局日趋多样化和复杂化，不同社群的需求、诉求与追求也呈现出变动性和不确定性。

社会格局的新情况新变化，在很大程度上对新时代上海志愿服务工作提出了新的更高要求。也正是在这一背景下，2019年度上海志愿服务工作要在习近平新时代中国特色社会主义思想指引下，贯彻落实党中央和上海市委的相关指示精神，紧紧围绕夯实组织领导、聚焦重点任务、激发创新动能，继续以提升上海志愿服务五大体系建设为抓手，深入推进新时代文明实践中心建设，着力打响"上海文化"品牌，大力弘扬上海城市精神和志愿文化。主要应从以下几方面着手，进一步提升志愿服务的能级。

（一）关注民生，夯实志愿服务的民生基础

民生服务是新时代志愿服务工作推进的主要抓手。当前及今后一段时期内，随着国内外经济社会发展形势的不确定性增强，经济下行压力较大，上海要预防和化解经济社会领域的风险，首先就要关注民生，切实完善以优化民生为目标的志愿服务体系。从目前上海基层志愿服务来看，在贴近居民日常生活需求、孵化项目的事件中，还存在一些现实性的问题，这些问题都要求我们要进一步强化民生导向、项目导向，深入挖掘新时代市民的新需求，并以此来孵化有针对性的服务项目。同时，尤其是要注重发现不同社区的民生短板，坚持需求导向、问题导向、效果导向，借助学雷锋志愿服务工作站深入居民日常生活的网络，积极培育和引导源自草根的居民生活服务志愿团队，夯实社区志愿服务体系的基础。此外，在保障基本民生的同时，还要注重引导和服务于质量民生，尤其是要引导居民高层次追求，并将其嵌入新时代文明实践志愿服务之中，以新思想引领新追求，推进美好生活的不断实现。

（二）加强能力建设，增进志愿服务能力建设水平

能力建设是推进新时代志愿服务工作的重要支撑。进入新时代以来，随着经济社会发展，志愿服务需求的多样化、社会化与复杂化，意味着志愿服务组织以及志愿者要不断提升能力以适应新时代的新要求。正是从这个意义上看，今后有必要持续推进志愿服务能力建设，提升能力建设体系化、专业化水平。在加强对新时代志愿服务发展规律的理论研究基础上，进一步提升

志愿服务组织和志愿者的专业技能与服务能力。一方面，要面向基层开展培训需求调研，根据需求对接资源，同时要针对不同群体特点和需求，开展专项培训，进一步提升培训的针对性和专业性。另一方面，要聚焦基层志愿服务的专业化水平提升，通过条块联动将市、区层面的志愿服务团队、基地等优质专业资源与基层社区的需求追求对接，促进资源联动与辐射。此外，还要注重在日常志愿服务中引入专业化力量并借助其专业化技能提升志愿服务项目的内涵与水平，社区志愿服务中心要能够发挥统筹推进和指导功能，支持各类志愿服务活动项目有效开展。

（三）聚焦组织机制，推动志愿服务组织发展

志愿服务组织是推动志愿服务工作开展的主导性力量，也是参与社会治理创新的重要依托。从全国来看，上海社会组织的发展处于领先水平，但与国外的差距仍然较为明显，同时，历年来的调查也显示，志愿服务组织自身的规范性、专业性以及社会性都有待进一步提升。从今后发展来看，在上海相对完善的志愿服务组织体系的基础上，要进一步加强对志愿服务组织的引导、规范并拓展其参与社会治理的功能领域与空间。一方面，要发挥市志愿者协会和市志愿服务公益基金会的枢纽组织作用，完善工作机制，增强志愿服务组织主体活力，尤其是要进一步支持、发展和壮大基于草根、源于社会的志愿服务组织，针对志愿服务组织发展面临的瓶颈问题，积极统筹社会资源，推动志愿服务组织的常态长效发展，增强志愿服务事业持续健康发展新动能。与此同时，要通过政府购买服务等形式，将专业志愿服务组织引入到难点、焦点社会问题的解决和应对实践中，发挥其专业化与社会化的优势，以便为推动社会治理创新提供积极的支撑。

（四）创新保障激励，优化志愿服务制度保障

制度保障是志愿服务工作展开的重要保证。国内外的经验表明，要激发市民及志愿者参与志愿服务的内在动力，形成志愿服务的常态化，就必须要加强制度保障，既要有嘉许激励，同时还要保障志愿者社会权益，并由此形

成制度保障体系。从上海的情况看，上海在志愿服务制度保障方面始终走在全国前列，无论是对志愿者的嘉许激励还是权益保障，均处于历史较好水平。从今后一段时期来看，要注重进一步加强志愿服务制度保障的法治化水平，进一步为志愿服务发展营造良好的法制环境和社会氛围。同时，要完善志愿服务褒奖激励机制，制定志愿者嘉许和回馈办法，健全志愿服务星级认定制度，改进学雷锋志愿服务评选表彰，切实增强志愿者的荣誉感。在坚持党和政府激励褒奖为主的基础上，要注重动员市场和社会力量、注重发展性嘉许形式（如信用激励等），拓展社会化资金募集渠道，在培养志愿服务意识的实践中激发市民参与志愿服务的动力。

（五）弘扬志愿精神，深化志愿服务文化涵育

文化涵育是志愿服务工作推进的志愿服务特色品牌。从本质上看，志愿精神是志愿服务的本质特征，并由此形成人人互助的社会风尚，要弘扬志愿服务精神、志愿文化，以文化涵育来提升市民素质。从当前社会公德问题频现、社会信任程度日渐降低的背景下，大力弘扬主流价值、主流文化，就要进一步强化志愿服务精神的宣传与教育引导，通过多种形式的活动或项目来提升志愿精神辐射面和影响力。除了常设的纪念日活动之外，要加强全方位整体宣传，拓展与传统媒体和新媒体的广泛合作，加强线上与线下资源深度融合，不断扩大志愿服务线下"合作伙伴"和线上"朋友圈"，拓展上下贯通、内外联动的志愿服务社会化格局。同时，要注重品牌塑造与宣传，打造志愿服务供需对接品牌并扩展其社会效应，以更大力度培优扶强、扩容提质，继续打造带有上海文化标签的志愿服务特色品牌，推动上海志愿服务的动能转换。此外，要结合打响"上海文化"品牌的工作要求，大力营造人人崇尚志愿精神、人人关心支持志愿服务的良好志愿文化氛围，借以推动志愿文化成为体现上海城市精神和城市形象的重要载体。

作者简介：

俞　伟：上海市精神文明建设委员会办公室志愿服务工作处副处长，上海

上海精神文明建设蓝皮书（2019）

市志愿者协会副秘书长

  裘晓兰：上海社会科学院社会学研究所助理研究员

  魏莉莉：上海社会科学院社会学研究所副研究员

  张虎祥：上海社会科学院社会学研究所助理研究员

  徐嘉蓓：上海市志愿者协会活动协调部副部长

加强未成年人思想道德建设，
培养社会主义建设者和接班人

魏莉莉　裘晓兰

摘　要： 立德树人是未成年人培养的中心环节。当前未成年人思想道德发展状况良好，热爱国家，对实现"中国梦"充满信心；志向远大，有明确的人生发展目标；注重文明，积极参与修身活动；注重遵守基本道德规范。未来需进一步促进未成年人道德认知和道德行为相统一，注重将社会主义核心价值观教育与素质教育有机结合、优秀传统文化教育与道德教育有机结合、智力发展与品德成长有效结合以及社会资源整合与爱国主义教育有机结合。

关键词： 未成年人　思想道德　立德树人

一、加强未成年人思想道德建设的研究背景

加强未成年人思想道德建设是上海市精神文明建设的重要抓手之一。国无德不兴，人无德不立。习近平总书记高度重视培养社会主义建设者和接班人，把立德树人作为未成年人培养的中心环节。习近平在十九大报告中指出："要全面贯彻党的教育方针，落实立德树人根本任务，发展素质教育，推进教育公平，培养德智体美全面发展的社会主义建设者和接班人。"事实上，早在2004年习近平就指出，一个民族的文明进步，是在一代又一代人的传承和发展中形成的，未成年人的思想道德状况如何，直接关系到我们国家和民族未

来的精神面貌。未成年人的工作，是事关未来的事业，是决定中华民族综合素质不断提高的基础工作。只有"从娃娃抓起"，才能奠定社会主义精神文明的坚实基础。加强和改进未成年人思想道德建设，不是权宜之计，而是一项长期的艰巨的战略任务。我们要从培养未成年人的爱国情感、远大志向、文明习惯、良好素质等这些基本工作做起，真正把它作为精神文明建设的重中之重。

上海市精神文明建设委员会办公室高度重视未成年人思想道德建设工作，以培育和践行社会主义核心价值观为主线，以培养担当民族复兴大任的时代新人为着眼点，把立德树人作为根本任务，不断完善上海未成年人思想道德建设工作学校、家庭、社会"三位一体"协同发展大格局，努力构建符合未成年人成长特点和规律的德育体系，不断优化未成年人健康成长的社会环境。

为了解上海未成年人思想道德发展状况，2017年下半年至2018年上半年，上海社会科学院社会学研究所受上海市精神文明建设委员会办公室委托，在未成年人思想道德建设协调处的指导下，在上海中小学开展问卷调查。调查共获得有效样本7 653份，其中，小学生占比50.1%，初中生占比32.6%，高中生占比17.3%；男生占比51.8%，女生占比48.2%；上海户籍占比79.5%，外省市户籍占比17.9%，港澳台及外籍占比2.6%。本报告将以此为依据分析当前上海未成年人思想道德发展状况并提出对策建议。

二、未成年人思想道德发展状况

本部分主要从爱国情感、远大志向、文明习惯和良好素质这四个方面展开。

（一）热爱国家，对实现"中国梦"充满信心

未成年人对作为一个中国人感到自豪，对实现国家富强、民族振兴、人民幸福的"中国梦"充满信心，普遍知晓社会主义核心价值观，高度认同中国优秀传统文化，对城市未来发展充满信心。

加强未成年人思想道德建设，培养社会主义建设者和接班人

具体而言，本次调查中，有90.1%的未成年人对实现"中国梦"充满信心，其中，70.7%的未成年人选择"完全符合"，19.4%的未成年人选择"比较符合"。从对实现"中国梦"的态度来看，68.7%的未成年人认同"充满信心，中国梦一定会实现"，24.5%的未成年人认同"较有信心，但需要较长时间和较大努力来实现"。

未成年人普遍知晓社会主义核心价值观。中共中央要求把培育和践行社会主义核心价值观融入国民教育全过程。从教育实践来看，未成年人对社会主义核心价值观内容的知晓率均较高，其中，对国家层面内容的知晓率达到96.3%，对社会层面内容的知晓率达到80.7%，对个人层面内容的知晓率达到86.4%，这与各级各类学校加强对社会主义核心价值观的宣传和教育工作密切相关。

未成年人普遍对国家和城市充满自豪感。93%的未成年人对自己作为一个中国人感到自豪，其中，78.1%的未成年人选择了"完全符合"，14.9%的未成年人选择了"比较符合"。此外，有92.4%的未成年人对生活在上海感到自豪，92.8%的未成年人对上海未来的发展前景充满信心。

绝大多数未成年人对中国优秀传统文化有较强的认同感。在学习中国优秀传统文化对自身的帮助上，70.1%的未成年人认同"智慧之源，学习古代圣贤的智慧"，67.9%的未成年人认同"了解中国传统，陶冶情操，懂得孝道感恩"，53.7%的未成年人认同"学习待人接物的礼仪，养成良好习惯"，25.8%的未成年人认同"增加识字量，开阔视野，增强记忆力、注意力"，16.0%的未成年人认同"出于成长的需要，为未来发展考虑"，仅有3.1%的未成年人认为中国传统文化"已经过时了，没什么帮助"。在日常生活中，许多未成年人观看过与中国传统文化相关的节目，其中尤以《中国诗词大会》的影响力最大，有近3/4未成年人观看过《中国诗词大会》，此外，还有近一半的未成年人观看过如《诗书中华》《中国汉字听写大会》《朗读者》《中国成语大会》等节目。除了观看外，还有部分未成年人参与到与中国传统文化相关的活动中，其中，有20.5%的未成年人参与过"朗读者"活动，23.2%的未成年人参与过"国学达人"活动。无论是观看还是参与，都为未成年人提供了

接近和学习中国传统文化的途径,这也有助于提升他们对中国传统文化的认同感。

(二) 志向远大,有明确的人生发展目标

人生发展目标和理想对人的一生具有重要的指引作用。调查显示,目前有明确人生发展目标和理想的未成年人比例达到91.7%。其中排位第一的是"报效祖国、为社会作贡献",占比31.8%;排位第二的是"报答父母的养育之恩",占比23.4%;排在第三位的是"追求个人发展和事业有成",占比22.2%。可见,未成年人以服务国家社会为首要人生目标,体现了集体主义的价值取向。

在衡量人生价值方面,未成年人也是以对社会的贡献为首要标准。具体而言,有62.6%的未成年人选择"自己对社会的奉献",12.3%的未成年人选择"自己从他人和社会的所得",9.3%的未成年人选择"权力和地位",6.4%的未成年人选择"金钱"。与人们认为的功利主义价值取向不同,有近2/3的未成年人是以对社会和他人的贡献作为衡量自己人生价值最重要的标准。

(三) 注重文明,积极参与修身活动

文明生活包括出行文明、游览文明、交往文明以及居民社区行为文明等。总体而言,未成年人能够做到出行遵守交通规则、出游遵守公共场所规则、与人交往时尊重他人感受、邻里之间互帮互助。调查显示,93.7%的未成年人能做到出行文明,日常出行能遵守交通规则、不闯红灯、过马路走人行横道线等,94.3%的未成年人能做到游览文明,在图书馆、博物馆、旅游景点等公共场所能遵守规则,不喧哗,不大声说话,91%的未成年人能做到交往文明,与他人交往时,不会凡事以自我为中心,会考虑和尊重他人的感受和需求。绝大多数未成年人及其家庭能做到居民社区行为文明,其中,84%的未成年人及其家庭能做到"与邻里之间相互熟悉,互帮互助",92.3%的未成年人及其家庭能做到"在进行家庭娱乐或饲养宠物等时不妨碍邻里生活"。

未成年人还积极参与到上海市精神文明办举办的系列"市民修身活动"中。如市文明办举办了美德"童"行——"我为核心价值观代言"上海少年修身金点子征集行动,以培育和践行社会主义核心价值观为主线,以加强青少年思想道德建设为根本,立足于正心、笃行、立德的文明修身行动,旨在引导广大少年儿童关注身边的美德榜样,发掘好行为好习惯养成的方法,宣传"修身金点子",践行良好风尚。市文明办还以"文明修身 做一个有道德的人"为主题,在易班博雅网开设未成年人修身活动专题页面,全年共计有100多类修身活动可供未成年人参与。这些活动有效地提升了未成年人的文明素养。此外,未成年人还广泛参与到如公益活动、志愿者活动、低碳环保活动、法制教育、知礼仪、学礼仪、传统文化教育、诚信培育以及家风家训传承等修身活动中。未成年人参与修身活动的意愿也较高,有93.5%的未成年人表示愿意花时间参与修身活动,其中,32.3%的未成年人每月愿意花2小时以下的时间,36.8%的未成年人每月愿意花2—5小时,11.5%的未成年人每月愿意花5—10小时,12.9%的未成年人每月愿意花10小时以上。

(四) 遵守规范,认知和行为尚存差距

绝大多数未成年人能够做到遵守基本道德规范,如友善、孝敬、诚信等。其中,91.6%的未成年人表示自己"能尊老爱幼,平时乐于帮助他人",90.8%的未成年人表示自己"能孝敬父母,帮父母做力所能及的事情",92%的未成年人表示自己"注重诚信,答应过别人的事情一定会做到"。

未成年人对损害他人、集体利益和国家利益的行为具有较强的羞耻感,其中,92.2%的未成年人对"插队"感到羞耻,92%的未成年人对"随地乱扔垃圾"感到羞耻,91.6%的未成年人对"考试作弊"感到羞耻,84.4%的未成年人对"说脏话"感到羞耻,81.3%的未成年人对"经常剩饭剩菜,浪费食物"感到羞耻。

不过当涉及具体的行为时,未成年人的道德行为具有一定的情境性。如对"在公交车上遇见老弱病残幼时,你是否会主动让座?",29.1%的未成年人选择"距离近时会",8.6%的未成年人选择"视累不累而定",2.7%的未

成年人选择"不会"。对于"不管是否有其他人在场，如果看到老人摔倒你是否会主动上前提供帮助？"，42.7%的未成年人选择"可能会，考虑后再做决定"，4.1%的未成年人选择"不会"，还有6.3%的未成年人选择"说不清楚"。可见，以上未成年人在道德行为上的迟疑和矛盾态度与其在"遵守基本道德规范"上的高比例形成对比，说明未成年人在道德认知和道德行为上还存在一定差距。

三、未成年人思想道德建设工作的经验总结

上海未成年人在思想道德发展上取得的成绩与上海市精神文明建设委员会办公室高度重视未成年人思想道德建设工作密切相关，主要体现在以下四个方面。

（一）围绕中心工作，开展调查研究

开展新一轮上海未成年人成长发展指数评估，在前期完成评估体系、调查问卷等的修订完善，提升下一步工作的科学性、系统性和预见性。开展上海市未成年人心理健康辅导工作调研，在各区开展上海市未成年人心理健康辅导工作专题调研，研究加强未成年人心理健康辅导的有效途径和方法。开展学校少年宫建设专题调研，通过问卷（线上和线下）、座谈、实地调研等方法，了解学校少年宫育人作用发挥情况，分析未来发展趋势。

（二）聚焦典型树立，强化修身立德

开展"新时代好少年"学习宣传活动，制定下发《上海市精神文明建设委员会、上海市教育委员会等5部门关于开展"新时代好少年"学习宣传活动的通知》，结合上海未成年人特点，遴选出多位典型向中央文明办推荐。开展以"新时代 好少年"为主题的2016—2017年度上海市美德少年颁奖典礼，共有212名学生报送市级评审，终评选出十佳和百优合计110名美德少年。开展各项主题活动，举办"从石库门再出发"——2018修身励志讲堂、

童心话中华——2018上海青少年传承中华优秀传统文化系列活动等。组织第五届"上海好童书"评选和阅读推广活动,全市已成立14个阅读推广实验基地,100个阅读单位与阅读小组,举办50余场讲座,创办了一批"上海好童书"社区图书馆、乡镇流动书架。

(三)注重创新融合,提升工作内涵

举办"创新 融合 发展——长三角地区未成年人思想道德建设与新时代城乡一体化学校少年宫发展"论坛,发布《上海市学校少年宫调研报告》,命名表彰首批上海市示范性学校少年宫,江浙沪皖三省一市文明办共同签订了战略合作框架协议,正式成立长三角地区未成年人思想道德建设与新时代城乡一体化学校少年宫发展联盟。组织开展优秀童谣征集推广活动,举办"新时代唱响新童谣"2018年上海市优秀童谣征集传唱活动,精选136首原创优秀童谣作为本市重点推荐篇目参加全国第七届优秀童谣征集评选,5首作品获奖,上海市文明办获评全国6个优秀组织奖之一。开展全市2018年暑期活动项目征集工作,全市各街镇开展的暑期公益活动项目2 949个,全市共有232所市级学校少年宫在暑期提供888个活动项目供广大未成年人自选参与,汇编并免费配送《2018年家门口的学校少年宫——暑期活动项目选编》。

(四)注重常规工作,组织相关培训

召开上海市未成年人思想道德建设工作会,表彰91家第四届上海市未成年人思想道德建设先进单位、54名第四届上海市未成年人思想道德建设先进工作者。推动结对共建工作,与遵义市文明办联合举办2018年遵义市乡村学校少年宫辅导员骨干培训班,培训为期一周,通过专家专题讲座、现场教学以及座谈交流等形式,分别观摩了金山区、普陀区的学校少年宫活动,实地考察了东方绿舟、上海科技馆等上海市市级校外活动基地。举办2018年上海市未成年人心理健康辅导工作专题培训班和2018年上海市学校少年宫课程资源包师资培训。

四、推进立德树人根本任务的对策和建议

在上海加快建设卓越的全球城市和具有世界影响力的社会主义现代化国际大都市的重要历史时期,要高举中国特色社会主义伟大旗帜,认真学习贯彻习近平新时代中国特色社会主义思想,紧紧围绕立德树人根本任务,不断深入推进未成年人思想道德建设。

(一)社会主义核心价值观教育与素质教育有机结合

作为新时代的未成年人,以社会主义核心价值观为引领,树立良好的理想信念和正确的价值观既是个人发展的需要,也是当前社会发展所需。习近平总书记在十八届中央政治局第十三次集体学习时的讲话中指出:"要切实把社会主义核心价值观贯穿于社会生活方方面面。要通过教育引导、舆论宣传、文化熏陶、实践养成、制度保障等,使社会主义核心价值观内化为人们的精神追求,外化为人们的自觉行动。要从娃娃抓起、从学校抓起,做到进教材、进课堂、进头脑。要润物细无声,运用各类文化形式,生动具体地表现社会主义核心价值观,用高质量高水平的作品形象地告诉人们什么是真善美,什么是假恶丑,什么是值得肯定和赞扬的,什么是必须反对和否定的。"因此,未成年人要从现在做起、从自己做起,使社会主义核心价值观成为自己的基本遵循,并身体力行大力将其推广到全社会去。

培养未成年人的理想信念和价值观不仅仅是一个理论问题,更是一个实践问题。在我国,价值观教育以学校教育为主场,学校由于其良好的育人环境、高素质的教育者队伍、有效的教育方法、集中的系统教育等优势,成为培养未成年人价值观的最有效途径。学校要根据各个阶段青少年的成长规律和学校教育的培养目标,将社会主义核心价值观教育纳入素质教育的整体框架,整合教育内容,构建完整的目标体系。首先,要把社会主义核心价值观教育融合到各学科教学中。一方面要积极发挥思想品德课等专门德育课程的作用,将社会主义核心价值观教育的目标和内容系统化、系列化,另一方面,

要注重在具体的学科教学中社会主义核心价值观的渗透和应用，实现相互配合、相互促进，共同引导、促进学生构建既具有自身个性化，又具有社会主义核心价值观系统的共性化的价值体系。其次，要把社会主义核心价值观教育融合到学校各个环节中。在学校管理工作、日常教学、学习活动等各个环节中贯穿理想信念教育和爱国主义教育，潜移默化地影响未成年人构建正确、积极、健康的以社会主义核心价值观为中心的价值体系。最后，要把社会主义核心价值观教育融合到实践活动中。价值观的形成与个体的自身需求相联系，并与其亲身体验有密切关联。积极推进将社会主义核心价值观教育融合到实践活动中，不断探索实践活动的形式和内容的丰富性，吸引学生通过亲身参与和体验，将自身的价值观养成与社会主义发展相统一，将知识认知与行为落实相统一。

（二）优秀传统文化教育与道德教育有机结合

中国传统文化中的崇尚道德、重视智慧、强调文化艺术修养、注重人文素质的培育等思想，对于指导未成年人树立正确的价值观，提高自身修养有着积极的作用。应充分认识传统文化对于青少年道德发展的积极意义，合理运用丰富多彩的形式，生动活泼地将中华民族优秀传统文化中的精髓融入未成年人的道德教育中。一方面，要针对特点，因材施教。应遵循未成年人的认知规律，根据不同年龄特征选用不同的学习内容，尊重学生的主体地位，精心设计教学内容，让学生在历史与现实、东方与西方的文化交汇中，感受中华传统文化的魅力和价值。另一方面，要丰富内容，创新形式。尽量避免死记硬背的教学方式，根据未成年人喜新、好动、求知欲强的特点，鼓励学校开发多元化教学形式，体验式学习活动，增加学习的趣味性和参与性。如以传统节日为结合点，开办不同主题的民族文化体验活动等，让学生在参与中加强对传统文化的认知和认同。

（三）智力发展与品德成长有效结合

虽然现代社会人们正日益认识到品德培养的重要性，但是重智育轻德育的现象仍然普遍存在，如部分家长盲目追求学习成绩，导致未成年人行为规范缺失以及认知和行为脱节。要引导家庭在注重培养孩子智力发展的同时，关注品德教育，将智力发展与品德成长有效结合。第一，家长要走出重智轻德的误区。让孩子在"成才"之前先学会"成人"，家长在关注孩子智力发展的同时应注重培养孩子的良好道德品质和行为习惯，为儿童掌握基本社会规范以及基本的伦理道德规范奠定基础，如遵守纪律、关心他人、热爱劳动、艰苦朴素等，引导孩子学会分清是非、善恶、荣辱，教会孩子与他人的和睦相处，传承敬老爱幼、孝敬感恩等中华传统美德，培养孩子的主动性、独立性和责任感。第二，家长要注重言传身教。父母是孩子的引路人，是孩子性格的塑造者，更是孩子的行为榜样。"言传"比"身教"更为重要，忽视"身教"的家长会丧失在孩子面前的威信，只有以身作则的家长，才会得到孩子的认同。因此，家长们要时刻检查自身的行为规范，通过不断学习，提升自身素质，把知识和文明传承给孩子。第三，家长要积极配合学校，促进知行合一。本次调查中未成年人的知行之间存在差距，如在遵守基本道德规范上的得分较高，但体现在具体行为如让座、帮助老人时，比例明显下降，显示出未成年人在抽象的选择和具体行为之间存在差距。家长在日常生活中要注重促进孩子的知行合一，积极配合学校教育，帮助孩子将认知切实落实在具体的行动之中。

（四）社会资源整合与爱国主义教育有机结合

在未成年人的成长过程中，社会一直扮演着重要的角色。社会环境为未成年人的成长提供了发展空间，同时一直在潜移默化中影响着未成年人的性格、气质、能力等，塑造着未成年人的人生观和价值观。因此，推进未成年人思想道德建设，要注重社会资源整合，并与爱国主义教育有机结合。第一，要加强社会主义核心价值观的宣传力度。一方面，要充分运用各类主流媒体和网络的传播力量，加大对社会主流价值的宣传和先进文化的传播，提升未成年人对社会主义核心价值观的认知率，增强其行动上的执行力。另一方面，要加强管控和监督，完善法律监控和审查机制，严厉查处和整治损害未成年人身心健康的违法广告、读物、音像和网络产品,保护未成年人免受不良精神文化信息的影响。第二,要为未成年人提供丰富优质的精神食粮。精心策划选题,创作、编辑、出版并积极推荐一批知识性、趣味性、科学性强的未成年人读物和视听产品,鼓励、扶植健康向上的未成年人歌曲、影视作品、舞台剧、动漫产品和电子游戏等优秀原创文化产品的创作和推介,推进优秀传统文化和民族艺术向未成年人的传播。第三,要提升资源的整合度与开放性。未成年人理想信念教育资源是多层面的、多元化的综合资源,广泛存在于家庭、社区、社会之中。首先,应充分发挥爱国主义教育基地对未成年人的教育作用,让未成年人在参观体验活动中思想感情得到熏陶,精神生活得到充实,道德境界得到升华。其次,要积极提炼与挖掘社区、公共场馆、大学、研究机构等的丰富社会资源,通过协调统筹,实现教育资源活化,拓展未成年人理想信念教育的发展空间。最后,要加强社会资源与学校资源的整合,积极构建学校和社会的联动机制,形成合作的制度化保障,共同促进未成年人理想信念的形成和发展。

作者简介:
魏莉莉:上海社会科学院社会学研究所副研究员
裘晓兰:上海社会科学院社会学研究所助理研究员

打造海派修身，展示文明形象

——上海市民修身行动

余玉花　刘程

摘　要： 市民修身行动是上海精神文明建设的重要组成部分。上海的"市民修身行动"紧紧围绕打响上海文化品牌，弘扬上海城市精神，凝聚社会价值共识，打造修身养德、齐家守道、崇德向善、见贤思齐、睦邻友善的良好社会风气，推动市民修身生活方式渐成风尚、市民文明素养不断提升。但是，当前市民修身活动的参与面不够广泛、活动质量有待提高、缺少评估机制、缺乏可持续性等问题仍值得重视。建议今后更加重视提升修身品牌效应、整合市民修身活动、建立市民修身档案、创新"互联网+修身"模式等，进一步提升修身活动的质量、知晓率、影响力和参与度。

关键词： 市民修身行动　精神文明　城市精神

上海建设国际大都市，必然要求物质文明和精神文明同步建设、经济和社会协调发展。其中，精神文明的核心即市民的人文素质。对于上海的精神文明建设，习近平总书记曾殷切指出："上海一定要把培育和践行社会主义核心价值观工作做得更细、更实、更深入人心，努力在这方面走在全国前列。"在市委市政府的正确领导下，近年来上海紧紧围绕打响上海文化品牌，弘扬上海城市精神，凝聚社会价值共识，打造修身养德、齐家守道、崇德向善、见贤思齐、睦邻友善的良好社会风气，营造具有时代特征、上海特色的市民修身文化。2016年，上海正式启动"市民修身行动"，将其纳入《上海市精神文明建设"十三五"发展规划》，并专门制定和下发了《关于开展市民修身行动 提升市民文明素养的实施意见（2016—2020）》。在各系统、各单位、社会各界的共同努力下，目前上海已形成了市民修身的浓厚舆论氛围，市民修身理念深入人心、广大市民积极参与，市民修身特色品牌效应逐步显现，有力推动了上海市民文明素质和社会文明程度的提升。

一、推进"市民修身行动"创新实践的背景

上海始终坚持融城市精神和文化特色于市民修身活动，精心打造形式多样的市民修身活动基地，创建各具特色的市民修身模式和品牌活动（如长宁区的"云课堂"现代修身平台、金山区以"农民画"蕴育修身的修身模式、奉贤区"微家掌门人"的创新修身方式、闵行区"修齐讲堂"的修身文化品牌、徐汇区滨江志愿者引领的志愿修身活动等），不断推动方法创新和载体创新，积极探索"互联网+修身"新模式，推进市民修身主题实践制度化、活动日常化，并通过"制度+管理"共治不文明行为，在全社会掀起了修身活动的热潮，得到了广大市民的积极响应。

（一）融城市精神和文化特色于市民修身活动

作为贯穿上海"十三五"精神文化的"五个更加"之一，"市民修身行动"力求突出上海城市精神、打造上海文化品牌，提升市民文明素养和城市文明程度，提升上海城市软实力。上海各系统、各单位开展市民修身活动时的一个重要特色是：策划、设计和开展市民修身活动之时，立足上海城市精神和文化特色，注重文化品牌的建设，彰显上海城市特质和区域文化特色，注重城市的精神文化与市民融为一体，将"海纳百川、追求卓越、开明睿智、大气谦和"上海城市精神转化为市民的精神气质和文明素养，走进每个市民的心中。比如，市经信系统结合改革开放40周年，以"改革开放再出发，上海制造新征程"为主题，选择出50个承载上海工业发展记忆、上海新兴产业

特色、上海制造三年行动计划的行业代表，引导市民走进上海的昨天、今天和明天，感受上海改革开放40年的变化和城市精神。虹口区则立足海派文化发祥地、先进文化策源地、文化名人聚集地的定位，打造海派文化中心"海上听潮·大师讲堂"、建设书局浦江店"从书店出发——阅读城市"等特色品牌修身项目，让市民阅读城市文脉，感受城市记忆，提升内心温度。作为党的诞生地，黄浦区注重弘扬党的精神和红色文化，发挥红色文化育人作用。黄浦区还规划设计开发"红色修身之旅"，组建红色文化讲师团，推出了一批红色文化主题作品，不断深入挖掘建党精神，让红色文化融入城市血脉、植根于市民心中。

（二）精心打造形式多样的市民修身活动基地

上海各区及其街镇立足于爱国主义教育基地、红色文化场馆、科普活动基地、博物馆、街镇社区学校、社区图书馆、文体活动中心、少年宫、道德讲堂等各类阵地资源，根据企事业职工、中小学生、高校师生、社区居民的不同要求，兼顾大众需求和小众品味，打造了一批形式多样的市民修身活动基地。各基地积极结合地域和文化特色，将社会主义核心价值观、中华优秀传统文化、道德伦理、志愿精神等融入其中，让市民感知上海城市精神、发挥城市精神的涵育作用、于丰厚的人文底蕴之中修得文化自觉和文化自信。比如，黄浦区积极发挥党的诞生地的红色名片，形成"请进来"接受红色教育、"走出去"传播红色文化的独特模式。松江区结合本土文化资源和特色弘扬上海城市精神，以"寻根""知根""立根"为主线，以文化实践教育基地开展"寻根"之旅、以松江城市精神引领"知根"传承、以志愿之城的建设理念养成"立根"之行。虹口区则注重弘扬海派文化，打造延续城市文脉，感受城市记忆的修身城市地图，让市民于行走中聆听城市与历史的声音。

（三）创建各具特色的市民修身品牌活动

全市各区结合各自历史和实际情况，不断推出市民修身活动的新亮点、新特色、新品牌，积极创建自己标志性的修身项目，营造了良好的市民修身氛围。比如，上海制定了市民修身地图，打造了3条市级修身路线，即以爱国主义教育基地为基础的"红色文化"修身路线、以"滨江文明带"为基础的"海派文化"修身路线、以郊区博物馆为基础的"江南文化"修身路线，并推出市区两级修身地图和修身线路41条。又如，闵行区着力打造宣传思想文化阵地"修齐讲堂"，邀请专家名人走进讲堂，讲述修齐故事，传承中华优秀传统文化、人文精神，仅2018年上半年即累计举办讲堂229场、走进讲堂的听众共计15 000人。金山区的农民画修身，则通过"以画促廉洁""以画绘文明""以画育公德""以画聚文化"等一系列农民画创作，让作品传递出思想、引领艺术文化、推进市民修身。奉贤区推出"微家掌门人"的修身新项目，以最接地气的宅基为单位，组建"微家"，依靠"微家掌门人"组织教育学习、参与基层治理、引导市民修身。徐汇区滨江志愿者维护着滨江西岸整洁的环境，连接起西岸与居民、建设者、旅游者之间的关系，相继建立了滨江志愿者服务中心、服务滨江建设者的"滨江建设之家"基地，组织开展了"你有小心愿，我帮你实现"等活动，以艺术疗愈的方式帮助自闭儿童敞开心扉。宝山区以"幸福宝山路、文明修身行"品牌建设为龙头，打造了"运动+修身""艺术+修身""文创+修身""阅读+修身"的市民修身系列，组织开展了"上海·宝山国际儿童文学阅读季""宝山大剧荟""宝山市民艺术修身导赏计划"等活动。

（四）积极探索"互联网+修身"新模式

借助互联网技术探索网络修身平台、实现线上和线下的交融互补，是上海"市民修身活动"的又一重要特点。网络修身平台迎合现代人生活特点，解决了市民修身的空间、时间、爱好难题，便于市民随时随地根据兴趣选择网络修身项目，可以最大程度地吸纳广大市民参与。上海市精神文明办和"学习网"共同推出了"上海市民修身行动"专题网站，宣传市民修身项目，树立市民修身榜样，提供阅读、传统文化、海派文化等栏目，引领市民修身行动。上海学习网推出"市民修身主题培训专题网"，宣传市民修身推荐阅读书单、市民修身相关主题活动，并在专题网站中开通了10大类、626门可供选择的市民修身课程。2018年1月1日,"上海市民修身日历"正式上线,鼓励市民通过每日播报、微信打卡的方式,学习十九大精神、优秀传统文化、海派文化、现代礼仪等各类知识(仅2018年即吸引300多万人次学习打卡)。上海读书网、上海诚信网、上海党员干部修身网站、上海志愿者网等都相继推出市民修身相关项目,通过微信公众号、微博等宣传修身知识,扩大修身行动影响力。在基层,长宁区注重夯实市民修身培训立体网络,持续深化长宁市民修身"1+10+185+X"教育培训网络和"云课堂"建设,以"学在数字长宁"为基础,以"长宁市民修身云课堂"为品牌,为市民提供优质、丰富的修身学习资源。松江区建立由全区5家主要自媒体参与的松江新媒体合作圈,通过文明松江公众号等平台发布修身项目预告。各类修身网站的建立,便于修身信息的共享,也可以打破时空限制,实现线上线下互动,由此形成了"互联网+修身"的新模式。

(五) 推进市民修身主题实践制度化、活动日常化

上海注重推进市民修身主题实践活动制度化、日常化,重视通过实践活动养成文明行为,提升市民文明素养。在具体工作中,全市各区、各单位将市民修身行动与精神文明创建工作紧密结合起来,将市民修身行动融入党建、城区文明创建等相关工作中,将市民修身行动作为提升市民文明素养、培育上海城市精神的实践活动。市民修身行动坚持以培育和践行社会主义核心价值观为价值根基和思想引领,将推进志愿者服务活动与优秀传统文化、海派文化、社会主义先进文化学习教育实践活动结合起来,以抓文明行为规范的实践养成为重点,开展了大量的市民修身主题实践活动。比如,市交通建设系统开展了"颂党·倡廉"职工诵读、改革开放40周年主题宣传、"城市生活·青年说"等丰富多彩的活动,促进修身行动的实践推进。在基层,静安区则以"践行新七不,文明常修身"为主题,每月定期开展主题教育实践活动,深化"除陋习"理念,促进"新七不"养成。徐汇、松江等区也都在积极打造"志愿之城",推动越来越多的修身类志愿服务常态化项目扎根社区、扎根基层,动员更多的社会力量参与社会治理、参与社会建设,以志愿服务的热度提升城市的温度。

（六）以"制度+管理"治理不文明行为

全市各区、各单位以民生原则为主线，围绕群众反映强烈的不文明现象展开专项治理，针对制约市民文明素质的突出问题展开重点关照，做到教育和实践同行、惩治和奖赏并举。上海市文明办与相关其他部门共同制订《上海市文明交通三年行动计划（2016—2018）》，积极开展交通文明示范路口、示范路线以及示范商圈的创建工作，并将文明交通志愿服务纳入新版上海精神文明建设各项创建考评指标，鼓励更多市民参与到文明交通志愿者队伍中来，不断扩大文明交通志愿者队伍。2017年上海公布的"新七不规范"以"马路不乱穿、车辆不乱停、垃圾不乱扔、宠物不扰民、餐食不浪费、言语不喧哗、守序不插队"为主要内容，努力倡导文明行为，积极培育上海城市文明新风尚。2018年3月市政府发布《关于建立完善本市生活垃圾全程分类体系的实施办法》，2019年7月1日起正式实施《上海市生活垃圾管理条例》，由此上海的生活垃圾分类正式进入强制时代。在基层，浦东新区强化"五项"行为规范，组织"交通文明"集中行动，开展"文明居住"专项治理，推进"文明旅游"主题宣传，落实"垃圾不落地"清洁家园行动，深化"诚信上海"制度建设。崇明区竖新镇围绕"移风易俗"主题，开展了"移风易俗改陋习 美丽乡村树新风"一系列活动，建立了移风易俗承诺制度、喜事丧事报告制度、保障激励制度等，破除陈规陋习、宣扬文明新风。

（七）不断推动市民修身的方法创新与载体创新

为了更好地激发市民持续参与修身活动的积极性，各系统各单位不断创新市民修身行动的思路、方法和举措，依据新时代市民新需求，优化内容供给，开展分层、分类、多种形式的修身活动，不断满足市民修身需求，涵育"修身养德、知行至善"的新风尚，完善市民修身活动建设体系。比如，上海科技创新志愿服务联盟与普陀区曹杨社区志愿服务中心联动，发挥科技优势，探索条块结合志愿服务新模式。奉贤区推出公益币与志愿服务结合的新举措，鼓励市民参与志愿活动。徐汇滨江不断设计市民修身文化新项目，搭建与建筑大师、艺术大家、演艺名人的对话平台，加大各艺术场馆公益开放场次，拓展志愿者服务招募渠道，探索滨江文明示范创建测评体系。金山区打造首座好人主题公园作为城市建设的精神坐标，围绕"厚德金山 礼尚之滨"为主题，规划修身路线，制作修身地图，实现打卡积分制，提供积分兑换礼品服务，等等。这些行之有效的方法和措施，推进了上海市民修身活动的持续和深入发展。

二、"市民修身活动"的社会效应

自2016年上海"市民修身行动"启动以来，全市各区、各单位坚持教育培训和实践养成相衔接，开展了一系列"市民修身"的主题教育和实践活动，初步形成了一套较为完备的具有中国特色、时代特征、上海特点的市民修身文化，推动市民修身意识不断增强、修身生活方式渐成风尚，市民文明素养不断提升、公益服务精神渐入人心。

（一）具有中国特色、上海特点的市民修身文化正在形成

上海"市民修身行动"初步形成了以社会主义核心价值观为核心的价值引领；产生了以文化人，突出红色文化、海派文化、江南文化、优秀传统文化、社会主义先进文化的育人功能；建立了注重行为实践养成、崇尚道德榜样、建设"志愿之城"、创新修身实践活动的完整体系。上海"市民修身行动"高度重视市民线上线下修身基地的创建，目前已有各类基层活动基地超过600个，其中市级示范点超过100家；推出了市民修身推荐书单，编纂了市民修身读本，普遍利用道德讲堂、网络新媒体、学校社区、主题实践活动等宣传修身活动和修身知识；在修身内容方面，开展了以健康修身、艺术修身、阅读修身、文化修身等为内容的修身体系，引导市民注重身体健康，参与体育锻炼；引导市民走访上海城市建筑，探寻城市经典，领悟上海城市精神，丰富对上海文化的认知；引导市民体会艺术的魅力，走进博物馆、科技馆，

走进传统书法、绘画、戏剧等艺术，提升个人修身；鼓励市民阅读，推出一系列阅读活动，组建城市阅读联盟，推广全民阅读，促进市民自我修身和教育。

（二）市民修身意识不断增强，修身生活渐成风尚

在全市各区、各单位的共同努力下，市民修身活动已逐渐进社区、进中小学校、进企业、进机关、进网络、进商圈、进博物馆、进园区、进高校，活动的覆盖面越来越广，市民对修身行动的知晓率不断提升、参与率逐年增加，市民修身意识不断增强，修身理念日渐普及，运动修身、艺术修身、阅读修身的新生活方式日益流行。经过各单位对社会主义核心价值观的宣传教育以及对中华优秀传统文化、革命文化、社会主义先进文化与上海城市精神的宣传教育，市民学习氛围逐步浓厚、文化素养不断提升，更加注重家庭、家教、家风和家庭美德。随着市民修身活动的推进，一大批修身品牌项目广受群众欢迎（如静安区"壹字读书会"、虹口区"海上听潮·大师讲堂"、崇明"享受生态、快乐修身"等），这有效地增强了海派文化、红色文化、优秀传统文化对市民的吸引力，并促进市民养成了"深阅读"的生活习惯。随着"上海市民修身日历"正式上线，越来越多的市民参与到网络打卡中，学习十九大精神、红色经典、优秀传统文化、海派文化、现代礼仪等各类知识，养成修身的生活新方式。而随着上海"新七不"规范的大力推行，市民的法制意识、规则意识也不断增强。

（三）不文明行为整治成效显著，市民文明素养不断提升

针对市民反映强烈的不文明行为、以及困扰城市管理和影响市民素质的短板，全市各区、各单位积极开展新"七不"规范宣传教育，进行"除陋习"专项治理行动，形成新闻舆论监督、相关部门依法处罚、宣传教育和规范文明行为同步进行的系统化治理措施，取得了重要进展。全市范围内的交通文明整治行动，严格按照《上海市文明交通行动计划（2016—2018）》的要求，加大对交通不文明行为（特别是交通违法行为）的整治，取得了明显的效果，

基本形成交通文明的良好风尚。受其影响，全市各类交通违法行为明显下降，交通秩序明显改善，市民文明乘车、文明驾驶、文明载客、文明停车的交通文明素质逐步养成，公交站台和轨道交通站台也已经形成"排队候车、先下后上"的良好风尚，礼貌让座、地铁车厢不饮食、行车不抛物等文明行为也渐成习惯。随着生活垃圾分类投放的制度体系不断完善，市民依照有关规定分类投放垃圾的自觉性不断增强，"垃圾分类"这一曾经困扰上海城市环境生态的重大治理事项正在得到广大市民的积极配合。

此外，市、区各系统还有针对性地开展各类治理行动。比如，市委农办系统开展了"垃圾不乱扔、车辆不乱停、守序不插队、宠物不扰民"的专项整治行动。宝山区开展"文明居住"专项治理，实现了745个住宅小区宣传教育全覆盖，违法搭建、群租、占地毁绿、高空抛物、宠物扰民等行为明显减少。青浦区针对"青浦市民眼中的十项不文明行为"，制定"青浦市民文明'十不'规范"，引导市民养成文明、守纪、礼让、健康、有序的生活习惯。

（四）建设"志愿之城"卓见成效，公益服务精神深入人心

全市各区、各单位坚持把志愿服务作为市民修身实践的重要路径，不断推进学习雷锋志愿服务活动常态化、制度化，参与志愿服务的市民越来越多，营造出传递友爱、互助奉献的浓厚氛围，志愿服务的接受度、满意度不断提升。自2017年6月起，上海已将志愿服务纳入信用体系进行正向激励。时至今日，志愿服务已成为上海市民的生活方式之一，"志愿"已经成为市民的生活理念，既内化于心、又外化于行。据统计，在过去10年里，上海注册志愿者人数和注册率逐年攀升（2018年上海注册志愿者注册率已达到16.60%），注册志愿者参与志愿服务活动保持持续上升趋势，志愿者热衷参与志愿服务活动、市民接受志愿服务的意愿也在不断上升。

在市民修身活动中，志愿服务品牌项目层出不穷。比如，崇明区深入开展了关爱空巢老人、留守儿童、残疾人、外来务工人员、困难家庭和关注环境、平安、文化"8+X""邻里守望"等志愿服务活动，青浦区建立了"四叶草"会展志愿服务品牌等。与此同时，志愿服务项目也在逐步增加，涵盖交

通文明、重大活动、应急安全、保护环境、垃圾分类、社区管理、不文明行为整治等诸多领域。在志愿公益服务过程中，市民既为他人带来温暖、为城市贡献美好，也不断提升了自我的文明素养，弘扬了"奉献、友爱、互助、进步"的志愿服务精神，逐渐成为展示上海城市文明和形象的靓丽窗口。

（五）宣传和交流双管齐下，营造浓厚修身氛围

全市各区、各单位依托传统媒体、新媒体等宣传阵地，推出一批市民修身的宣传成果，营造了浓厚的修身氛围，扩大了市民对修身行动的知晓率和参与率。通过广泛宣传报道广大群众向上向善、追求梦想、孝老爱亲的故事，以及中华民族伟大复兴的历史故事，形象化地解读社会主义核心价值观，诠释了上海精神，激励了市民爱家庭、爱中华、爱上海、遵礼仪、守道德的内在热忱。通过推出网络阅读、电子书籍、网络课程、网络直播等方式，培养了市民爱读书、读好书、善读书的浓厚氛围。通过广泛报道市民修身活动、市民修身典型活动和典型人物，通过持续宣传新"七不"规范，提升了市民对修身活动的参与度和认同度。通过利用新媒体方便快捷、覆盖面广、生动形象的传播优势，既发挥了先进典型的示范作用，也曝光了某些不文明现象，发挥了新闻媒体的舆论监督作用，通过舆论的压力促进了市民遵法守序、明礼守信自觉性。通过在主要道路、商业集聚区、各大交通站点、地铁、标志性建筑物、文化场馆、社区文化中心、各图书馆等公共空间，借助各种载体植入社会主义核心价值观、优秀传统文化元素，营造了社会主义核心价值观目及所见的宣传氛围，让市民在潜移默化中接受先进文化的熏陶和感染。

三、当前"市民修身活动"的瓶颈问题

上海的"市民修身活动"有力地推动了精神文明建设，显著地提升了市民的文明素质。但不可忽视的是，上海的市民修身行动仍然存在一些瓶颈问题和不足之处，尤其体现在市民修身活动的参与面不够广泛、市民修身活动质量有待提高、修身活动缺少评估机制、市民修身活动的可持续性不足等方面。

（一）市民修身活动的参与面不够广泛

虽然上海市民修身活动丰富多样，市民对修身品牌活动的知晓率和参与率也在不断提升，但值得注意的是，一般的常规性文明修身活动影响力仍然相对较小、群众的参与面仍相对较窄。比如，一些道德讲堂、修身讲座、修身课程等常规性活动的影响力相对有限，其参与者主要是社区的退休人员，而年轻人、在职企事业职工的参与率较低，活动难以达到预期效果。

此外，市民修身基地对企事业单位职工、青少年学生的吸引力也不够强。在职人员和学校学生可能是受到空余时间有限的限制，但市民修身活动的针对性不强也是重要原因。此外，宣传力度不够，经费支持不足、时间安排不合理、活动形式吸引力不强等问题，也在某种程度上影响到修身活动的参与率、影响力和实际效果。

（二）市民修身活动质量有待提高

3年多以来，全市各区、各单位积极响应市民修身行动的号召，推出了一大批形式多样修身活动。然而，与修身活动的数量多、形式新、内容广相比较，市民修身活动的文化内涵挖掘仍相对较弱，有些项目尚未达到"以文化人""润物无声"的效果。市民修身活动的真正生命力在于文化内涵，在于中华优秀传统文化、革命文化、社会主义先进文化的魅力呈现。只有那些真正贴近群众、贴近生活、贴近时代、具有文化内涵的修身活动，才能真正深入人心。因此，需要探讨如何使市民修身活动的形式与内容达到统一、如何使修身活动的数量与修身活动质量达到统一。今后，市民修身行动要进一步在修身活动的质量上下功夫，将修身活动内容作为主要目标，深入挖掘上海城市精神的育人功能，挖掘党的诞生地的革命文化精神，挖掘红色文化涵育功能，推出有持续感召力的阅读活动、艺术活动和其他活动。

（三）市民修身活动缺少成效评估机制

评估是市民修身活动中不可缺少的环节。它可以有效总结经验，发现不足,并进一步改善活动。但是,当前的市民修身活动仍然缺少这样的成效评估机制。一些形式活泼、内容创新、得到广大群众的喜爱和好评的修身项目,由于缺乏及时的评估与总结,导致在修身活动后期难以继续发挥影响,而仅仅沦为一次性的体验活动。此外,由于缺少评估机制,某些修身活动仅仅是"为开展而开展",而缺乏明确的修身行动的策划与目标。某些修身行动则成为应对上级检查而开展的活动,以至于活动粗糙、影响力匮乏。因此,需要建立和完善市民修身活动的评估机制,使其在活动结束之后仍能"发挥余热",实现活动良效的最大化。此外,建立评估机制亦可提升修身活动的目的性与成效性。

(四) 市民修身活动的可持续性不足

市民修身行动有效提升了上海市民的文明素养,但不可否认的是,市民普遍性的修身理念尚未完全形成、某些领域市民不文明行为仍较突出,因此,保持市民修身活动的持续性是一个重要课题。比如,闵行"修齐讲堂"影响力较大,活动效果好,得到市民的一致推崇。但是,随着"修齐讲堂"活动开展的深入,对于一个已经举办1 000多场的讲堂而言,如何继续吸引群众将是一个亟待解决的难题。因为,如果只是简单延续原先的固定讲堂模式,在不久的将来群众很可能会萌生厌倦情绪。所以,在今后的修身活动开展中,既要进一步维持活动的质量和数量、保持修身活动初期的热情、实现修身活动的持续开展,也要不断创新已有的特色项目、推出新的品牌项目,以保持活动对市民的持续吸引力。

四、进一步深化"市民修身行动"的对策建议

为了贯彻落实习近平新时代中国特色社会主义思想与党的十九大精神,实现上海"十三五"精神文明建设的目标,建设有温度的现代国际化大都市,进一步落实《关于开展市民修身行动 提升市民文明素养的实施意见(2016—2020)》,持续提升"市民修身行动"的影响力和参与度,不断提高市民的文明素养,现建议如下:

（一）打造具有时代特色、上海特点的修身文化品牌

弘扬上海城市精神，发挥上海城市精神感染人、涵育人的作用，挖掘上海作为党的诞生地的红色文化、丰富的现代都市海派文化、具有历史内涵的革命文化、改革创新的社会主义先进文化，打造一批富有文化内涵，体现时代特色、上海特色和历史特色的修身文化品牌，进一步扩大市民修身活动的影响力，提升品牌效应，将是今后市民修身活动的重点和难点。

今后，应继续开展市民修身的常规活动和品牌活动。常规活动包括市民修身基地的建造，优秀传统文化的推广，社会主义核心价值观的持续教育和实践，市民修身阅读书单的发布和阅读主题活动的开展，修身讲座、道德讲堂的持续开讲，志愿活动的进一步推进等。要注重细水长流，建立长效机制，推进市民修身活动常态化、制度化、日常化。

与此同时，还要重点推进市民修身的品牌文化建设。市民修身文化品牌活动要突出上海特色，发挥上海的开拓和创新精神，使市民修身走在全国的前列、为全国贡献上海智慧，推出一批可复制、具有创新性、富有文化内涵和时代特色的修身品牌项目，走在全国培育和践行社会主义核心价值观、落实"市民修身行动"的前列。

（二）以"一年一主题"的方式整合各类市民修身活动

全市各区、各单位积极开展了大量的市民修身活动，但由于修身活动缺乏固定的主题、活动内容较为分散、连续性和主题性不强，因此难以产生全市范围的影响效果。今后，为推进市民修身行动出亮点、出特色、出品牌，推进市民修身行动再上新台阶，可以每年在全市范围内开展一个特定主题的修身活动（如弘扬优秀传统文化、培育社会主义核心价值观、培育社会公德、整治市民不文明行为、环境保护等），打出上海市民修身活动的品牌，不断提升市民修身活动影响力和市民认知度。通过"一年一主题"的修身活动开展，既明确修身活动的主题，又给予各单位结合自身特色举办活动的灵活性与自由度，有利于最大程度地提升修身活动的知晓率、影响力和参与度。

（三）创建"修身+"APP 和修身网站

目前，一个突出的问题是仍然缺乏一个统一、权威的修身 APP 和修身网站。建议创建"修身+"APP，以"上海人"形象为主体平台，描述一个合格的上海人需要具备的各种素养，开设上海特色文化板块、绿色板块、志愿板块、阅读板块、健康板块、文体板块、市民修身精品活动板块等。其中，"绿色板块"强调环保的重要性，介绍上海人应该具备的环保意识、生活垃圾分类投放的制度安排和相关知识，以及绿色生活方式的内涵。"志愿板块"介绍志愿者的精神与上海人的精神，整合上海志愿者团队及其活动，供市民选择和加入。"阅读板块"发布市民修身推荐书单，整合上海各大图书馆、高校图书馆资源，开展网上阅读活动等。"健康板块"开设一些预防疾病小常识，以及网上健康专家咨询栏目。"文体板块"宣传全市近期有影响力的体育赛事和文化活动。"市民修身精品活动板块"宣传全市、各区的精品活动，整合上海市文明办和各区的修身基地和修身资源，以实现活动共享和资源共享。

此外，建议在已有的修身网站基础之上，推出专门独立的修身网站，以整合全市修身活动资源，丰富修身网站的内容，及时发布修身活动信息，并借助上海发布、《文汇报》、东方卫视等影响力较大的媒体宣传修身网站和修身活动，以切实提升修身活动的影响力。

（四）建立市民修身档案，提升修身活动的参与率和参与面

目前，市民修身行动的参与人群覆盖面仍然较窄，多集中于退休人员（尤其是退休女职工），而白领、企业职工、学生、公务员等的参与率相对较低。因此，建议在加强修身活动宣传、形式内容创新的同时，采取一些针对性的激励措施，提升市民参与度和精品活动的影响力。比如，通过建立"市民修身档案"、开发可以统计市民参与修身活动的统计 APP，年轻人可以通过手机 APP 统计参与活动的次数、老年人可以通过发放修身卡的方式来记录参与状况；在此基础上，可以根据行为表现给予评价，按照参与次数和总体状

况给予相应的奖励,如赠送热门电影票、文体表演和赛事票打折、预约专家号优先等奖励,以激发更多市民积极参与到修身活动中来。

(五) 将市民修身行动融于其他精神文明建设活动之中

市民修身活动本质上是精神文明建设的重要组成部分。将市民修身行动融入党建工作、文明单位建设、文明城区建设等相关活动之中,可以有效节约成本,提升市民修身行动的成效。党建工作、文明单位建设、全市文明城区创建等工作的某些主题,与市民修身活动密切相关。将市民修身行动有机渗透到各种相关工作和活动之中,可以在党建、城建、区建等精神文明工作中涵养修身理念,可以通过隐性的修身文化启迪市民,可以节约活动成本,避免市民修身陷入单一的形式主义之中。将市民修身活动融入其他活动之中,也有利于保持市民修身活动的持续性。在日常相关活动中持续进行市民文明素养的教育和引导,可以在无形之中培育市民修身活动的自觉性,切实提升市民文明素养。

(六) 推行城市公约,落实制度规则

作为国际化大都市,培育市民在公共场所的公德意识和规则意识,推行城市公约既是上海市民修身的重要内容,也是弥补市民文明素养短板的有力措施。城市公约小到城市楼道公约,大到上海市民公约,内容涵盖家庭成员之间的相处之道、邻里相处之道、保护居住环境责任等。通过推广城市公约,落实诚信制度、志愿者制度、不文明行为的治理制度等相关制度,可以引导市民自觉践行公约规定,遵守相关制度规则,提升自身文明素养。以2017年的上海交通大整治为例,在加大力度对违反交通规则的行为进行惩罚之后,市民的交通规则意识已得到大幅提升。今后,可以进一步围绕培育公德,推行城市公约,开展对公共场合的秩序的整治,来培育市民的规则意识和公德意识。

(七) 持续开展对不文明行为的专项治理,补齐文明行为短板

经过连续几年的不文明行为专项治理,交通文明、居住文明、诚信文明、

旅游文明等相关领域的文明建设已取得了较好的效果。但是，专项治理不应只是权宜之计。今后还要对不文明行为和不文明现象持续开展专项整治，以补齐文明短板。建议联合相关各部门开展"每一季度一主题"的相关治理工作。比如，第一季度开展"文明交通"行为集中整治，主要针对马路乱穿、车辆乱停、地铁公交不排队乘车等不文明行为；第二季度开展"居住文明"行为集中整治，主要针对宠物扰邻、高空抛物、垃圾不分类投放等不文明行为；第三季度开展"诚信上海"整治，主要针对电话诈骗、网络欺诈、地铁逃票等行为；第四季度开展"旅游文明"治理活动，主要针对旅游垃圾乱扔、破坏文物古迹等不文明行为。

（八）追求市民修身活动的内涵性效果

市民修身活动应该注重活动质量，打造高质量、富内涵、有特色的文化修身活动，保持市民修身活动的持续生命力。今后，可以根据市民不同需求开展修身活动。尤其是，针对青少年、企业职工、白领、国家公务员等市民群体，要开展调查研究，有针对性地开展修身活动。要完善修身活动的考评机制，加强对优秀修身活动的资金支持力度，并每年开展市民修身的新创活动、常规活动的评比，以提高市民修身活动的质量和影响力。要追求修身活动的内涵性效果，尤其是目标要明确、主题要清晰、宣传要到位，并善于总结经验、反思不足，推动修身活动不断深入民心。

（九）推动市民修身行动方式方法的不断创新

为了进一步扩大影响力，要持续创新市民修身行动的方式方法，做到理念、阵地、载体的不断更新。在理念上，要把握好主基调，以习近平新时代中国特色社会主义思想与党的十九大精神为指导，以培育社会主义核心价值观为核心，大力弘扬中华民族优秀传统文化和社会主义先进文化，提升市民的民族自豪感和文化自信心，要以提升市民文明素养，发挥文化滋养心灵作用，开展广受市民欢迎的、符合市民精神文化需要的修身活动，要以普遍修身观念的树立、社会公德的养成、规则意识的培育为重心，要以崇德向上、齐贤修身的良好氛围为活动指导理念。在阵地上，要善于利用现有的市民修身基地，整合市民修身阵地资源，积极开拓修身场所，挖掘市民修身场所的文化内涵，同时创新网络修身平台，充分发挥互联网修身的优势。在载体上，要创新活动的形式，丰富活动的文化内涵，突出活动的人文之美、上海城市精神之美。此外，还应加强与世界各国、兄弟省市、上海市各区之间的交流，积极吸收先进的理念、方法，为不断推进上海市民修身行动理念、途径和载体的创新提供智慧。

作者简介：

余玉花：华东师范大学马克思主义学院教授

刘　程：上海社会科学院社会学研究所副研究员

"毗邻党建"模式的实践与探索

程 艳

摘 要： 上海市金山区与浙江省嘉兴市结合地缘、人缘、业缘等毗邻地区实际，率先在国内探索了"毗邻党建"引领毗邻区域联动发展的工作模式，并逐步辐射到其他毗邻地区。"毗邻党建"模式适应新时代经济社会发展新趋势、新要求，主动服务和保障长三角一体化发展国家战略。通过4年来的探索，沪浙跨界治理、协同发展、共建共享、共惠于民的实践效果引起多方关注。

关键词： 毗邻地区 毗邻党建 实践探索

党的十九大提出区域协调发展战略，针对长三角三省一市区域一体化高质量发展问题，习近平总书记多次做出重要指示。金山区与嘉兴市一衣带水、地缘相近，主动融入长三角更高质量一体化发展大局，2016年以来金山区和嘉兴市以及下属的嘉善县、平湖市等分别签订了"毗邻党建"引领区域联动发展合作框架协议，为长三角地区一体化发展的全面深化树立了样板、提供了借鉴（现已拓展到宁波市杭州湾新区、慈溪市），对落实金山"两区一堡"战略定位，加快打造"三区""五地"、全面建设"三个金山"具有十分重要的意义。

一、"毗邻党建"的概念

2016年，金山区在总结提炼多年跨省毗邻地区区域化党建、协同联动发展经验做法的基础上，首次提出了"毗邻党建"概念。毗邻，顾名思义，是指边界接壤的意思。毗邻党建,即打破区域壁垒、突破行政区划,坚持党建引领、政府主导、社会协同、公众参与,在不属于同一行政隶属关系的毗邻地区,凝聚起各级党组织、党员以及群众合力,围绕党建联建、社会治理、区域发展等内容广泛开展合作,引领沪浙毗邻地区政府间实现跨界治理、协同发展、共建共享。

2018年5月7日,中央政治局委员、上海市委书记李强同志到金山调研时对金山提出了"努力成为长三角高质量一体化发展的桥头堡"的战略定位。为深入贯彻中央和市委要求,更好推动金山由依赖上海市中心城区辐射的"一个扇面"向承接上海现代化国际大都市、长三角城市群"两个扇面"转变,金山区持续深化"心联鑫"区域化党建条块对接、整体融合工作,扩大区域化党建工作影响力,不断深化"毗邻党建"工作内涵,用更高质量的党建走出一条引领跨区域融合发展的新路。

"毗邻党建"模式已写入上海市委文件,中央组织部内刊曾专题刊发,市委领导先后3次做过批示肯定,并先后入选"长三角城市治理创新优秀案例""首届中国城市治理创新奖"等荣誉称号。

二、"毗邻党建"实践背景

金山区与嘉兴市地域相连、习俗相似、语言相通、文化相近、姻缘相牵,自古以来就是一个不可分割的自然—经济综合体,长期以来两地官方、民间都一直保持着友好往来,两地独特的党建优势、地理优势、人文优势为联动发展提供了得天独厚的机遇。

(一)红色渊源

上海党的一大会址、嘉兴南湖的红船,是党梦想启航的地方。金山区第一位共产党员李一谔(今金山区金山卫镇农建村人)领导的浦南县委在平湖转角湾地区(今平湖市独山港镇金沙村)活动时,建立了平湖第一个党支部——中共衙前支部,并发展了平湖第一位共产党员,点燃了两地革命的星星之火。

（二）人文渊源

上海金山与浙江嘉兴有 27 千米的海岸线和 58 千米边界线相连接壤，枫泾与嘉善在春秋战国时期就是吴越两国交壤之境的"吴根越角"，一座山塘桥将平湖广陈镇、廊下镇南北两个山塘村紧紧地联系在了一起……两地地缘相近、人缘相亲、文源相通，两地的民间交流融合从未间断，跨省姻亲、文化走亲等多不胜数。

（三）实践渊源

金山嘉兴在边界区域的基础设施改建、环境治理、社会治安、维稳防恐等方面不断加深合作。如早在 20 世纪 80 年代，平湖市新埭镇和金山区兴塔镇（现金山区枫泾镇），为了方便两地村民出行，就由两镇党委出面，举两镇之力将原来的石子路浇筑成柏油马路。又如，在 2010 年，金山区环保局、平湖市环保局、金山卫镇、上海石化环保中心和独山港镇就建立了"五方联动"机制，联合开展交界区域环境保护工作，积极化解矛盾纠纷，共同维护边界的平安稳定。

三、"毗邻党建"主要做法

党建既是发展的引领，也是发展的保障。金山区和嘉兴市在"毗邻党建"的引领下，开放共融，凝聚合力，通过地方党组织到基层党组织的密切互动，推进"党建+发展"模式。当前，金山区 5 个镇、28 个村居分别与嘉兴市（平湖市、嘉善县）的 8 个镇、28 个村居签订了毗邻党建引领区域联动发展合作框架协议。

（一）党建共联，架起沟通桥梁

围绕解决行政区划带来的刚性约束，金山区充分发挥党组织的纽带作用，从地方到基层跨区域开展党建联姻，为进一步合作搭建平台。在和嘉兴市签订了"毗邻党建"引领区域联动发展合作框架协议后，金山区又与嘉兴平湖市、嘉善县签署"毗邻党建"引领区域联动发展合作框架协议,并将其纳入"心联鑫"金山区域化党建联席会议成员单位,建立起两地区(市、县)委、相关职能部门以及毗邻地区镇党委、村居党组织多层次的合作体系。在区级层面,打造了一条毗邻党建"七彩示范带",汇聚金山、嘉善在党建、治理、惠农、生态、发展、人才、文化等领域的示范项目和站点。街镇层面,廊下镇与平湖市广陈镇在一桥相隔的南北两个山塘村成立"沪浙山塘联合党支部",进一步增进两地党员的交流互往,合力推动"南北山塘"融合发展。

(二)机制共建,构筑有效保障

围绕解决无章可循的短板,金山区以制度管事、项目推进为导向,奉行事务共商、工作共推、责任共担的理念,建立健全长效工作机制,为毗邻党建工作保驾护航。如,在区级层面成立联动发展6个工作领导小组,建立健全金山、嘉兴两地党政领导互访机制、职能部门交流机制、联席会议制度。区级层面与嘉兴市以及下属的平湖市、嘉善县建立"轮值主席"制度,定期召开联席工作会议,共同谋划合作内容,合力推进合作项目。探索实行"双组长"负责制,坚持项目化管理,确立了12项年度重点合作项目,定期督查推进。又如,街镇层面,金山区枫泾镇、金山卫镇、廊下镇、吕巷镇等四个毗邻地区镇党委也建立相应的工作机制,协同推进毗邻地区各项合作共建事务。

(三)要素共享,推动事业发展

围绕双方资源配置的分化,金山区通过开展各领域互动交流、协作,让人才、产业、民生等方面的要素调配相互取长补短、更加合理,夯实了融合发展的基础。比如,金山区与嘉兴市签订了"1+4"人才工作合作协议,深化教育、文化、卫生、体育等领域人才的交流合作。探索干部联动培养模式,重点加强科技人才、专业技术人才、党政人才的交流互动,已累计互派120名科级干部和村居干部挂职锻炼。同步健全两地基层党组织书记、党务干部培训交流制度,探索"双委员制",两地村居党组织班子成员相互交叉任职(双方街镇党委发文)。又比如,卫生教育事业深度融合,平湖市两家主要医院实现与上海医院建立紧密型医疗合作关系,同时平湖市民卡与已实现与金山医院、上海爱尔睛亮眼科等医疗机构"点对点"实时联网结算,据统计,平湖市来金山月均就诊量达 9 299 人次,同比增加 51.8%,医保实时结算已达 4 025 万元。金山与平湖 9 对学校成为友好学校,平湖新增与上海教育合作项目 5 个,累积选派 10 个批次 478 名骨干教师赴上海培训交流。

(四) 乡村振兴,实现同频共振

围绕"单打独斗"的发展制约,金山区在党建促乡村振兴的战略指导下,联合毗邻地区农业特色,加强联手合作,在"抱团出击"中努力促进共同繁荣,更好地实践国家战略。比如,金山区的廊下镇、张堰镇、吕巷镇以及平湖的广陈镇、新仓镇等 5 个农业特色明显的乡镇,共同打造"田园五镇"长三角现代农业园区。又比如,挂牌成立了"区域协同·乡村振兴实验室——明月山塘"项目,将金山廊下郊野公园建设、"田园马拉松特色小镇"和平湖"田园小镇、水墨广陈"建设有机结合,共同打造跨区域的观光休闲度假型旅游胜地。

(五) 平安共治,提高治理水平

围绕平安建设联手的固有传统,着眼更高质量的法治建设,金山区在"平安共赢"理念的指引下,寻求跨区域协作、共机制办事,为毗邻地区深度融合开辟路径。比如,与平湖市开展平安边界区、镇、村三级联建活动,健全完善已建立多年的"组织体系联合、工作机制联建、警力支援联动、社会治安联防、矛盾纠纷联调、技防设施联建、信息资源联享、特殊人群联管、道口检查联合、法治宣传联袂"的"边界十联"平安建设机制,跨界作案、流窜作案得到有效遏制。

四、"毗邻党建"工作中存在的薄弱环节

(一) 重在党建上,运行机制还不够完善,推动力不够强

区域联动发展,关键在党建引领。金山区和嘉兴市分别建立了区(市)

委、相关职能部门、镇、村居四级联动的党建引领运行体系，但是缺少相应的约束机制和考核机制，有的还停留于顶层设计层面，缺乏有针对性、可操作性强的基层组织制度。在具体落实上，党建活动、文化、人才、平安治理等方面推进加快，产业发展、民生服务、生态环保等项目还没真正落实落地。

在走访毗邻地区时有镇党委领导反映，有的基层党组织对毗邻党建目的认识还不够清晰，有的单位还存在重形式轻内容、重过程轻结果、重数量轻质量的问题，活动看起来热热闹闹，实际效果却不佳，甚至与中心工作"两张皮"，没什么效果。在调研平湖市某村时村干部反映，有的单位在两地工作对接合作中抱有任务观点、应付了事，联动发展机制没有完全充分运转起来。

（二）重在规划上，资源要素受制约，加速度还不强

"努力成为长三角高质量一体化发展的桥头堡"，关键在推进落实。由于金嘉两地行政体制不同，现阶段很多合作项目有待在打破行政区划藩篱中促进纵深发展。同时，两地尚未在基础设施、科技创新、重点产业等方面形成有重要影响力的重大合作项目和合作成效，从而促进更大范围、更宽领域、更深层次的互融互通。

在走访嘉兴市联发办时有关领导反映，张江长三角科技城是浙、沪两地政府国内首个跨省（市）合作科技园区，设想和规划很美好，但落实过程推进缓慢，区域发展不平衡不充分的问题仍然存在，概念规划和总体规划与区域发展规划如何更好地衔接落地、体制机制瓶颈如何突破需要亟待研究。在采访嘉兴市委党校相关教授时，对方呈现了《嘉兴市接轨上海"十三五"规划》《嘉兴市深化接轨上海三年行动计划》等指导性文件，嘉兴对接上海的每件工作、每个项目都有具体的时间节点和要求，但金山在推动联动发展任务书、时间表和路线图上还不明晰。

（三）重在搭台上，群众获得感不充分，内驱力还不足

相比之下，金山市民还没可触摸、可感知的获得感，"与嘉同城"民生红利有待持续释放。在调研中，有百姓反映，对比嘉兴市民真真切切地享受到

金山公共交通、医保就医、教育合作等方面的实惠，嘉兴生活、工作资源也可以让金山百姓共享，如共建一张卡，让金山市民在嘉兴也能享受旅游、文化等公共资源的优惠、便利。

在互学共建、共融发展中，对标浙江美丽乡村、科技创新等先进经验，金山干部还没有立下行动的紧迫感，没有展现打造"桥头堡"的奋斗精神。有的村干部反映，两地交叉任职涉及干部领域不多、人数少、时间短、任务不明，实际效果仅限于认识挂职地方、了解单位班子成员，干部学习交流还不够大，效益没有很好显现。此外，齐心协力推动长三角更高质量一体化发展的浓厚氛围还不够浓厚，参与镇、单位数量有限，群众参与度还不高。

五、推进"毗邻党建"高质量创新发展的相关建议

"毗邻党建"作为一种创新的工作模式，在全国开创了以党建引领跨省市联动发展的先河，尽管尚处于起步阶段，但对全国其他毗邻地区如何实现合作共赢有一定的经验启迪。下一阶段，要克服短板和不足，继续开展全方位、多层次、宽领域的毗邻地区深度合作，以一体化的创新突破，更好地服务全国发展大局，力争成为区域联动、协调发展的全国样本。为此，课题组提出以下思考和建议：

（一）深化内涵和外延，创新绘就引领长三角更高质量一体化发展的"红色蓝图"

遵循新时代质量强党要求，进一步深化"毗邻党建"时代内涵。习近平总书记在今年全国组织工作会议上指出"提高党的建设质量"，就是要切实摒弃部分党建工作重形式轻内容、重过程轻结果、重数量轻质量，与中心工作"两张皮"的弊病。而金山"毗邻党建"的探索和实践，是对区域化党建、传统基层党建的功能、机制和内涵的拓展和创新，打通了毗邻地区一体化发展的任督二脉，为长三角更高质量一体化发展提供了鲜活样本，符合了新时代"质量强党"的工作要求。实践中，要把毗邻党建工作打造成为具有党建样本

意义的高质量党建工作，重点在于进一步健全完善毗邻党建长效工作机制，切实增强其服务高质量一体化发展的工作成效。在区、市级层面注重"带动"，要继续依托"1+6+4"合作框架，切实落实双方市、镇、村的联动，确保两地党政领导定期互访，相关职能部门定期交流，6个工作小组持续运行；要进一步发现、梳理和强化两地毗邻党建的组织纽带、项目纽带和利益纽带，不断提升工作的互动、双向、共赢的效果。在镇级层面注重"联动"，要推广"党建带群建"工作格局，以党建引领推进毗邻镇群团组织的联动合作，以共青团、妇联、商会、文联等定期交流、定向互访、项目共建等方式，将活动下沉到群众身边，切实提高群众对于毗邻党建工作的认同感和获得感。在村级层面注重"互动"，探索村干部交叉任职制。突破行政边界，让结对村的党组织委员相互交叉任职，把党建"神经元"彼此接入，推动毗邻地区干部在难点破解、亮点打造、作风建设等方面的互学互助。

围绕长三角高质量一体化发展桥头堡的战略定位，进一步深化"毗邻党建"外延。努力做好一体化发展桥头堡，本质是要顺应社会主义市场经济不断走向集约化的趋势，实现区域各类资源的优势互补和优化配置，充分发挥"毗邻党建"打破区域壁垒、突破行政区划，政府主导、社会协同、公众参与的党建引领作用。同样，"毗邻党建"服务金山融入长三角高质量一体化发展，也要在当前与嘉兴市、平湖市及嘉善县开展合作的基础上，进一步面向长三角地区"跨远一步"。下一步，要探索把毗邻党建工作由始至"陆界毗邻"，拓展为"隔海毗邻"，进而深化为基于一体化发展的"要素毗邻"而合作开展。下一阶段，重点探索与宁波慈溪地区、舟山岱山地区开展隔海两地的"毗邻党建"工作。着眼于金山区和慈溪市、岱山县的地理位置和各自处在上海市和宁波市、舟山市的发展定位，重心可侧重于以党建引领杭州湾大湾区建设、海洋开发、港口经济圈、对外开放平台等方面的协同发展、共享共赢。

（二）深化"党建+"发展模式，充分激活服务长三角更高质量一体化发展的"红色动能"

通过"毗邻党建"，两地以"党建+"的发展模式全面坚持和贯彻新发展理念，主动把自身摆到长三角一体化发展的大格局中。要坚持融合导向、发展导向，以党建作为突破口有效探索区域协调发展新机制，立足共识寻求共赢。

进一步落实创新发展理念，推进产业经济一体化。在凸显比较优势的前提下，形成两地优势互补的产业体系，加快推进产业对接，加强多领域合作。重点是加快推进张江长三角科技城开发建设，共同探索"一城两园"科技协同创新的新机制、新途径、新模式。要有效破解园区建设发展中土地资源要素制约、基础设施建设滞后、配套扶持政策不足等困难；要深化"放、管、服"改革，创新运用"互联网+政府服务"，推行"一网通办、一门通办"的高效服务，加快园区开发建设；要加大品牌宣传力度，争取将 S36 高速"兴塔"出口改名为"张江长三角科技城"。努力走出一条跨省市融合发展、创新发展、智慧发展、生态发展的新路。

进一步落实协调发展理念，推进社会治理一体化。重点要在健全完善已建立多年的"边界十联"平安建设机制的基础上，进一步整合社会治理信息资源，将两地毗邻地区的联勤联动纳入一个平台统一管理。进一步拓展网格化建设区域，成立跨省联勤联动联办工作机构，形成跨省联勤联动的问题处置机制。确保两地跨界犯罪、流窜作案得到有效遏制，边界矛盾纠纷得到及时化解。

进一步落实绿色发展理念，推进生态环境一体化。一方面，要做好生态环境协同保护。建立区域环境联合规划机制、区域环境协调机制及区域环境应急合作机制，统筹规划毗邻区域生态环境的合理布局，加强区域环境执法的合作与协调。另一方面，要加强水环境治理，继续学习借鉴"五水共治"先进经验，共同开展边界河道治理，打破水治理行政区划限制，探索实施"河长制"跨区域联动治水，营造绿色、安定、有序的水域环境。

进一步落实开放发展理念，推进交通网络一体化。短期目标是要加快毗邻地区相关道路对接，形成开放化的道路体系，形成干线公路网络，促进便捷交通和公共交通，增强城市服务功能，构建大交通网络体系。中、远期目标是共同推进沪乍杭铁路、G228 国道、G320 国道等项目建设，共同研究推进轨道交通发展，加强毗邻地区的水运通道规划，增强水运辐射能力，着力构建一体化综合交通网络。

进一步落实共享发展理念，推进文旅资源一体化。共建区域文化发展平台，合力推进枫泾古镇、西塘古镇、大云巧克力甜蜜小镇等旅游产业发展，共同培育文创产业新动能，实现文化产业合作共赢。充分利用两地的旅游产业基础，实现商务配套利用方面的一体化，形成江南古镇的大旅游概念，强强联合、互惠互利。

（三）推动党建科学发展，有效整合原有区域化党建和传统基层党建的"红色资源"

充分发挥两地基层党组织的政治功能和服务功能。在挖掘和开发姚庄"农云星火"陈列馆、金山卫镇李一谔纪念馆等两地党建教育点的基础上，通过进一步有效整合党建资源，合理配置党建资源，由点到面铺开一张网络，并以合作设计开发浦南地区红色旅游线路。组织两地党员开展红色之旅互访等各类活动为举措，统筹兼顾搞好党建资源开发，建成一个两地"共聚"的党建资源平台，从而以优质党建资源的"共享"，推动毗邻党建工作成果的"共赢"。

探索制定"毗邻党建"工作标准化管理规范。按照"党建引领标准规范""联动发展标准规范""工作管理标准规范"3个子体系为框架，对毗邻党建工作目标、任务、进度等方面尽可能做到量化和流程化，推进"软"功"硬"做，使毗邻党建工作既"常在"又"实在"，做到可检查、可规范、可复制、可推广，推进"隐绩"变"显绩"。同时，善于发现亮点、打造特色，以踏石留印、抓铁有痕的劲头，持续用力，久久为功，做大做强毗邻党建品牌，不断提高毗邻党建工作的影响力、实效性。

作者简介：

程　艳：中共金山区委党校副教授、教科研室副主任、工会主席

凝聚巾帼力量，奏响家庭文明新乐章

上海市妇联宣传与网络工作部

摘　要： 妇女是物质文明和精神文明的创造者，是推动社会发展和进步的重要力量。上海妇女在思想政治上高度认同中国共产党的领导，对实现"中国梦"充满信心，普遍认同社会主义核心价值观，支持党在新时代的路线方针政策。上海市妇联坚持调研先行，扎实推进妇联系统工作，以习近平新时代中国特色社会主义思想为指导，以妇女需求为导向，结合重点工作，在推进上海妇女事业发展过程中不断做实做细女性思想政治引领工作。

关键词： 上海妇女　思想政治　家庭文明

一、推动妇女发展事业的研究背景

妇女是推动社会发展的伟大力量，支持、引导和推动妇女发展事业历来是我党治国理政总框架下的重要内容。习近平总书记在全球妇女峰会上的讲话中指出："妇女是物质文明和精神文明的创造者，是推动社会发展和进步的重要力量。没有妇女，就没有人类，就没有社会。"习近平高度重视对妇女的价值观引领以及妇女在家庭文明建设中的重要作用，2018年11月，他在同全国妇联新一届领导班子成员集体谈话并发表重要讲话时指出："要坚持以社会主义核心价值观为统领，引导妇女既要爱小家，也要爱国家，带领家庭成员共同升华爱国爱家的家国情怀、建设相亲相爱的家庭关系、弘扬向上向善的家庭美德、体现共建共享的家庭追求，在促进家庭和睦、亲人相爱、下一代健康成长、老年人老有所养等方面发挥优势、担起责任。"

为深入贯彻落实习近平总书记的重要讲话精神,以及中国妇女十二大精神,更好地加强妇女思想政治工作,更好增进妇女对党的基本理论、基本路线、基本方略的政治认同、思想认同、情感认同,更好地引领妇女坚定听党话、跟党走的信念信心,2019年上海社会科学院社会学研究所和上海市妇女联合会联合开展"上海妇女思想状况调查研究"。上海市妇联坚持调研先行,根据调研结果,扎实推进妇联系统工作,以习近平新时代中国特色社会主义思想为指导,以妇女需求为导向,结合重点工作,在推进上海妇女事业发展过程中进一步做实做细女性思想政治引领工作。

二、上海妇女思想政治发展状况

上海妇女在思想政治上高度认同中国共产党的领导,对"中国梦"的实现充满信心,普遍认同社会主义核心价值观,高度关注家庭的重要性,并注重在家庭中培育和践行社会主义核心价值观。

(一) 对中华民族伟大复兴"中国梦"充满信心

"中国梦"是实现中华民族伟大复兴的梦想,是实现国家富强、民族振兴、人民幸福的梦想,中国梦的核心目标是"两个一百年"的奋斗目标。每一个女性的梦想正是在国家梦和民族梦的实现中不断得以实现。调查显示,有八成左右的上海女性了解"中国梦",了解"两个一百年"奋斗目标,超过九成的上海女性对实现中华民族伟大复兴充满信心。

上海女性普遍认同社会主义核心价值观。对于社会主义核心价值观中包含的12个价值导向,均有超过九成的人表示重要,其中表示很重要的比例均在七成及以上。从具体的排序来看,排在前三位的是诚信、法治和公正,上海女性认为很重要的比例分别为81.3%、80.5%和79.5%。对于社会主义核心价值观,上海女性不仅在思想上高度认同,而且在行动中积极践行,有88%的人表示要在家庭中培育和践行社会主义核心价值观。

（二）高度认同中国共产党的领导

中国共产党的领导使中国走上了独立自主发展的现代化道路。在进入中国特色社会主义新时代的重要历史节点上，中国共产党的领导是全面深化改革和推进国家治理现代化的重要保障。调查显示，有超过九成的上海女性认同中国共产党领导的重要性。具体而言，有92.8%的上海女性认同"坚决维护习近平总书记在党中央和全党的核心地位"的重要性，93.8%的上海女性认同"坚决维护党中央权威和集中统一领导"的重要性，91.6%的上海女性认同"坚持和加强党的全面领导"的重要性，93.8%的上海女性认同"坚持全面从严治党"的重要性。由此体现出上海女性对中国共产党领导的高度认同以及对党的高度期望。

（三）支持党在新时代的路线方针政策

对于新的历史时期党的路线方针政策，上海女性持有高度认同和大力拥护支持的态度。调查显示，有超过九成的上海女性认同党的各项路线方针政策。具体而言，有94.3%的上海女性认同"坚持和加强依法治国"的重要性，94.1%的上海女性认同"坚持推进全面小康社会建设"的重要性，93.3%的上海女性认同"坚持走中国特色社会主义道路"的重要性，91.6%的上海女性认同"坚持经济、政治、文化、社会、生态五位一体总体布局"的重要性，93.5%的上海女性认同"坚持和深化改革开放"的重要性，92.3%的上海女性认同"坚持新时代我国社会主要矛盾的科学判断"的重要性，91.5%的上海女性认同"牢固树立政治意识、大局意识、核心意识、看齐意识"的重要性，92.6%的上海女性认同"坚持道路自信、理论自信、制度自信、文化自信"的重要性。

（四）注重继承中国优秀传统文化

中国优秀传统文化是我们国家的精神命脉，是我们最深厚的文化软实力。中国优秀传统文化包含丰富的哲学思想、价值观念和科学智慧等，对个体修养和家庭建设有极大的引领和指导价值。调查显示，上海女性深受中国优秀传统文化的影响。在理念上，有94.3%的上海女性为中国优秀的传统文化感到自豪，在行动意向上，有89.3%的上海女性认为保持传统很重要，要继承优秀的传统文化。上海女性还非常注重女性在践行优秀传统文化中的作用，有92.3%的人认同妇女在弘扬家庭美德、树立良好家风方面有独特作用。大多数上海女性对于女性传统的角色也持有赞同的态度，有73.3%的上海女性认同"贤妻良母、相夫教子是优秀的中华民族文化传统，在当代仍需要大力提倡"。

（五）高度关注婚姻家庭幸福的重要性

上海女性高度关注婚姻家庭的重要性。调查显示，在对新时代女性应该具备的主要特征进行选择时，上海女性选择比例最高的是婚姻家庭幸福、经济独立和事业有成，比例分别为54.5%、46.0%和31.0%，可见，上海女性把婚姻家庭幸福的重要性放在个体的经济独立和事业有成之上。调查还发现，上海女性对于女性和男性成功标准的判断有所不同。上海女性选择评价女性成功的标准，排在前三位的是健康平安、婚姻美满和自我实现，选择比例分别为42.0%、34.8%和32.3%，而评价男性成功的标准，排在前三位的是职业成就、权力地位和健康平安，选择比例分别为34.8%、27.3%和26.3%。可见，女性的成功是以婚姻和自我发展相结合的标准来进行评判，而男性的成功更多是以个体的成就以及地位为标准来进行判断。

（六）工作和家庭的平衡是新时代女性面临的重要难题

新时代的女性有更多的发展机会和空间，但如何做好工作和家庭之间的平衡，是现代女性面临的一个重要难题。事实上，女性经常处在育儿和工作的艰难选择中。如本次调查中有一道情境题："一位知名女科学家在获奖感言中说：'在她（女儿）只有一个月大的时候，我把她交给了她的外婆，当我把她接回来时，她已经是10岁了，但是她对此从未有任何抱怨。'"从对这一情境看法的选择来看，女性的态度是充满矛盾的。上海女性中有29.8%的人选择了"这种精神值得倡导，女性就应该在工作上积极进取、奋发有为"，即认为工作重于家庭；有21.2%的人选择了"这种精神不值得倡导，孩子幼年必须有母亲陪伴身边"和2.8%的人选择了"女性应该以家庭为重,做一个好母亲更重要",即认为家庭重于工作,以上两派的选择比例均在两成至三成之间;此外,还有46.2%的人选择了"这种牺牲奉献的精神值得敬佩,特别是家庭的支持难能可贵,女性还是要平衡好工作和家庭",由此表达了工作和家庭并重,并试图在两者之间寻求平衡的态度。现代女性虽然更为独立自由平等,但在有限的时间精力之下,尤其在多元的价值观之下,如何做好家庭和职业之间的平衡,确实是一件富有挑战的事情。

三、凝心聚力做好妇女思想政治引领

上海各级妇联组织深入学习贯彻习近平新时代中国特色社会主义思想,在深入调研、了解妇女思想现状和需求的基础上,把思想政治引领贯穿妇联工作全过程各方面。

(一) 聚焦思想政治引领,引领上海妇女坚定听党话、跟党走

习近平总书记重要讲话中强调要开展理想信念教育,增进对党的基本理论、基本路线、基本方略的政治认同、思想认同、情感认同,坚定听党话、跟党走的信念信心。上海市妇联注重把学习贯彻往实里引、往心里走,切实在学懂弄通做实上下功夫。

1. 深入开展学习贯彻习近平新时代中国特色社会主义思想和党的十九大精神主题学习教育活动,组织"百千万巾帼大宣讲",2018年全年受众366.5万人次,举办庆祝改革开放40周年系列活动。召开市妇联庆祝改革开放40周年大型座谈会,举办"改革再出发"妇女研究系列学术研讨20余场;举办"乡村振兴·巾帼先行"郊区女农人培训班;为9个郊区配送52场农村女性智慧课堂项目,吸引2万余名农村妇女踊跃参与。

2. 力抓典型引领,让信仰者、实践者成为传播者。组建以上海市三八红旗手标兵为主要成员的"新时代 新作为"——上海市三八红旗手讲师团,推出"传'旗'修身行"品牌的系列活动。结合中华人民共和国成立70周

年,以"礼赞巾帼 致敬祖国"为主题,不断壮大讲师团队伍,完善宣讲主题菜单。加强与各级妇女组织的联系合作,走进企业、社区、农村等一线基层和教科文卫系统,讲述她们牢记使命,为国家、为岗位倾情奉献的经历和感悟。并推荐红旗手参与上海妇女发展国际论坛、"书香上海"活动、上海科技节等全市性重大活动,做主旨演讲,与公众互动。用身边人、眼前事实现润物无声、潜移默化的思想政治引领。

3. 开创妇女教育工作新局面,搭建创造女性跨界大交流、大学习平台。加强三八红旗手与重点企业、社会组织、社区妇女学校的联系。2018年上海市妇联抓住改革开放40周年契机,开展"上海女性创新学校"项目。2019年该项目整体纳入"三八红旗手关爱项目"。在"四大品牌""五个中心"涉及的领域中,设计体验式沉浸式修身行路线。2019年已组织全市各行业的三八红旗手参观东海救助局、上飞、航天城、泛亚汽车技术中心有限公司、南京路上好八连等央企、国企、民企、社区、社团及红色教育基地、重大市政工程项目,聆听相关领域内三八红旗手、巾帼建功标兵报告,让创新学校学员进一步了解70年来上海的发展变化,领略中国制造、中国品牌新成就,增强学员建设发展上海的责任和意识,活动覆盖红旗手超1 000人次。

4. 激发基层、社区活力,开展"巾帼心向党 礼赞新中国"活动。三八妇女节以来,各级妇联组织集中走访偏远地区、一线岗位的市三八红旗手(集体)、送奖送荣誉到基层,向先进致敬,并开展调研,进一步了解企事业单位女职工、农业女带头人的需求,勉励三八红旗手(集体)珍惜荣誉,当好"带头人"和"领头雁",团结引领广大女职工建功新时代。根据全国妇联统一部署启动"巾帼心向党 礼赞新中国"活动。全市有70个妇女之家,率先以"唱响祖国颂歌、讲好中国故事、写出家国情怀、献礼祖国华诞"为主要内容开展群众性活动。编撰《女神的足迹——上海女性文化地图》,举办"我的初心我的梦"读书讲坛,在全市推广女性文化地图打卡活动。

5. 广泛传播先进性别文化,大力宣传男女平等基本国策。拓宽宣传渠道,在地铁、商圈、楼宇终端等公益平台上广泛宣传三八红旗手、巾帼建功标兵等优秀女性先进事迹,用榜样的力量引领感召;主办国际论坛持续为妇女儿童的发展发声，2018年妇女发展国际论坛以"科创中心建设中的她力量"为主题，邀请38位知名科学家和重量级嘉宾作精彩演讲，两天的会议场场爆满，微信微博点击量达1.4亿，互联网视频和社媒平台点击量高达9亿，使论坛成为传播社会主义核心价值观、中国男女平等基本国策和女性成就的大平台。

（二）坚持家庭文化引领，推动社会主义核心价值观在家庭落地生根

习近平总书记提出了注重家庭、注重家教、注重家风"三注重"要求，强调要充分发挥妇女的"两个"独特作用。上海市妇联始终把家庭工作放在更加重要的位置，丰富发展新时代家风家教内涵。

1. 加强家庭文明建设顶层设计，把家庭文明建设纳入精神文明建设的总体规划

2018年，推动市文明委发布《上海市关于深化家庭文明建设的实施意见》，要求培育和践行社会主义核心价值观"从家庭做起，从娃娃抓起"，使文明家庭与文明街道、村镇、社区、单位、校园同部署同推进。

2. 加强示范引领，弘扬时代家风

立足各级"妇女之家"阵地，开展寻找"最美家庭"活动，举办"倡扬时代家风，共建卓越城市"改革开放40周年上海家庭文化展。定期举办上海市家庭教育高峰讲坛，邀请全国知名专家学者向家长面对面传播科学的家庭教育理念和方法。以"树立科学家教，涵育时代家风"为主题，深入开展家庭教育进社区、进机关、进学校、进企业、进楼宇（园区）的"五进"活动、"好书童享 为爱悦读"亲子阅读等活动。评选"上海市智慧家长""师爱在家庭中闪光"家庭教育优秀指导者，开展"社会主义核心价值观进家庭""家校合作""亲子阅读微视频"等优秀案例征集活动，营造重视家庭文明建设和促进儿童全面发展的良好氛围。

3. 把家庭文化引领融入体现在基层社会治理中

上海普遍推行生活垃圾分类，市委、市政府把"结合好家风好家训工作，实现垃圾分类进家庭培训"交给了妇联。全市各级妇联组织广泛开展"百万

家庭新时尚·垃圾分类巾帼行"主题活动,将绿色环保作为好家风好家训建设的重要内容,正在扎实开展千场普法宣传活动进社区,寻找万户"最美绿色家庭",培训万名家政服务员,招募10万名垃圾分类家庭志愿者,营造百万家庭垃圾分类良好氛围。

(三) 强化服务引领,切实为妇女群众做好事、解难事、办实事

习近平总书记重要讲话中强调要把握妇女对美好生活的向往,有针对性地做好联系妇女、服务妇女各项工作,把更多注意力放在最普通的妇女特别是困难妇女身上,为她们做好事、解难事、办实事。联系和服务妇女作为是妇联工作生命线,在服务妇女中送去党和政府的关爱温暖,在服务妇女中引领、培育和凝聚更多女性社会组织。首先,坚持不懈每年承接市政府实事项目努力解决妇女急难愁问题。比如2017—2018年,市妇联回应妇女家庭关切,连续两年承接社区幼儿托管点市政府实事项目,建成45个社区幼儿托管点,新增入托幼儿数1 800余人。2019年继续会同市教委开办50个普惠型托育点。其次,持之以恒每年运用财政资金、撬动社会资源服务妇女,解决"弱势痛点"。2016—2018年,上海妇联系统向女性社会组织购买服务累计金额达9 745.9万元,开展了"0—3岁家庭科学育儿指导""老三八红旗手关爱""家庭暴力干预""失独家庭关爱"等1 244个服务项目,受益人数超过60万人次;推进双学双比实事项目建设,2018年有16个项目获得验收,共吸纳400余位农村妇女就业,带动周边3 000余位农村妇女增收。再次,注重从源头上切实维护妇女合法权益。积极参与家事审判制度改革,分别推进上海市高院、上海市检察院与市妇联维护妇女儿童权益的19条措施和16条措施落地;深化反家暴工作,推动人身保护令制度、家庭暴力告诫书制度、庇护制度等的落实。最后,坚持数年打造引领凝聚服务全市女性社会组织的平台。上海市女性社会组织发展中心2010年成立,现已凝聚超过2 000家具有一定规模的社会组织开展各类服务。加强对女性社会组织领军人物和负责人的思想引领,每年对参与承接项目的女性社会组织开展培训,自2018年起每月举办女性社会组织负责人沙龙和增能培训,每半年举办市级女性社团会长和秘书长沙龙,将女性

社会组织负责人纳入各种推优评选,如市妇联执委,市三八红旗手和巾帼建功标兵,每两年评选十佳优秀女性社会组织。通过上海女性社会组织微信公众号对联系的2 000家女性社会组织宣传党和政府的主张以及有关的法规政策。

(四) 创新组织引领,建设上海妇女信得过、靠得住、离不开的广覆盖的"娘家"

习近平总书记重要讲话中强调,要以更实的举措推进妇联改革,深化基层妇联组织改革,转变机关干部工作作风,提高服务能力,加大攻坚克难力度,确保改革在基层落地。作为群团改革先行先试点,上海市妇联进一步强化问题意识,增强自我革命勇气,以更大力度、更实举措深化妇联改革。一方面,进一步扩大组织覆盖,消除"盲区",凝聚、引领更多妇女姐妹。改革以来,上海已新建139家"新领域新业态新阶层新群体"妇联组织,涵盖了律师、家政、个体工商户、科技园区、重大项目工地、知识女性、外来务工女性等领域和群体,如2016年建立的全国第一家徐汇区律师界妇联、铭言菜市场妇联,2017年建立的长宁区家政服务业协会妇联、沪浙山塘活动型妇联,2018年建立的浦东张江科技城妇联、徐汇区社会组织行业妇联、松江G60经济园区产业集群妇联、闵行虹桥商务区新虹区域第一片区妇联等,都具有示范意义。通过不拘一格建组织,广泛联系和团结凝聚各类妇女群体、女性社会组织、女性文体团队等,织密妇联组织网络,哪里有妇女,哪里就有妇联组织的引领力和影响力。另一方面,切实发挥各级执委作用,直接联系凝聚更多妇女姐妹。完善执委工作制、代表任期制和团体会员制。进一步把力量配备、服务资源向基层倾斜。落实街镇妇联执委轮值主席制度,推进居民区妇联执委、代表进楼组联系妇女、村妇联执委建微家联系妇女,强化基层执委工作参与机制的落实,切实发挥好街镇、居村执委人数众多、广泛联系的优势作用。

(五) 夯实"互联网+引领",不断增强思想宣传工作的吸引力、服务力

习近平总书记指出,要加强网上正面宣传,旗帜鲜明坚持正确政治方向、

舆论导向、价值取向。上海妇联系统群团改革，以新媒体升级改版为先锋，运用"网言网语"传播正能量、弘扬主旋律，坚决抵制对男女平等的曲解误读和奇谈怪论，大力倡导女性"自尊、自信、自立、自强"的精神。

1. 坚持用户思维导向，"内容为王""功能加持"凝聚粉丝

2017年，上海市妇联开展妇女需求网络调查，其中问到妇女群众比较喜欢的"上海女性"微信公众号的推送内容，73.66%的女性选择的是关于生活服务、福利活动的信息，71.02%选衣食住行、健康指导的资讯，64.09%选代际沟通、亲子教育。对整个网上妇联的期待，集中在希望能够实时了解工作动态，在线可以开展或者参与妇联的工作，妇联各类线上、线下项目和活动发布和报名的平台。"上海女性"粉丝更为关注生活相关内容。妇联是性别组织、群众团体，公众号瞄准女性需求，突出服务妇女儿童内容，并融入上海文化、性别文化。设置"乐分享""惠服务""趣活动"三大"实用性"选项，覆盖福利积分，活动报名，家政、维权、育儿、医疗、教育服务和妇女之家托育园地图查询。

2. 敢于亮剑、发声，做有温度、有态度的新媒体

关注社会热点中的性别平等、家庭关系、亲子教育、维权保障等问题和事件，迅速反应、及时策划，准确捕捉到话题热点中与"上海女性"定位相关的内容进行创作或加工，巧妙融合先进行别文化，为广大妇女儿童发声。

3. 创新形式，扩大政务类信息的影响力和覆盖面

作为政务微信，宣传政府工作理念是应有职责。上海市第十五次妇女代表大会，通过"上海女性"大大提升了公众知晓率和社会影响力。"上海女性"制作会议专属页面，运用文字、图片、视频、H5等多种新媒体技术手段全方位呈现大会进程、解读报告、用模拟肖像合成突出参与感、现场感，既有五年成就展示，也提供粉丝互动渠道，点击量在大会期间超过3万。

四、创新思路、延伸手臂，做好新时代 妇女思想政治引领工作

新时代广大妇女对美好生活的需要更为广泛、多元，也意味着妇女思想

政治引领工作将面临新的挑战和机遇。党的十九大报告指出,要"不断增强党的政治领导力、思想引领力、群众组织力、社会号召力"。妇联作为群团组织,要紧密结合实践工作、妇女群众实际生活,运用群众喜闻乐见的生动语言和传播方式,使习近平新时代中国特色社会主义思想入耳、入脑、入心。

(一)做好顶层设计和源头保障,在民主参与和志愿服务中更加注重思想引领

每年的市"两会"前夕,上海市妇联在充分调研和听取意见基础上提交关注妇女儿童家庭相关提案、议案、意见建议。2019年上海市妇联向"两会"提交10份提案、议案。这些建议从加强顶层设计和改善民生出发,围绕幼儿托育、妇幼健康、生育配套制度创设、家庭养老等问题展开。通过公益宣传片(图)不断向社会公众、决策层传递男女平等、科学育儿等理念,助力女性在生育后重返职场、倡导家庭和谐幸福。完善巾帼志愿者各项工作机制,以上海巾帼志愿服务总队为主要抓手,激发志愿者的积极主动性,培育志愿精神,让"潜水者"变为"活跃者",让有能力有意愿的妇女群众带动家庭,在宣讲政策精神、践行核心价值、丰富文化生活、服务百姓民生方面发挥更多"草根"力量。

(二)支持优秀文化产品创作,进一步满足文化消费需求

继续办好"上海女性智慧论坛读书讲坛",每年通过一本书、一场论坛传播、激发巾帼智慧和力量。积极联合多方文化资源,鼓励扶持女性文艺创作者创作优秀文化产品,通过政府购买服务、文化消费补贴、文化消费卡等方式,引导和支持文化企业和文化艺术类社会组织为女性提供更多质优价廉的文化产品和服务。

(三)加强线上线下阵地建设,全面开展群众性宣传教育

在开展市级大型宣讲活动同时,加强基层社区阵地建设。依托遍布全市的7 929个妇女之家,将思想引领工作延伸到社区、居村、园区。充分运用宣

讲团、学术文化交流、两微一网、开展线上线下各类群众喜闻乐见、形式多样的活动培训以及评优工作。围绕"我和我的祖国"主题，开展线上故事会、巾帼人物展等活动。挖掘妇女群众身边的鲜活事例，用小故事、小视角呈现大主题、大时代，在女性创新学校、农村智慧女性课堂等平台上展现。合力培育和践行社会主义核心价值观，推动基层一线广大妇女群众学习实践，坚定理想信念。

（四）以"上海女性"为核心，打造妇联系统高效联动传播矩阵

以市妇联的"上海女性"等"两微"新媒体为核心，联合各级妇联组织新媒体，携手上观、看看新闻网、新民网等沪上主流新媒体平台，形成传播矩阵，互推互动，联合发布和转载相关活动消息。要善于利用新闻报道、公益广告、H5、短视频等形式各样、内容丰富的网络文化产品，体现巾帼网民在行动。鼓励利用最新的新媒体技术手段，创新传播形式，入驻抖音、澎湃、今日头条等平台，增加网民互动参与，共同营造网上宣传声势。

（五）全面把握媒体融合发展、传播规律，加强网评网宣队伍建设

掌握舆论场主动权和主导权，设计更有效的培训和激励机制。组织推荐网评、网宣员参加各类网络及新媒体工作培训，提供网络宣传、舆情应对及社会性别等知识、技能的学习机会，帮助克服"本领恐慌"。严格网评网宣员日常工作量化考核，层层负责，互相提醒，实行退出机制。增强核心网评员实力、扩大二级网宣员队伍规模。目前全市各级妇联干部、执委、妇女代表总人数124 187人（次），原则上各区网宣员不少于本区各级妇联干部、执委和妇女代表总人数的10%，年内妇联系统网宣员应达10 000人。发掘优秀网评网宣员，带领网评网宣员在网络舆论引导、唱响主旋律、思想政治引领方面发挥核心作用。

"贤文化"的迭变

——奉贤区精神文明建设之魂

徐 卫 盛群华 张文权 刘 波

摘 要： 2015年2月，奉贤区被中央文明委授予"第四届全国文明城市（区）"称号，至今仍成功地保留着这一光荣称号。成功创建的要素林林总总，但灵魂核心就是"贤文化"。"贤文化"最初是中华优秀传统文化的传承，以"敬奉贤人、见贤思齐"为主题。过程中，奉贤区在注重培育"贤文化"品牌同时，不断对"贤文化"内涵和外延进行更代迭变，形成了"贤"与"美"的新型组合。

关键词： 精神文明 传统文化 贤文化 美育工程

2007年8月29日，时任中共上海市委书记习近平同志来奉贤视察时指出："奉贤的地名很有特点，敬奉贤人、见贤思齐，地名本身就体现民风之淳厚。"2009年10月，二届区委十二次全会审议通过了《中共上海市奉贤区委关于进一步加强"贤文化"建设促进区域文化发展的若干意见》，使"贤文化"从最初的活动主题提升为地区发展战略，并从思想道德建设、人才发展战略、行业精神、社会治理等方面全面推进"贤文化"建设。

2015年2月，奉贤区被中央文明委授予"第四届全国文明城市（区）"称号，在表彰会上习近平总书记指出："改革开放之初，我们党就创造性地提出了建设社会主义精神文明的战略任务，确立了'两手抓、两手都要硬'的战略方针。30多年来，我国亿万人民不仅创造了物质文明发展的世界奇迹，也创造了精神文明发展的丰硕成果，涌现出一大批精神文明建设的优秀人物和先进典型……。要坚持'两手抓、两手都要硬'，以辩证的、全面的、平衡的观点正确处理物质文明和精神文明的关系，把精神文明建设贯穿改革开放和现代化全过程、渗透社会生活各方面，紧密结合培育和践行社会主义核心价值观，大力倡导共产党人的世界观、人生观、价值观，坚守共产党人的精神家园；大力加强社会公德、职业道德、家庭美德、个人品德建设，营造全社会崇德向善的浓厚氛围；大力弘扬中华民族优秀传统文化，大力加强党风政风、社风家风建设，特别是要让中华民族文化基因在广大青少年心中生根发芽。"

时间的指针跳转到当下，奉贤区在过去的 4 年多里仍成功地保留着"全国文明城市（区）"的光荣称号。成功创建的要素林林总总，但灵魂核心就是不断更代迭变的"贤文化"。在"贤文化"不断迭变中，奉贤区走上了一条人贤、家和、城美的精神文明建设高质量发展之路。

一、源自传统文化传承的"贤文化"

上海市奉贤区是历史悠久而又充满活力的滨海新城。2006 年以来，上海市奉贤区创造性传承中华优秀传统文化，以"敬奉贤人、见贤思齐"为主题开展"贤文化"建设，在培育和践行社会主义核心价值观、创新基层宣传思想工作方面形成了浓郁的传统文化特色和地域文化特征。

（一）"贤文化"初次诠释

奉贤历史悠久，公元前 444 年，孔子门生、今江苏常熟人言偃涉东江来到海滨青溪结坛讲学，传学布道，江南民智由此开化，当地民众对其推崇备至，形成了"敬奉贤人"的传统。后世建县，以此典故为依据，雍正钦赐县名"奉贤"，寓意此地崇奉言子之贤德。独特区位和文化底蕴积淀而成的"贤文化"，经过祖祖辈辈奉贤人的传承，成为"贤文化"之源。

奉贤区委秉承"以文化人、以文兴区"理念，于 2009 年 10 月制定了

《关于进一步加强"贤文化"建设促进区域文化发展的若干意见》，准确把握"贤文化"建设的价值取向，将"贤文化"内涵解读为十个字，即"贤富、贤明、贤德、贤才、贤惠"：

贤富，赋予"贤文化"促进区域经济发展的功能，要求实施"富区"战略。

贤明，赋予"贤文化"培育党员干部的功能，要求全区各级领导干部开明睿智。

贤德，赋予"贤文化"发挥社会贤达作用的功能，要求依靠有才德、有声望的人参与城区、镇村建设。

贤才，赋予"贤文化"招揽天下人才的功能，要求以"海纳百川"的上海城市精神集聚贤良之才。

贤惠，赋予"贤文化"惠及千家万户的功能，要求"传了家风，惠了家庭""活了文化，乐了百姓"。

（二）"贤文化"初次打造

1. 搭建平台，传承创新"贤文化"

首先，开设"言子讲坛"等平台，传承"贤文化"。目前，"言子讲坛"已举办百余场，内容包括传统人文、经典文化、科技知识、政策理论、法律法规等，让基层群众直接接受中华优秀传统文化的熏陶。"道德讲堂"开设168个，已举办"贤系列"活动500多场，"话贤事、学贤经、谈贤德、看贤片、唱贤歌"，参与群众逾8万人。其次，创建"三校一堂"等平台，培育"贤文化"。在全区170多个行政村设立"村民学校"；在69个社区居委设立"市民学校"；在1 003个规模以上企业设立"职工学校"；在全区开设的2 299个"宅基课堂"，把课堂办到农民家门口。最后，探索"固定与流动相结合"的宣教平台，传播"贤文化"。奉贤广播电台的《话说奉贤》栏目、海湾镇中港居民区开设"百姓坊"，采用讲座、展演、互动等方式，实现"党的方针政策讲一讲、邻里纠纷劝一劝、好人好事夸一夸"；原创沪剧《风雨同舟》宣传了身边的贤人贤事，阐明了"贤文化"的真谛。

2. 发扬贤风,建设城乡精神文明

首先,以"敬贤、齐贤"精神引领贤良风尚。举办"东方美谷,风雨彩虹——圆梦行动在贤城"主题活动,发动全区各级党组织和党员干部、爱心企业和爱心人士为困难群众圆急、难、愁、小、愿、思、盼,形成向上向善向美的城市文化氛围。编写《经典诵贤》市民读本,组织"诵中华经典、做贤德之人"中华经典诵读活动。其次,以"宅基、教室"阵地传播贤德之道。利用"宅基课堂",传播"文明奉贤、礼仪贤城"新理念,培育"崇贤有为、践贤美德"新道德。在各类学校开展"争当贤少年、引领好风尚""做一个有道德的人"等主题活动,编印《中小幼学生中华经典诵读读本》《贤文化》校本教材等。最后,以"融社建、融条线"途径建设贤能之城。建设机关"贤文化",培育一支德才兼备、贤人风骨的公务员队伍,争创群众满意的机关。发挥有政治身份企业家作用,完善集体协商制度和职代会制度,培育"奉德成,贤天下"的贤商精神。建设一支市民为主、专家参与的社区法治队伍,"孙桂英工作室""红马甲志愿调解队"等,成为社会稳定的"压舱石"。

3. 广招贤才,优化人才队伍结构

首先是吸纳优秀人才落户奉贤。实施"滨海贤人"计划,开展区领导结对联系高层次人才活动,签订优秀人才工作目标责任书和结对带教协议,与知名院校开展人才培养合作。加大区校融合发展,搭建科技创新平台吸引人才落户,新组建3家院士工作站等。其次是建设"千人计划"创业园。出台相关人才政策,营造"近悦远来、群贤毕至"氛围,4年多来,上海"千人计划"创业园先后接待了200多名千人计划专家及其团队来奉考察洽谈,已有47个高科技项目成功落户创业园,90个项目正在积极推进中。最后是引进新阶层人士挂职。奉贤区委建立"新社会阶层代表人士奉贤实践锻炼基地",吸收上海新阶层代表人士到奉贤区政府部门挂职,发挥了"鲶鱼效应",给奉贤经济社会发展带来新的活力和专业优势。

(三)"贤文化"建设初见成效

奉贤区的"贤文化"建设,以贤立身、以贤化人、以德治区,推动着全

区经济和社会的大步向前。

"贤文化"建设凝聚起全区人民的力量,奉贤干部群众气顺、心齐、劲足,每年的经济发展都得以实现,并超额完成预期目标。

"贤文化"建设提升了全区市民和村民的思想道德素质,营造了良好的社会风气,使老百姓得以安居乐业。公众安全感和群众满意度名列全市前茅。"贤文化"成为奉贤市民的做人标准,"友善""和谐"价值观深入人心。随着梅花节、菜花节等系列节庆及上海旅游节奉贤系列活动的成功举办,"美丽奉贤、生态休闲"旅游品质得到进一步凸显。

"贤文化"建设增强了全区干部和党员的思想政治素养,党风廉政成为精神追求和自觉行为。全区政风行风测评近年来连续保持全市第一,干部选拔任用工作满意度在全市名列前茅。全力打造"综合审批、综合服务、统一办理、一门办结"综合性政务平台。

"好家训、好家风"全市试点项目结出硕果,2014年,中央文明办、全国妇联在奉贤召开"传承好家风、奉敬贤德人"华东地区现场会,总结推广奉贤"好家风"培育工作经验。

二、培育和践行与社会主义核心价值观一脉相承的"贤文化"

核心价值观是一个地区可持续发展的精神支柱、动力源泉和文化条件。2015年11月,"传承中华优秀传统文化培育和践行社会主义核心价值观"研讨会在奉贤举行,邀请湖北孝感和浙江慈溪、嘉善、上虞等地宣传部门的领导共同交流"以'慈孝善贤'文化涵养社会主义核心价值观"的经验和做法。通过深入研讨,在理论上进一步明确"贤文化"与社会主义核心价值观一脉相承的关系,进一步丰富了"贤文化"的内涵。自此奉贤区"贤文化"建设全面展开。

奉贤"贤文化"与社会主义核心价值观所倡导的"爱国、敬业、诚信、友善"公民价值准则相一致,与上海城市价值取向(公正、包容、责任、诚信）及城市精神（海纳百川、追求卓越、开明睿智、大气谦和）相衔接。奉贤区自觉传承中华优秀传统文化，弘扬"敬奉贤人、见贤思齐"地域人文精神，以"贤文化"建设为载体，切实推进社会主义核心价值观的培育和践行。

（一）贤人、贤城、贤风的再出发

社会主义核心价值观是思想道德和文明风尚建设，以中华美德体系的传承和实践为条件。让优秀传统文化之树通过精神文明建设生发新枝，可以使社会主义核心价值观更具生命力和感召力。

道德和文化精神是可以超越时代"抽象继承"的。"贤文化"价值取向与塑造"海纳百川、追求卓越、开明睿智、大气谦和"的上海城市精神相衔接，与"爱国、敬业、诚信、友善"的社会主义核心价值观要求相一致。我们以"贤文化"引领奉贤精神文明建设，传承再现"敬奉贤人"的美德，创新弘扬"见贤思齐"的风尚，使历史传统与时代精神相结合的"贤文化"价值观贯穿于精神文明建设之中，广泛开展以"做贤人、建贤城、扬贤风"为主题的精神文明创建活动。比如，建设党员志愿服务岗、推行"义工"机制；建立企业诚信档案、打造"贤商"品牌；弘扬"奉法尚贤"精神、评选表彰"贤警"；制定村规民约、评选表彰"星级户"；编印"贤文化"教材、实施"贤少年"工程；开设"宅基课堂""道德讲堂""言子讲坛"宣讲阵地与《经典诵读》《话说奉贤》《贤城说事》等媒体栏目，宣传百姓身边的"贤人、贤事"。通过开展一系列贴近大众、贴近实际的文明创建活动，让干部群众在参与中感知接受"贤文化"价值理念，提升思想道德素质，使核心价值观更加入耳、入脑、入心。经过近10年的努力，奉贤的精神文明建设工作走在了全市前列，成为上海市第一个成功创建全国文明城区的郊区县。

（二）"家风""家训"有了更现代化的注脚

家庭是社会的细胞。"家风""家训"是中华美德传承的重要载体，具有广泛的群众基础和思想基础。传承好家训、培育好家风，注重在人民群众的日常生活中体现价值导向，可以使社会主义核心价值观更接"地气"。

习近平总书记指出，要紧密结合培育和弘扬社会主义核心价值观，发扬光大中华民族传统家庭美德。奉贤通过传承家庭贤德，把社会主义核心价值观落实到家庭，着力开展了"好家风"培育工作。社会主义核心价值观是追求真善美的价值观。奉贤区把培育"好家风"、弘扬"贤文化"、践行核心价值观三者有机结合起来，充分发挥家庭教育的基础性作用、社会教育的主渠道作用，在全区广泛开展"传承好家训、培育好家风"活动，以家风化乡风，以乡风促民风，努力使核心价值观在奉贤落地生根。奉贤区的"好家风"培育源于群众自觉、始于基层创新。实现了从试点示范到面上发动、再到全面推进的"三步走"，让"好家训好家风"从家庭出发，在农村、社区扎根，在机关团体传播，在学校传承，在社会弘扬。

1. 抓典型

杨王村是远近闻名的首富村，被中央文明办评选为"全国文明村"。"富口袋"更要"富脑袋"，村两委发动村民写家训，统一制作"家训牌"，并把家训连同"星级户"和"党员之家"标识一起制作成版面，挂在家门口展示。村民以家训为座右铭，自觉根除陋习，形成向善向上的村风民风。

2. 抓氛围

征集"好家训治家格言、家风小故事"，形成家家户户议家训、写家训、践家训的浓厚氛围。汇编《贤城家风小故事》、举行"家风小故事"演讲比赛、播放《说说"贤城好家训"》电视访谈，把好家训写入春联、放进元宵花灯、融入百姓生活。

3. 抓延展

扎根家庭，广泛开展"家庭美德进万家""贤城好媳妇""家庭教育宣传周"等活动。向党风廉政领域延伸，向各级干部家庭发放争创"廉洁家庭"倡议书，签订"家庭助廉"承诺书。深入干部队伍建设领域，把家庭美德纳入干部选拔评价标准。

4. 抓展示

策划开展"传家风、扬美德、作表率"——"好家训好家风"系列展示活动，通过党员领导干部"好家风"培育工作研讨会、"海上家风"主题展进市委党校、"好家训好家风"原创沪剧展演及书法展览、"好家训好家风"理论与实践探索、"好家训好家风"四季采风、"好家训好家风"现场教学点建设等六大活动,展现奉贤"好家风"培育工作成果。

(三)"贤文化"建设成效再上台阶

奉贤以"敬奉贤人、海纳百川、诚信友善"的开放心态建人才高地、聚贤良之才,优化经济发展环境,上海千人计划创业园落户奉贤;奉贤以"见贤思齐、追求卓越、敬业奉献"的拼搏精神抓学习创新,积极发掘市场潜力,适应经济发展新常态,全区经济结构转型升级取得明显成效。

"贤文化"建设融入社会治理实践,将"贤文化"建设中形成的"软约束"转化为规范社会治理各主体的"硬规则",使符合核心价值观的行为得到鼓励、违背核心价值观的行为受到制约。开展"贤城先锋"争创活动,制定以"好家风"强化社会规范、助推社会管理的方案及实施细则,把社会诚信建设与环境整治、拆违控违等社会治理工作任务挂起钩来等。"贤文化"下奉贤区志愿服务实现制度化、规范化、品牌化发展。2015年以来,坚持明确的建设标准、客观的评估督查、完善的服务功能,逐步建立起区志愿服务指导中心1家、各地区社区志愿服务中心12家和社区、公共文化设施、景区景点、窗口单位学雷锋志愿服务站302家,构建起覆盖全区的三级志愿服务网络。在2016年和2017年"完善社区志愿服务中心民生服务功能"市政府实事工程项目优质达标的基础上,12家社区志愿服务中心普遍进行创新创优,并全部推选参加上海市评选,其中柘林镇、海湾镇、金海社区的社区志愿服务中心分别获评2018年度制度创新、管理创优和2017年度管理创优。南桥镇"春江小屋"志愿服务项目负责人顾春江医生获评2018年度全国最美志愿者,每年60名左右典型志愿者、组织者、团队、项目、基地获评市级志愿服务典型,我区每年评选表彰最美志愿者、最美志愿服务社区、最佳志愿服务项目、最佳志愿服务组织各10名,对受到群众广泛欢迎的志愿服务项目和团队给予一定的资金资助,有力推动我区志愿服务品牌化、特色化发展。每年围绕区委、区政府中心工作和群众需求,抓住河道治理、垃圾分类、"水天一色"工程、文明交通、生态文明等主题，组织全区志愿者开展专题志愿服务活动。

"贤文化"建设作为"民生工程"来抓，注重在满足人民群众精神文化需求中体现价值导向。奉贤努力使文明创建成为加强城市建设管理、提升市民生活质量的重要抓手，在各镇全覆盖建成社区文化活动、社区事务、社区卫生和社区志愿服务中心及城区、乡村学校少年宫；在农村全覆盖推进"农村综合服务中心"建设，在居民小区全覆盖组建"三校一堂"市民教育平台，把农家书屋、农资服务站、医疗服务站、市民课堂开办到村居民家门口，成为基层培育和践行核心价值观的重要活动阵地和宣传平台等。

三、在拓展深化中发展"贤文化"

2017年，习近平总书记在全国"两会"上再次提出"奉贤之问"，助推"贤文化"的深度探索。"贤文化"融合了中国特色、上海特征和奉贤特点，与社会主义核心价值观一脉相承，与上海城市价值取向和城市精神相互衔接，与不甘落后、不断赶超的奉贤精神相辅相成。近年来，奉贤区不断将"贤文化"内涵植入城市建设，着力营造"十字水街、田字绿廊，九宫格里看天下，一朝梦回五千年"的城市意象；不断以"家文化"和"圆梦文化"为创新载体承接历史之厚重，使"贤文化"愈发有温度、有传承、有内涵、有未来……

（一）"贤文化"的大众化

聚焦"贤文化"教育普及。在大力挖掘地区文化底蕴和文化积淀的基础上，奉贤着力厘清"贤文化"的历史脉络和发展轨迹，以《贤文化的传承及实践》《理论宣传和贤文化研究》等"贤文化"书籍和期刊，向社会大众生动全面地阐释"贤文化"的内涵和外延。"贤文化"教育读本《i奉贤·贤文化》整合了优秀历史文化和传统道德资源，以通俗的语言和富有"地域性和本地味道"的原创歌曲对"贤文化"进行深入浅出地阐释和解读，增强市民的文化自觉和自信。在"贤文化"下形成了有利于未成年人健康成长的良好社会环境。抓住重要时间节点深化"扣好人生第一粒扣子"主题教育实践活动,下发《关于贯彻落实〈中央文明办关于开展"扣好人生第一粒扣子"主题教育实践活动的通知〉》,每年开展"新时代好少年"学习宣传、"传承红色基因"系列教育、中华优秀传统文化传承、学雷锋志愿服务、"劳动美"社会实践、"阳光成长"心理健康教育等6项主题教育实践活动。协调区加强和改进未成年人思想道德建设工作领导小组各成员单位,每年召开未成年人思想道德建设暨未成年人保护工作会议、暑期工作会议、暑期工作总结会等3次工作会议,对全区未成年人思想道德建设进行部署。整合各社区、44家学校少年宫等未成年人活动阵地、7家学生社会实践指导站、1家学生心理健康咨询中心,每年开展1次童谣传唱主题活动,举行1次学校少年宫成果发布活动,组织引导学生社区实践指导站做好未成年人参加社会实践(志愿服务)工作,不断扩大心理健康培训咨询覆盖面。

此外,奉贤充分挖掘和宣传奉贤历代贤人,评选和宣传"感动奉贤""贤城先锋""道德模范""修身达人"以及"贤师""贤少年""贤商"等当代先进人物,实施"滨海贤人"计划,营造"近悦远来、群贤毕至"的社会氛围。聚焦"贤文化"宣传阵地建设。建设"贤文化"主题公园,以言子像、思贤印、诵贤墙、讲贤堂等"贤文化"元素呈现"贤文化"演变脉络。开设"言子讲坛",先后邀请王蒙、余秋雨、易中天、孔子七十五代孙孔祥林、言子后代言恭达等全国知名专家学者讲学120余场,成为群众熟知的文化讲坛。建立起"贤苑""贤堂汇"、道德讲堂、村民学校、市民学校、职工学校及"宅基课堂"等4 000余个群众思想教育阵地及"乡贤"阵地,成为传播"贤"文化、弘扬社会主义核心价值观的主阵地。

聚焦"贤文化"品牌项目打造。围绕创新社会思想教化新模式、探索群众精神文化新需求、适应创新社会治理新常态的工作目标,奉贤突出特色,打响做亮一批"贤文化"品牌项目,如"圆梦行动"公益活动品牌、"齐贤修身"修身活动品牌、"至理贤言"理论微宣讲品牌、"贤文化大家唱"文化歌咏活动、"话说奉贤""贤城说事"电视节目品牌、"奉法尚贤"法治社会理念、"书香奉贤"市民阅读品牌以及"和美宅基""美丽楼道"创新社会治理品牌等,使"贤文化"潜移默化融入群众思想建设和社会治理的方方面面。

全区每年举办"东方美谷艺术节""市民文化节""南上海新春音乐会""群文四季歌""宣传大篷车"等各类"贤文化"品牌演出、展览展示活动2 000多场，参与的市民群众达100万人次以上，丰富了城乡市民的文化生活，推动了"贤文化"建设。

聚焦公共文化设施网络建设。着力构建三级"贤文化"公共文化服务圈，目前已基本形成了以奉贤新城为中心，辐射"一核、两轴、三区、多点"均衡分布的15分钟"公共文化服务圈"。全区人民盼望已久的区博物馆新馆在2019年初投入运营，九棵树未来艺术中心预计将于2019年底建成运营，区文化馆新馆规划也在抓紧制定中。全区已建成15家社区文化活动中心或分中心，建有226个村（居）文化设施及20家影剧院，并成功地通过"全国文化先进区"复审。

（二）"贤文化"的品质化

在大力推进"贤文化"建设的过程中，边推进边摸索，融合传统文化的时代内涵和当代价值，不断提升"贤文化"的品质和档次。大力提升"贤文化"的厚度。承担中宣部调研课题，围绕"贤文化与培育和践行社会主义核心价值观"这一课题，全面系统梳理贤文化的发展和贤文化的内涵，形成《以"贤文化"涵养社会主义核心价值观》等理论研究成果，为下一步开展和推进贤文化提出了一系列设想和建议。坚持扩大"贤文化"的广度。举办"传承中华优秀传统文化 培育和践行社会主义核心价值观"研讨会，邀请浙江慈溪、嘉善、上虞、湖北孝感等地宣传部门领导共同研讨区域文化与核心价值观，形成了"慈善孝贤"品牌特色。结合"好家风"培育、"贤文化"建设、"慈善孝贤"文化，举办"看东方美谷 讲中国故事 听世界回响——城市精神与文化领导力"研讨会，邀请国内外专家深入研讨"东方美谷""贤文化"国际化以及城市精神和文化领导力，取得丰硕成果。

在推进"贤文化"过程中，奉贤始终牢牢把握"家"这个中心，把贤文化与家文化有机结合，把家文化作为贤文化的落脚点和着力点，以家文化带动贤文化的深入和细化，以贤文化总领家文化。通过"好家风好家训"活动推进，运用日常化、具体化、形象化、生活化的载体和形式，充分发挥家庭教育的基础性作用、社会教育的主渠道作用，逐步实施试点村居典型示范、重点村居局部推广和全区村居全面推进的"三步走"战略，广泛发动群众挖掘古家训、书写新家训、传承好家训，推动"家文化"入村、入居、入户、入校，使核心价值观在奉贤落地生根。全面贯彻落实习近平总书记关于"注重家庭、注重家教、注重家风"的重要讲话精神，把培育"好家风"、弘扬"贤文化"、践行核心价值观三者有机结合起来，把"贤文化"工作做到"家"。

推广"贤文化"的目的在于提升人的内在素养、营造良好的社会风气。为将"贤文化"落实到每一个人，奉贤区推出"圆梦行动"，将贤文化与每一个人的"圆梦文化"紧紧相连，全方位提升每一个人的综合文明素养。通过"党委引领、政府搭台、市场运作、社会参与"模式，奉贤持续深入开展"东方美谷·风雨彩虹——圆梦行动在贤城"主题实践活动，在建立"线上"与"线下"并行的365天常态长效圆梦机制的基础上，通过举办新春、"六一""七一"、重阳的四季专题圆梦，带动社会各界资源及力量，积极承担社会责任，切实聚焦群众"急难愁"和"愿思盼"，用精准扶贫、精神扶贫切实提高市民百姓在经济社会发展中的获得感和满意度，让"圆梦文化"润物无声，渗透百姓心田，成为密切党群、干群关系的"桥梁"和"纽带"，成为"惠民生、促和谐、优风气"的品牌项目，成为积极践行社会主义核心价值观、深化"贤文化"的新路径。

（三）"贤文化"的国际化

对标国际最高标准、最好水平，奉贤通过增强文化自信、开拓国际视野、搭建国际化平台，加大国际文化领军人才引进、培育、激励力度，吸引更多的大师名家，积极培育国际知名文化品牌，走出了一条"贤文化"国际化发展之路。

承办中国青年艺术周等各类活动，承接来自德国、法国、俄罗斯等20多个国家的文化艺术团体的文化交流和展示，让群众在家门口就能享受到高雅艺术。组织奉贤区国家级非遗项目"滚灯"、市级非遗项目庄行土布、"三纸"

技艺等优秀民俗技艺文化赴德国、法国、比利时等"一带一路"沿线国家及重庆、天津等地展示、表演,在海内外获得颇多赞誉,使奉贤的文化交流活动达到一个新的高度,也进一步扩大了奉贤在国内外的知名度和影响力。

为培养一批具有人文情怀、科学精神和世界眼光的未来建设者,奉贤积极鼓励和支持中小学生"世界之窗"社会实践考察活动,每年将500名中小学、中职校品学兼优的学生送去美国、俄罗斯、澳大利亚等国家参与出国游学活动,为学生打开国际交往的窗口,学他长、补己短,也让世界了解奉贤,了解"贤文化"。

围绕"贤文化",奉贤积极促进文化与科技、教育、金融、旅游、体育等跨界融合,鼓励和引导社会力量参与文化产业发展,打造一批富有魅力、充满活力的文化创意产业园区,吹响了南上海文化创意集聚区建设的号角。截至2018年年底,奉贤已有文创企业1 079家,其中邑通道具、龙利得、森蜂园、恒润科技、伽蓝集团、易教信息、英科实业、猎鹰网络、斯尔丽服饰等一大批文化创意重点企业脱颖而出。

加大对"贤文化"的宣传推广力度,举办"央媒看奉贤""海外华媒奉贤行"等主题宣传活动。《人民日报》、新华社、《光明日报》等30家中央媒体和《欧洲时报》、美国中文电视、中阿卫视等30家海外华文媒体集体发出奉贤声音,纽约麦哈顿时代广场"中国屏"滚动播放奉贤宣传片,让奉贤的城市影响力不断扩大,"贤文化"日益走向国际化。

四、与"美育工程"融合的"贤文化"

奉贤在坚持城市文化与精神文明"两文兴家"的工作思路中,以"贤文化"厚植城市文明内涵,以文化人、以德育人、以文润城,探索一条"人贤、家和、城美"的精神文明建设高质量发展之路。这也就为"贤文化"赋予了美的内涵,"各美其美、美人之美、美美与共"成了"贤"在新时代的表现方式。推动广大市民认识美、欣赏美、发现美、展示美、创造美、传播美的"美育工程"应运而生。

（一）精神之美

精神之美是与"贤文化"最紧密相关的部分，也是"美育工程"的内生动力。奉贤深入学习贯彻习近平新时代中国特色社会主义思想，落细、落小、落实社会主义核心价值观，弘扬"敬奉贤人、见贤思齐"的地域文化特色。深入开展"圆梦行动"，彰显奉贤"大爱之美"。涵养家国情怀，树立文化自信，深化"中国梦、爱国情、贤城美"宣传教育，着力培养担当民族复兴大任的时代新人，弘扬共筑美好生活梦想的时代新风。培育家园意识，凝练奉贤人民的"共同精神"，团结凝聚社会各界力量想在一起、干在一起，共同建设美好家园，齐心创造美好生活，努力建设崇德向善、文化厚重、和谐宜居的"文明之城"。

（二）文化之美

文化之美是对"贤文化"的再提炼，是"美育工程"的重要内涵。推动"贤文化"国际化、大众化、品质化，扩大对外文化交流合作，促进奉贤优秀文化国内外交流展示，提升文化品牌对外影响力，精心办好"国际青年艺术周"、打造"东方美谷艺术节"等文化品牌项目，推动丰富多彩的美育展览展示、高雅艺术等优质美育资源进奉贤，提升美育文化水平。大力实施文化基因工程，加快培育和引进一批文化名人和优质文化项目，多出时代精品，多出文化"代表作"。开展全民阅读，推出一批市民喜爱的美育经典课程读本，打造一批市民喜爱的"最美城市书房"。以"传统文化润贤城"为主线，全社会各行各业围绕琴棋书画、合唱、音乐、戏剧、舞蹈、摄影、茶艺等美育内容，开展形式多样、各具特色的美育文化活动。支持推进青少年社会团体和社会教育机构开展学生业余美育教育。开展"一人一艺"艺术普及工程，开展全民健身"千人"系列活动。注重单位文化的培育和打造，因地制宜地将美育文化渗透融合到单位文化和发展中去。科技之美是文化之美的另一侧面。科技工作分为科技创新和科技普及两个重要工作，习近平总书记说其是一体两翼。科技创新解决的是高度问题，科学普及解决的是厚度和广度问题。行为建立在态度之上,态度建立在认知之上,科技普及的工作让奉贤区内居民形成知性之美。产业建立在科技创新之上,科技创新工作助力美丽健康产业的持续发展。"强自科技、美在科技"的奉贤区科技节每年都如期展开,吸引越来越多的市民和企业参与。周周开播《科普在贤城》的广播节目。

(三)家庭之美

家庭之美是"家风""家训"的升华,也是"美育工程"的基本单元。奉贤大力弘扬"夫妻和睦、尊老爱幼、科学教子、勤俭持家、邻里互助"家庭美德。开展"贤城最美家庭"创评活动,多层次传播"最美家庭"精神实质和家庭文明风尚;开展家庭美育研究与指导,鼓励家庭制订"美家美生活"计划,传承美的技艺,推广美的体验,树立美的形象,弘扬贤文化、传承"好家风"。

开展"家庭读书乐"等活动,引领家庭好读书、读好书,培育挖掘一批具有一定知名度和影响力,有着几代优良传承的最美书香家庭,打造新时代"书香门第"。

(四)行为之美

个人行为之美是"美育工程"的基本载体和重要基础,是"美育工程"的外在形象显现。大力推进志愿服务制度化、常态化,着力强化社会责任意识和奉献意识。践行上海市生活垃圾分类、"新七不规范""十二戒十二倡"、奉贤市民文明公约以及村规民约(居民公约),弘扬文明风尚,美化行为习惯。开展普法宣传教育和群众性法治文化活动,全民法治宣传教育普及率≥80%。加强文明礼仪教育,根据不同人群的职业特点和需求,举办千场市民礼仪普及培训,规范行为仪表,提升审美修养。大力推动移风易俗,培养健康卫生习惯,树立现代文明理念。

(五)产业之美

产业之美是"美育工程"的重要支撑。大力发展"东方美谷"美丽健康产业,打造精益求精的"工匠精神",将创造美的理念融入生产者、生产方式、产品及服务等生产经营的各个环节。弘扬"奉德成、贤天下"的"贤商精神",推动诚信经营成为生产经营行业的价值取向,大力倡导诚信之美。加快美育特色文化创意产业创新发展,引导扩大市民美育文化消费,发展成果惠及广大市民。突出为民优先,优化服务质量,美化服务环境,展现行业优质形象,提亮窗口服务之美。

(六)环境之美

环境之美是"美育工程"的基础前提。优美的建筑空间、生态环境能给人美的熏陶和享受。要强化城市品牌化建设的意识,注重建筑风格、城市色彩的和谐统一,提升建筑造型、建筑空间之美。通过可阅读的城市建筑、可休憩的绿化景观、有风格的城市家具、有品位的公益广告等,以美感人、以景育人,创设浓厚的美育环境氛围。聚焦品质新城建设,树立"代表作"意识,精心打造每一条道路、每一栋建筑、每一片绿化,丰厚城市建筑与空间的美学价值和人文内涵。聚焦乡村振兴,再造生态优势,延续文脉、留住乡愁,在美好的城市意象和乡村风貌中感知美、认同美。争创国家生态园林城区,打造"十字水街""田字绿廊""水天一色"等城市意象,开展"花园单位""最美庭院"等创评活动,提升人的生态文明意识,全力塑造生态美。以"百路整治""和美宅基""和美楼组"创建为抓手,开展美丽街区、美丽家园、美丽乡村"三美"建设,提升城乡生活品质。

五、持续发扬"贤文化"的再思考

思想和文化都兼具这样的特点,也就是人们可以通过唤起历史的记忆,重新诠释经典以回应时代的变化。习近平总书记指出:"我们生而为中国人,根本在于我们有中国人的独特精神世界。""贤文化"作为中华优秀传统文化之一,深刻影响着每一个奉贤人的思维方式和行为特征,是我们民族特有的文化基因。我们可以在坚持这类传统优秀文化的基本框架下,根据实际情况,不断赋予其新的内涵和新的外延,创新和融入新内容,不断提升整个城区文明程度和生命力。

正如习近平总书记一直强调的"滴水穿石"的精神一样，精神文明建设的过程是现代文明与历史和现实中存在着的精神愚昧相决裂的过程，不能指望一夜之间就会发生突变和飞跃。"贤文化"的迭变正是这种"滴水穿石"的过程。

作者简介：

徐　卫，中共奉贤区委常委、区委宣传部部长

盛群华，中共奉贤区委宣传部副部长

张文权，中共奉贤区委宣传部副部长

刘　波，上海市第六批新的社会阶层人士奉贤区挂职干部

发挥红色文化场馆在精神文明建设中的重要阵地作用

——以陈云纪念馆为例

陈炜炜

摘　要： 当下，红色文化场馆迎来新的发展机遇，顺应行业发展规律，创新发展是红色文化场馆取得新突破的重要实践。陈云纪念馆立足发展过程中面临的基础管理建设、文化内涵挖掘、宣传机制探索等方面的问题，围绕把陈云生平思想研究好、把陈云光辉业绩宣传好、把陈云崇高精神弘扬好、把陈云纪念馆管理好、把纪念馆队伍培养好的"五好"主题，坚持守正创新，为发挥红色文化场馆在引领社会价值导向过程中的作用贡献智慧与力量。

关键词： 红色文化场馆　创新发展　陈云纪念馆

　　红色文化场馆通常依托故居、遗址、遗迹而建立，往往有着丰富的物质藏品，并以此成为一段红色历史或人物精神的重要标识与象征，因此承担着历史见证者与传承者的角色，是展现红色文化的重要载体和平台。2017年10月31日，习近平总书记等中央领导集体瞻仰了中共"一大"会址纪念馆和南湖革命纪念馆，并将这里称为"中国共产党人的精神家园"。习近平总书记和党中央带头在红色文化场馆里找初心、强使命，给陈云纪念馆等红色文化场馆的提升与发展带来了难得的机遇。到馆参观人数连年增长，红色文化教育深入人心。红色文化场馆在精神文明建设中凝心聚力、培风育人的重要作用更加凸显。同时，也对红色文化场馆的精神文明建设工作提出了新的要求和更高标准。如何紧扣时代主题，挖掘红色文化资源，创新宣传教育载体，自觉承担起举旗帜、聚民心、育新人、兴文化、展形象的使命任务，陈云纪念馆在实际工作中坚持人才为本、管理为基、观众为重、宣教为先，探索了一套红色文化场馆发挥自身优势开展精神文明建设的工作方法。

一、纪念馆在红色文化热潮中面对的若干问题

陈云纪念馆作为宣传思想文化的重要阵地和社会主义精神文明建设的重要窗口，以开展爱国主义教育、培育社会主义核心价值观为根本，以讲好陈云故事、传承红色基因为核心，统筹推进陈云思想生平的研究、宣传和教育。2017年陈云纪念馆参观人数首度突破100万人次，2018年已经达到113万人次，纪念馆的社会影响力在不断提升。但在积极参与红色文化宣传教育，培育和践行社会主义核心价值观的同时，纪念馆也逐渐发现新时代新观众对于纪念馆工作的需求与自身发展之间的差距。作为红色文化场馆，在文化内涵挖掘、宣传机制创新、基础管理建设等方面仍需新的发展和突破。

1. 文化内涵有待深入挖掘

陈云纪念馆作为国家一级博物馆、全国爱国主义教育示范基地，地处陈云故乡——上海市青浦区练塘镇。在积极贯彻落实市委、市政府关于全力打响"上海文化"品牌，培育红色文化、海派文化和江南文化要求的基础上，在红色文化方面，要进一步挖掘与研究，在江南文化和海派文化方面，要进一步加强区域化合作，让红色文化、海派文化、江南文化在陈云故里交相辉映，更深入广泛地传承红色基因、传播红色文化，努力做到话语响亮、生机勃勃、坚如磐石，全力以赴推进陈云纪念馆事业新发展，为上海推进"开天辟地——党的诞生地发掘宣传工程"和整合、利用红色文化、海派文化、江南文化资源发挥应有的作用。

2. 宣传机制有待创新探索

在多年实践中，陈云纪念馆发现来馆观众和社会公众对于红色文化场馆和红色文化资源的要求产生了新的变化。首先，不同群体需求和兴趣区分更

加精准。观众希望看到符合自身知识结构和生活需要的文化内容。其次，公众对红色教育的时代性要求更加突出。红色资源如何彰显时代价值，呼应时代实践成为重要课题。第三，宣教形式的创新发展更受关注。拥有优质的教育资源，还需要通过丰富新颖的宣教形式，让公众乐于接受、主动接受。

陈云纪念馆长期以来，推出了一批具有本地和本馆特色的体验项目和体验活动，但就品牌活动的数量和质量而言，尚有较大的创新发展空间。比如结合各类青少年的主题教育活动、党员群体的主题教育活动等均可创新形成新品牌，使得宣传教育活动常态化、机制化发展。而各类学术活动、展览活动和宣传活动虽在数量上不断提升，但是在原创性上、结合新形势上主题不鲜明、亮点不凸显，在观众互动性、体验性方面创新性方法不足，宣传教育整体水平有待进一步提高。

3. 基础管理有待全面夯实

首先，陈云纪念馆始终坚持党委领导，全力推进党的建设。在全面发展业务工作的同时，也应坚持以党建工作带动人才队伍建设、凝聚力建设，推进工青妇群团组织建设，形成风清气正、团结和谐的干事氛围方面，夯实党委领导一切的基础，形成应对新形势下产生的方方面面挑战的坚强合力。其次，要积极打造想干事能干事的干部人才队伍。由于纪念馆地理位置偏远、薪资收入等原因，一定程度上还存在纪念馆干部人才队伍不稳的情况。为此纪念馆要全力营造想干事者有平台、能干事者有舞台、干成事者上奖台的良好发展氛围，保障人才队伍稳步壮大。最后，规范高效使用财政资金方面，在坚持遵守规则、牢记底线、不越红线的基础上，预算项目的执行率有待进一步提升，做到预算资金计划的申请有分析、有落实，预算执行有预见、有推进、有成效。

二、围绕"五好"主题，充分发挥纪念馆精神文明建设重要阵地作用

根据精神文明建设工作中的新思想新要求，陈云纪念馆立足新时代历史方

位，大力弘扬伟人精神，培育和践行社会主义核心价值观，着力培养担当民族复兴大任的时代新人。围绕重大时间节点，深化共建，扩大合作，推进、筹划相关纪念和宣传活动，不断扩大纪念馆的影响力，提升纪念馆的知名度。围绕把陈云生平思想研究好、把陈云光辉业绩宣传好、把陈云崇高精神弘扬好、把陈云纪念馆管理好、把纪念馆队伍培养好的五好主题开展精神文明建设工作，充分发挥陈云纪念馆特色、红色文化场馆优势、重要宣传阵地功能。

（一）把陈云生平思想研究好

宣传、弘扬好伟人精神，必须建立在对伟人生平与思想深入研究的基础上。纪念馆持续加强与中央党史和文献研究院、当代中国研究所、市委党史研究室等学术机构的合作，并形成舆论监督、课题研究和学术研讨的常态化，增强纪念馆在陈云生平思想研究领域的话语权和权威性。

1. 把好舆情政治关

落实意识形态工作责任制，强化守土有责、守土负责、守土尽责意识，切实把好政治关和史实关。展览内容和解说词、图书出版和文艺作品均报请市委和中央审查，保证内容的准确性和完整性。同时，时刻关注网络舆情，发现多起污蔑陈云及其他伟人的言论，及时向中央党史和文献研究院反馈，并撰写相关文章予以正面引导。

2. 加强专题研究

坚持以习近平在纪念陈云同志诞辰110周年座谈会上的重要讲话为指导，重点加强对陈云党建思想、经济思想和哲学思想等方面的研究。每年通过上海市社科规划办发布委托课题，吸引更多社会力量拓展和深化陈云研究，形成《陈云对中国特色社会主义道路的探索》等课题研究成果。纪念馆研究团队每年公开发表30多篇学术论文。

3. 搭建研究平台

连续与陈云思想生平研究会举办"陈云与加强和规范党内政治生活""陈云与改革开放"学术研讨会，与中国社会科学院当代中国研究所举办"陈云与新中国的治国理政经验""陈云研究与改革开放新时代"学术研讨会，提升陈云思想生平研究的深度和广度。

（二）把陈云光辉业绩宣传好

打通从坚持马克思主义在意识形态领域的指导地位到讲好中国共产党故事、中国故事、伟人故事的内宣与外宣。新形势下，作为红色文化场馆要不断挖掘陈云思想的当代价值，将陈云光辉业绩宣传好，让纪念馆凝聚更多人、感召更多人、影响更多人。

1. 让红色资源"活"起来

立足阵地展览，纪念馆着力策划打造主题突出、导向鲜明、内涵丰富的主题展览，做到见人见物见思想。陈云是调查研究的典范，纪念馆积极响应习近平总书记关于大兴调查研究之风和上海大调研工作，恢复陈云回家乡调查研究的旧址，并推出《陈云与调查研究》主题展，追寻陈云同志的调研足迹，阐释陈云的调查研究方法与时代价值。通过"请进来、走出去"等方式，加强馆际交流，先后引进邓小平、周恩来、刘少奇等伟人展，陈独秀、鲁迅、谷文昌等人物展，并将"伟大光辉的一生——陈云生平业绩巡展"送到福建、江西、黑龙江等地巡展。

2. 让主题党课"火"起来

结合陈云生平思想，纪念馆深入挖掘时代价值，开发了《学习陈云五种精神，争做"两学一做"先锋》《革命领袖的人格风范》《陈云成为两代中央领导集体成员的原因分析》等10余种专题报告。上影集团83岁高龄的电影表演艺术家牛犇同志来馆参观并聆听专题党课后，给予充分肯定。在此基础上，2018年开始利用纪念馆现有的培训中心资源，独立承办三天制的党性教育培训班，已先后承办中共上海市金融党委直属综合党委、浦东新区北蔡镇党委等部门、单位党性教育培训活动。"特色党课"荣获"2016—2017年度上海市爱国主义教育基地优秀宣教项目"、陈列编研部党性教育宣讲岗荣获宣传系统优秀党员示范岗。

3. 让文化品牌"亮"起来

纪念馆作为上海市民终身学习红色文化的体验基地，将市民修身活动和体验式学习与红色资源相结合,推出全方位、立体式、菜单化的"红色修身,风范永传"红色文化品牌项目。结合纪念馆所在古镇练塘的水乡风貌,纪念馆还重点打造"红色+绿色+古色"的"三色文化"体验之旅。观众除了参观陈云生平业绩展览、陈云文物馆、陈云故居外,还可以参观评弹艺术馆、算盘文化馆、茭白叶编织等专题展馆,欣赏古色水乡之美、绿色生态之美,身临其境地追寻伟人足迹,感悟伟人精神。2018年,陈云纪念馆荣膺"首批50处上海市民休闲好去处"。

(三) 把陈云崇高精神弘扬好

坚持红色文化资源创造性转化、红色文化宣教创新性发展。以伟人生平业绩、精神风范为基础,宣传阐释中国共产党为什么能、中国特色社会主义制度为什么管用的深刻道理。通过内容、形式的创新,跨界合作的创新,增强红色文化宣传教育的吸引力和感染力。

1. 在创新中弘扬伟人精神

将"单向灌输"的讲解模式向"双向互动"的交流模式转变。为满足不同观众的需求,纪念馆"因人施教",推出"分众讲解"理念。针对不同观众群体准备个性化讲解词,并设立专题讲解日、馆长讲解日、专家讲解日,从不同维度解读伟人风范。在文艺党课中积极创新,与上海电影集团合作,将电影《难忘的岁月》加入到"2017我的电影党课"活动中,全市有近3万名党员聆听党课并观看电影。和上海曲艺家协会合作,打造"陈云的故事——曲艺党课",观众反映这种党课形式新颖、内容丰富,兼具思想性和感染力,其中《两辆红旗车》在2018年还登上了第十届中国牡丹奖颁奖典礼大舞台。加强馆校合作,特别是未成年人教育,"传承红色基因,争做时代新人"项目荣获2018年上海市未成年人暑期优秀活动项目、教育案例《评弹苗苗初长成——陈云故里传风范》在全国博物馆198个项目中脱颖而出,荣获"优秀"教学设计奖项。

2. 在联动中弘扬伟人精神

纪念馆充分整合社会资源,探索"多边"合作机制,不断扩大纪念馆

"朋友圈"。为了打造上海红色文化宣传教育的协作机制与合作平台，联合中共"一大"会址纪念馆等22家红色场馆及相关单位，筹建上海市红色文化宣传教育联盟，将红色文化纳入党员干部教育体系，此举得到了中宣部、上海市委宣传部的高度关注。在成立上海志愿服务基地的同时，升格建立志愿服务总队，由上海曲协主席王汝刚担任总队长，并牵头召开上海红色文化场馆志愿服务论坛，纪念馆的志愿者活跃在参观高峰和进博会期间的宣传讲解、文明劝导以及爱心暑托班等志愿服务主题实践活动中，并荣获2016—2017年度市级两项集体荣誉称号和一项个人荣誉称号。纪念馆先后与东航党校、上海健康医学院等90多家单位建立共建关系，不断深化与做实共建工作。

3. 在媒体上弘扬伟人精神

全面把握媒体融合发展的趋势和规律。深刻认识全媒体时代红色文化宣传的新要求。改变过去被动的宣传观念，利用媒体传播扭转纪念馆地处远郊的劣势，以一种开放、主动的姿态，实现定向宣传，扩大影响面。巩固传统媒体阵地，纪念馆与《人民日报》（海外版）、上海电视台、上海广播电台、《解放日报》、《文汇报》、《新民晚报》、人民网、东方网、《新民周刊》等权威媒体紧密配合，每年媒体报道近百篇。通过官网、微博、微信和企鹅号等平台，积极构建新媒体矩阵。宣传陈云的生平业绩、精神风范，做到"日日有声音"，微信粉丝已有近7万。

（四）把陈云纪念馆管理好

纪念馆作为一个开放的公共文化场所，既要严格实施文物平安工程，更要提升公共文化的服务水平，为观众营造一个安全、有序、优美的参观环境。

1. 安全保障是纪念馆一切工作的生命线

坚决树立"文物安全和开放安全"的底线意识，落实安全责任制，强化人防、物防、技防和消防工作，积极应对防台防汛和防高空坠物等安全防范工作，实现历年零事故的目标，连续数年被评为上海市平安单位和星级微型消防站称号。外聘的安保人员拾金不昧、助人为乐等好人好事层出不穷。

2. 环境美丽是纪念馆的一张"亮丽名片"

纪念馆长期保持着"上海市花园单位"荣誉称号，来馆的观众普遍反映，纪念馆柔和自然的布局、绿色开阔的草地、四季有花的环境使人安静、轻松，在表达纪念性的同时，也为公众提供了一处休憩场地，达到了人文、自然的和谐统一。贯彻《上海市控烟条例》，积极创建"无烟单位"。

3. 优质服务是纪念馆的一扇"对外窗口"

随着"两学一做"常态化制度化教育活动和"不忘初心、牢记使命"主题党日活动的开展，来馆参观和活动的团队应接不暇，一线的讲解、安保、保洁、培训中心团队树立"以人为本"理念，注意礼仪培训，提供精心周到的服务。

（五）把纪念馆队伍培养好

纪念馆承载着服务大局、资政育人和推动发展的重要作用，关键要有一支"政治强、作风正、业务精、纪律严"的班子队伍、党员队伍、人才队伍和职工队伍。

1. 加强党委的核心领导，形成党政工团齐抓共管的良好局面

强化党建工作责任制和党风廉政建设责任制，坚持落实党委中心组学习制度、双重组织生活会制度，党委书记、馆长带头上党课；积极落实每年的党建责任制签约、"两学一做"常态化制度化、党支部书记培训、发展党员和规范党费收缴标准等基础工作；与青浦区委组织部建立合作关系，加强区域化党建联动，积极参与进博会和青浦区创建全国文明城区主题实践活动。

2. 加强干部队伍建设，提升职工整体素质

按照陈云同志提出的"了解人、气量大、用得好、爱护人"的"十二字"干部政策，积极建立健全人才培养机制。积极选送青年骨干参加宣传部机关、文物报社、上海社科院等单位的轮岗，选送优秀人才参加中国社科院博士后培养，主动推荐青年干部进入市委组织部、市委宣传部等各级组织的选拔视野。成立业务学习小组，每月定期开展业务学习，提升业务水平。近两年，纪念馆正高职称人员由1人增加到2人，副高职称人员由2人增加到4人。文

物保管部严玮主任荣获"2017上海市巾帼建功标兵"荣誉称号,讲解员周安琪、高智亮在第五届上海市爱国主义教育基地讲解员大赛中都荣获三等奖。

3. 加强职工凝聚力建设,形成积极向上的干事氛围

围绕创建学习型单位,利用现有设施资源,改造"党员之家、职工之家"活动室;为丰富职工的文体活动,建立了书法、羽毛球和八段锦等兴趣小组;出台了《陈云纪念馆关爱职工的规定》,从制度上保证爱心帮困工作的规范化;开展团支部换届工作,并成立了首届青工委,为规范开展青年工作提供组织保证。

三、大力弘扬红色文化的经验启示

习近平总书记在纪念陈云同志诞辰110周年座谈会上指出:"伟大的事业呼唤着我们,庄严的使命激励着我们。我们一定要坚定不移把老一辈革命家开创的伟大事业继续推向前进。这是我们的历史责任,也是对老一辈革命家的最好纪念。"

(一)深抓党建工作,夯实基础管理

东西南北中,党是领导一切的。陈云纪念馆站在新的历史起点上,坚决贯彻习近平总书记的讲话精神,在党委的坚强领导下,突出政治纪律、政治担当,做好红色传承。坚持用革命文物记录陈云为党、为国家、为人民建立的不朽功勋,用展览讲述陈云为党和人民事业不懈奋斗的光辉一生,用红色文化传承老一辈革命家的崇高风范。努力打造陈云同志文献的发掘高地、思想的研究高地、精神的宣教高地、风范的展示高地,建设初心教育大课堂、革命精神大学堂、红色故事大讲堂,有条不紊推进基础管理工作。

(二)大力发挥纪念馆作为"内容引擎""体验空间""传播媒体""合作枢纽"的角色功能

以丰富的红色文化资源为"内容引擎",立足自身主题和特色,既要注重

对有形遗产的保护，更要注重红色基因的传承，通过主题党课、文化品牌、特色党课、场馆内容等途径，深挖精髓要义，揭示红色文化的时代价值；基于复合性的参观需求，通过丰富讲解形式内容、创新社教活动主题、建立志愿服务团队等，创设"体验空间"，提升红色文化宣传教育的效果；认清信息化时代发展特点，借助数字化手段，运用大众媒体和数字媒体，传播红色文化，培育红色文化"传播媒体"；红色文化场馆作为公共文化机构，具有天然的公共属性，纪念馆要充分整合社会资源，探索"多边"合作机制，不断扩大纪念馆"朋友圈"，形成红色文化"合作枢纽"。

（三）立足实际，满足不同群体的文化需求

红色文化场馆作为展现红色文化的重要载体和平台，在社会文明进步和精神文明建设中发挥着无可替代的作用。力求满足不同社会群体的不同文化需求，面向党员领导干部，努力打造初心教育大课堂，围绕"不忘初心，牢记使命"的教育主题，建设具有强大凝聚力和引领力的社会主义意识形态；面向学者专家，积极打造革命精神大学堂，围绕"弘扬伟人精神，传承红色基因"的教育主题，建设具有强大感召力和影响力的中华文化软实力；面向群众，精心打造红色故事大讲堂，围绕"传播红色文化"的教育主题，建设具有强大生命力和创造力的社会主义精神文明，多方位、多层次、多领域开辟文化教育新途径。

作者简介：
陈炜炜：陈云纪念馆党政办公室机要秘书，党建宣传员，陈云纪念馆志愿服务总队副总队长

书香浸润申城，助推社会文明

——上海图书馆行业协会以阅读提升市民素养

陈起众

摘　要：本文着重阐明上海公共图书馆通过不断拓展公共阅读空间，深化知识服务，推广全民阅读，打造服务特色，为城市营造了良好的阅读环境，使书香传遍申城，促进了知识共享，提升了市民素养，让城市生活美好，助推社会文明进步，为上海建成国际文化大都市，增添了力量。

关键词：图书馆　全民阅读　社会文明

图书馆承载着城市的记忆，传播人类的智慧，彰显出社会文明发展的进程，历来被看作是一个城市的文化形象，文明的标志，即使在数字化网络化高度发达的今天，图书馆不但没有消亡，仍然呈现出勃勃生机，还被誉为"精神家园""信息枢纽""城市之心脏""市民的第三起居室""知识经济的发电站"，等等。上海，作为一座国际大都市，已建成市、区、街道（乡镇）图书馆和居（村）委图书阅览室（农家书屋），健全了全市公共图书馆覆盖城乡、梯度配置、上下贯通、资源共享的四级网络，使书香浸润申城，让城市生活更美好，为推动社会的文明进步、为上海建成国际文化大都市，增添了力量与智力支持。

一、促进新型阅读模式的重点措施与实践

公共图书馆是市民精神文化生活的重要空间，也是传播先进文化的基本

阵地；它既是城市文明的象征，也是促进城市发展，培养城市精神，助推社会文明进步的重要力量。图书馆作为保存人类文明的知识宝库，传播人类智慧的窗口，它的作用是任何机构所不能替代的。上海，始终重视公共图书馆建设，在20世纪80年代，就基本建成了市、区（县）、街道（乡镇）三级公共图书馆设施网络，为普及文化科学知识孜孜不倦地努力工作。

（一）增强数字化管理，为市民读书提供便利

进入新世纪以后，全市不仅有了国际一流的上海图书馆，还有平均面积超过1万平方米的各区图书馆。党的十八大以来，上海大力推进以社区为重点的公共文化服务体系建设，加强了社区图书馆建设，规模不断扩大，设备不断改善，功能不断完备。如宝山区大场镇，建立了面积3 800平方米的镇图书馆；闵行区虹桥街道，也建立了面积为4 000平方米的图书馆。街道（乡镇）图书馆数字化、智能化的程度也在逐步提高。如长宁区虹桥街道图书馆，建立了通过智能化管理的无人值守的"天空书苑"；嘉定区试行总分馆制的"直管模式"后，全区所有12家街镇分馆，全部实现了RFID智能化管理，其中菊园新区馆和嘉定镇馆，还在街区设立了24小时自助图书馆。该区的北管村农家书屋，面积150平方米，藏书4 000余册，报刊10种，配备了电子书借阅机、自助借书系统，设置了老年人听书室、亲子阅读区、阅读活动室等；"书屋"全区域无线网覆盖，今年又与上海中心图书馆"一卡通"系统对接，实现24小时无休开放。上海至今，形成了发展均衡、布局合理、覆盖全市的公共图书馆四级网络体系，并以现代网络技术为支撑，建成以上海图书馆为总馆的纵向到底、横向到边、上下贯通、资源共享的上海中心图书馆知识服务体系，成为城市的文化标杆。根据2018年统计报告显示，上海有市、区、街道（乡镇）图书馆242家，总面积达到57万余平方米，按上海2018年常住人口2 418万计算，每万人占公共图书馆面积达236.8平方米；馆藏总量8 800万余册（件），人均藏书约3.64册（件）；全市持有"一卡通"读者证的数量计7 078 407张，持证人数占全市常住人口总数的29.3%。还建有居委图书阅览室4 870家，村委图书阅览室（农家书屋）2 752家。上海公共图书馆成为

全市市民终身阅读的主要空间,建设社会主义精神文明的重要力量。

2018 年上海市、区、街道(乡镇)公共图书馆基本情况

图书馆名	机构数量	设施面积 (万平方米)	馆藏总量 (万册)	持证读者 (万名)
市级馆	2	13.4	5 736.33	全市持有"一卡通"读者证数量
区级馆	22	31.03	2 070.05	
街镇馆	218	12.83	1 005.83	
合 计	242	57.26	8 812.21	707.84

(二)联合社会力量,开创阅读新篇章

近年来,上海为实现公共文化服务均等化,建成"15 分钟公共文化服务圈",充分利用丰富的社会资源,不断打造公共阅读新空间。奉贤区图书馆组建"城市阅读联盟",鼓励社会力量共同建设全民阅读环境,图书馆开进了 9 家咖啡馆、25 个部队营区、272 家企事业等单位,图书馆与社会力量合作,共同编织城乡立体阅读网。徐汇区图书馆搭建"汇悦读书香联盟",联合区域内具有阅读元素的实体书店、咖啡馆、艺术空间等文化场所,成为"书香驿站",将图书馆文献资源和社会文化资源与互联网应用有效结合,成为市民喜欢的阅读新空间。嘉定区为适应市民需求,采用政企合作模式,于 2017 年 1 月开始,创设 24 小时开放的"我嘉书房",有上海嘉源海文化发展有限公司、上海东方青少年国际文化交流中心,以及购物中心和商业地产等 100 余家社会机构参与,图书馆通过各种方式与之合作,将"书房"设在居民集中、交通便利的商业广场、大型社区、邻里中心等区域,至今已建成了 30 个,面积总计 7 685 平方米,有开架图书 18 万册,纳入中心图书馆"一卡通"系统,实行自助借还。读者捧上一本心仪的图书、喝一杯清茶或咖啡,耳听一段悠扬的轻音乐,可以在此度过惬意舒适的时光。2019 年上半年,"我嘉书房"已接待读者 77 万人次,借还图书 28.28 万册次,举办阅读推广活动 217 场次,参与读者上万人次。闵行区图书馆与上海交通大学图书馆之间开展馆际合作,融合公共图书馆与大学图书馆借书证,只要在上海中心图书馆"一卡通"读

者证上加载交大读者证的功能,就实现大学图书馆向社会读者开放。静安区图书馆,在闸北公园、大悦城、大宁国际广场、军营等地,新设了 7 个 24 小时自助图书馆,为市民提供便捷、优质的阅读体验。据统计,至 2018 年,全市公共图书馆与社会机构共同开辟的阅读新空间有 865 家,设置在街头商场绿地的 24 小时自助图书室有 91 个。图书馆与社会主体共同打造了人人、时时可参与的市民阅读新天地。

全市图书馆还通过实施国家公共数字文化工程建设,开辟了线上服务新渠道。据统计,上海公共数字文化工程已涵盖市、区、街镇、居村四级,数字文化服务点超过 5 000 个。市和区图书馆,都建立了独立的网站,可提供数字文献阅读、下载,网上咨询、检索,在线参观展览、聆听讲座;各馆设置有"微信公众号""手机版网站",已成为通用的服务手段。如闵行区图书馆,建立了"网站咨询""闵图书芯""闵图微博"和"闵图微信订阅号"四大平台,可提供本馆服务、知识问答、民生信息、读者建议、活动地图、书友语丝等在线服务。设在嘉定区图书馆的"文化嘉定云",可提供网上书房、文化E 家、数字展馆、文化众筹、文化社团、场馆预订等七大服务,日均访问量超 30 万次。2017—2018 年,全市各级数字文化服务点开展特色服务达 10 万场次,服务量年均超过 2.3 亿人次,使公共图书馆开创了不受时间和空间限制的虚拟图书馆业态,成为图书馆服务的重要组成部分。

(三) 拓宽读书空间,改进服务设施

在图书馆阅读空间不断拓宽、服务设施设备不断改善的同时,公共图书馆服务功能也在不断扩大。除传统的文献借阅、参考咨询、培训教育等以外,增添有信息传播、休闲娱乐、人际交流和实践体验等功能,服务趋向多元化。上海图书馆提供的"科创阅读与百姓生活"展览,开设了数字阅读朗读体验区、AI 智能垃圾分类体验区和自然知识 VR 体验区,专让市民边看、边说、边玩,体验大数据时代新工具和新方法在科技情报方面的应用。浦东图书馆设立数字体验区,开辟了 60 平方米的活动空间,联合社会机构,推出 VR 主题体验活动、青少年乐高机器人搭建课程、"数字体验嘉年华"等多项实践体

验及科普系列活动。杨浦区图书馆于2015年,开启了每月定期活动的"俄罗斯之窗"中俄文化交流,围绕"文学与历史""文艺赏析""互动交流"三大板块开展活动;"文艺赏析会"以芭蕾、音乐、话剧等为内容,与俄罗斯艺术对话,丰富市民精神生活。长宁区图书馆以美术为主的展览,先后举办"俄罗斯美术作品展""纪念改革开放40周年——全国青年艺术家邀请展""2019长三角当代水墨作品展"等,每年有20余场;奉贤区图书馆的"折纸艺术展",瑞金二路街道馆的"历史的回声——发展中的瑞金社区展",宝山路街道馆的"革命遗址遗迹回眸展",还有图书馆举办的如城市文明风尚展、市民百姓书画展、"非物质文化遗产"展等,市民可从各种展品中吸取文化知识营养。图书馆组织的"沙龙"活动,内容形式更加多样化。黄浦区图书馆举办有旅游沙龙、诗歌沙龙、剪纸沙龙;长宁图书馆有"译家——读者文学沙龙",构建起世界文化交流的窗口;黄浦区明复图书馆,组建由中老年读者成立的"新世纪国学沙龙",学习、交流、传播中华传统文化;静安区图书馆的"午后阳光读书会"与"白领闪聚"活动,是白领青年舒缓心情、休闲交流的一片绿土。各街镇图书馆组建的团队活动更加多样,如江宁街道馆的"玩具抽屉沙龙"、天目西路街道馆的"嘎山唔"、打浦路街道馆的"浦墨书画社"、南翔镇图书馆的"竹文化沙龙",等等,都是当地居民群众喜欢的文化交流活动。图书馆成为有共同志趣者展示才艺、交流心得、陶冶心情的"公共客厅"。

公共阅读空间的拓展,公共图书馆服务功能的扩大,图书馆逐渐融入百姓生活,市民可以就近便捷地读书看报、上网浏览、参加文化活动,从而开阔视野,获取知识,陶冶情操,滋养心灵,丰富精神世界,享受文化艺术给予的快乐。图书馆成为孕育社会文明的"精神家园"。

二、深化知识服务,提升市民素养

联合国教科文组织1994年颁布的《公共图书馆宣言》中指出:"每一个人都有平等享受公共图书馆权利,而不受年龄、种族、性别、宗教信仰、国籍、语言或社会地位的限制。"公共图书馆服务的普及化、均等化,是建设公共文化服务体系的基本要求,也是践行公平、正义这一社会主义核心价值观精神的具体体现。

(一) 实现服务均等化,最大程度地为市民提供方便舒适阅读环境

上海公共图书馆,一直以"读者第一,服务至上"为宗旨,1998年开始实施规范服务,制定了"以人为本"、以提高市民素质、提高城市文明程度为目标的"规范服务达标标准";2009年,在迎"世博"的日子里,全市公共图书馆提出了"卓越知识服务,美好城市生活"的行动口号,并向社会公开承诺,做到"一视同仁,耐心细致,及时快捷,想方设法",创建文明行业。多年来,全市公共图书馆一直坚持履行承诺,平等地对待每一位读者,并遵照公共文化服务体系的建设目标,为实现服务均等化,将图书馆工作重点下沉到社区、农村和基层。上海中心图书馆"一卡通"服务,向街道(乡镇)图书馆延伸,至2010年,基本实现了中心图书馆在市、区、街道(乡镇)图书文献借阅"一卡通"的全覆盖,近年来又扩大到阅读新空间,由此给读者带来了方便与快捷。同时,为缩小图书资源供给的城乡差别、区域差别,市图书馆和各区图书馆,将优质图书资源,向基层图书馆配送,以加强基层图书馆文化产品的供给能力。如松江区,实施"百、千、万工程",松江区图书馆每年将万册图书送到了街镇图书馆。2019年上半年,宝山区图书馆向13个街镇图书馆和74个基层服务点配送了10万册图书,同时配送数字阅读机、数字资源播放机顶盒26台,数字资源含电子书5000册,有声读物1000集,电影50部,丰富了基层图书馆的图书资源,有效地提高了街镇图书馆的服务能力。资源下沉,使全市公共图书馆的图书利用率不断提高,社会阅读风气的形成。

(二) 深入了解各类读书群体的阅读需求

由于社会人群的生活环境条件存在差异,有的读者群体因受客观条件的限制,不能像普通公民那样享受公共图书馆服务。上海公共图书馆于20世纪

80年代就认识到,保障各类特殊人群的阅读权利,是公共图书馆应尽责任。多年来,各馆纷纷走出图书馆大门,努力将图书送到军营、工地、监区、商厦、楼宇、福利院等特殊群体工作生活的地方。如虹口区图书馆,在区内建立起"菜场书屋",覆盖全区22个标准化的菜场,投放了50余个书架、3万余册图书报刊,定期为书屋更换新书,让数千名外来务工摊贩,在工作之余有了精神食粮。宝山、闵行、嘉定、松江、崇明等区图书馆,在军营设立服务点,覆盖到了各馆区域内所有驻军部队的营房;杨浦区图书馆,到上海监狱局直管的三个监狱及下一级单位,为狱区工作人员、为改造罪犯提供图书资料服务;静安区图书馆在区域内20个商务楼,建立"都市书坊",为白领群体解决没时间上图书馆借书的难处,还新增了能装载3 000册图书的"蓝色书巴",穿梭在市北工业园区、轩信星光广场、慧芝湖花园社区等5个地区;浦东新区陆家嘴图书馆,依托"雪龙号"科考船,将图书资源送到地球南北极的"科考站",已坚持服务了20多年;金山区图书馆,开展"悦读·分享"书香漂流活动,2014年启航,在全区建立了20个书香漂流点,覆盖全区11个街镇。长宁区天山路街道图书馆,自1994年开始的"大篷车流动服务",已为区内"新上海人""两新组织"、各类弱势群体和监狱服刑人等,持续服务了22年,并陆续建立起延伸服务点25个;还多年通过组织捐赠,为江西省修水县的三所贫困小学送去图书和各类学习用品。至2018年,全市公共图书馆开设馆外延伸服务点共有3 323个,使更多市民能就近、方便地享受到了基本的知识服务。

(三)"爱心助视站"在行动

全市各图书馆还特别关心残障人士。上海图书馆为全市33万残疾读者推出"无障碍数字图书馆"项目,他们可以免费在线观看680多部上图讲座视频,以及阅读或收听2 000多册有声电子书。上海少儿图书馆于2013年启动"爱心助视站"项目,在馆内开设了视障阅览室,定期采购盲文书籍,并购置电子助视器,面向全市视障及弱视儿童提供盲文阅读、助视阅读等服务;在盲童学校建立视障服务点,定期为盲童送书上门,开展读书活动。浦东新区等13家区图书馆,也设有盲人阅览室。徐汇区图书馆从1999年就在馆内设立了盲人馆，坚持为盲人提供外借阅览、送书上门、邮寄图书等服务；并配置了专供视障读者使用的电子阅读器、电子文献、有声数字图书数据库，增添了无障碍电影播放、影视文化专题讲座等服务项目。静安区图书馆成立了"龙雅"读书会，举办聋人摄影沙龙，开展"祖国颂"上海市聋人美术摄影作品展，开设"随手执梦"手语培训班，举办"大爱无声"联欢活动，还成立了"聋文化文献中心"，使"牵手残疾人、走进图书馆"的工作常态化，帮助聋哑人提高素养，融入社会。嘉定区图书馆于 2002 年与区残联共建图书室，2007 年开设"助残直通车"，与 128 名肢残人结对，每月提供上门送书服务，至 2017 年，累计送书 10 800 册，还为他们提供免费电脑知识培训。浦东新区惠南镇图书馆帮助"阳光之家"的智障学员学习，从原来单纯送书，发展到提供读书、写字、绘画、唱歌、跳舞、猜谜、讲故事等活动辅导，使他们同享一片和谐的阳光，感受生活的快乐。

（四）国际视野推动社会主义核心价值观深入人心

上海是个向世界开放的城市，开放程度也日益提高，全市公共图书馆也逐渐将为外籍人士服务纳入工作范围。上海图书馆、上海少儿图书馆及一批区图书馆，开设了外文阅览室，为在上海的外籍读者提供借阅服务。长宁区图书馆内成立了"上海阅览中心·虹桥国际图书馆"，有英、法、德、日、俄等 10 多种外文资料，并在馆内开设了"俄罗斯之窗""韩国之窗""泰国之窗""海牙之窗"，开启了图书馆对外服务"小窗口"；还组织策划"涉外文化沙龙活动"，邀请知名作家、学者与中外读者面对面交流。该区的程家桥街道辖区内外籍居民多，还有外资公司的外派人员，程家桥街道图书馆主动为外国友人服务，设立了双语图书专架，提供"点书"服务；结合中国传统节日，邀请"洋居民"一起写春联、包汤圆、做香包，共跳"华尔兹"，齐唱《我们都有一个家》，使他们体验到了中国文化，也能平等地享受图书馆的基本服务，从而增强了归属感。上海图书馆还在六大洲 69 个国家或地区的 152 家机构，设立"上海之窗"，至今已有 15 年历史，从提供图书阅读为主向文化活动拓展，宣传中国文化，服务境外读者，助推"一带一路"建设。

上海公共图书馆在服务规范中还强调，要想方设法为社会公众解难释疑，努力满足读者的个性化需要。2000 年，上海图书馆建立"知识导航站"，至今，已有境内外 37 家图书馆和研究机构的 93 名导航专家、66 名导航员参与，为读者提供实时与非实时的参考咨询服务，2018 年，导航站有 17 位外聘参考咨询专家参加答问；导航站全年受访次数达 92 882 次，直接咨询提问的计 5 833 次。上海图书馆还面向政府机关的广大决策者，提供科技、产业、文化领域大量高质量的信息服务，为市政府提供舆情监察服务。上海图书馆 2017 年提供《国际大都市科技创新评价》《全球科技创新能力评价》；2018 年《上图专递》围绕城市和科技创新中心建设，组织撰写《人工智能人才告急》等内参资料，推出的《打响上海文化品牌建设》等专题报告，为推动城市发展提供政府作决策参考。青浦区图书馆每日要检索涉及青浦地区的媒体新闻报导，每一季度对这些报导进行整理分析，形成《青浦媒体测评季报》，主要内容有"社会治安""政务政策""文化体育"等 12 大类新闻，对正面和负面报导作深度分析，为政府或有关部门制定政策和改进工作参考；2018 年，为区文广局提供"新时代社区文化与社区营造""文化园区和社区建设"等课题研究报告 36 篇。市和区（县）图书馆每年为政府机关、企事业单位等提供各类课题和"代检"服务有千余件。

随着服务空间的拓展延伸，服务读者工作的深化，知识信息导航服务的开展，专题咨询服务的加强，上海公共图书馆的利用率提高了，知识服务面扩大了，各类特殊群体享用图书馆的权益也得到一定程度的保障。据统计，2018 年，全市公共图书馆流通总人次达 5 184 万，文献外借量达 3 820 万余册次，按全市常住人口计，年人均外借图书 1.58 册，逐步形成了全方位、多层次的知识服务体系，使更多市民共享优质的知识信息服务，提升文明素养，增进社会的和谐。公共图书馆对于增强城市发展的软实力、提升城市综合竞争力的价值作用也越来越大。上海公共图书馆也成为名副其实的文明窗口。市和区图书馆有 17 家获得了上海市文明单位称号，占市、区图书馆总数的 90%；上海图书馆连续四届荣获全国文明单位称号，青浦区图书馆、虹口区图书馆、长宁区图书馆，也相继被授予全国文明单位荣誉；上海市公共图书馆行业，自

2010年以来,被上海市人民政府连续5次评定为"上海市文明行业"。

三、开启全民阅读新风潮的经验与特色

党的十八大以来,"全民阅读"成为党中央的一项战略部署,作为国家建设学习型社会要求的一项重要举措,已经连续4年写入政府的工作报告。全民阅读,不仅关系个人的成长,更关系到民族的复兴,社会的和谐与进步,它的发展水平,也是衡量国家与社会文明程度的重要标志。

(一)各色大型读书活动集中推广引导大众阅读

上海公共图书馆始终将倡导全民阅读、做好阅读推广工作,作为重要职责任务,从20世纪80年代开始,就先后与市总工会联合开展"振兴中华读书活动",与市妇联共同组织"家庭读书活动",与团市委一起举办"红领巾读书读报奖章活动",与市教委相关部门合作开展"暑期读书月活动"等,旨在全市倡导"全民阅读""终身阅读",营造"多读书、读好书、善读书"的文化氛围。每年4月23日的"世界读书日",5月最后一周的全国"图书馆服务宣传周",全市图书馆总要推出一系列大型读书活动,集中推广阅读。2018年,上海图书馆在"世界读书日"举办"上图之夜——英华拾贝"活动,与大英图书馆联合举办"文苑英华——来自大英图书馆的珍宝"英国作家手稿展,并以朗诵、访谈、音乐等不同形式,让读者获得全新的阅读体验;在"图书馆服务宣传周"期间,央视"朗读亭"再次来到上海,上海图书馆建立了"朗读者"专架,开展亭内亭外、线上线下经典作品朗读活动,激发公众对阅读的浓厚兴趣。上海少年儿童图书馆以举办"上海童话节"为抓手,通过全市少儿图书馆"三级服务网络",与全市1546所学校联动,形成一站式阅读推广平台,每年开展主题活动、少儿讲座、图书推荐、阅读竞赛、教育培训、科普园地、演出展览、影视剧场和志愿服务等九大板块、近200项重点活动。为期4个月的童话节,为少年儿童打造了专享的阅读盛宴;2013年以来,以征集"亲子朗读声音档案"的方式推广阅读,向全上海的3—12岁的

少儿家庭征集亲子共读的故事，活动范围已从上海延伸至长三角地区，累计征集到4.8万件作品。优秀的亲子朗读音频，在国内知名的亲子阅读推广微信平台上进行宣传，不仅传播了优秀的儿童读物，也树立起亲子阅读的榜样。2018年，该项活动吸引了全市百万余名少年儿童参与，受益读者达600万余人次。浦东图书馆举办"世界读书日——阅读长江母亲河"主题活动，邀请到宜宾、武汉、上海三地音乐学院以及上海师范大学的多位专家教授和师生团队，以演奏、歌唱等表演形式，沿着长江脉络，使参与现场活动的400多位读者，接受从巴山蜀水到江南水乡的人文熏陶。

（二）馆际联动共同营造良好读书氛围

全市的阅读推广活动，不仅在读书节上展开，它已成为图书馆工作的常态。如青浦区图书馆建立"清阅朴读"阅读推广联盟，聚合了"管理者之夜"读书会、"12席读书会""海睿思阅读俱乐部"、圆梦读书俱乐部等15家单位团体，合力举办读书论坛、读书沙龙、读书刊物、读书"微博"等活动，实施"阅读推广种子计划"，全年开展各类读书活动300余场。宝山区与嘉定区图书馆每年联合举办如"快乐阅读·给力生活""读书月"活动，现在又与长宁、徐汇、静安区图书馆合作，规模越来越大。杨浦区图书馆组织校区、园区、营区、社区"四区"联动读书活动，合力推动书香社区建设。2013年宝山区友谊路街道成立"社区读书会"，由老年、青少年、新上海人三个读书小组，现在已发展到37个居委会，普遍建立读书分会；"社区读书会"还建立由22人组成的"群众性理论宣传团"，传播社会主义新风尚正能量。浦东新区南汇新城镇图书馆围绕诗歌创作开展读书活动，在连续7年的时间里，开讲座、做培训、征诗歌、办赛事，通过各类"街风海韵"诗歌文化活动，记录下城镇发展的历程，营造出新城文化新时尚。普陀区甘泉路街道图书馆在社区组织读书活动已有18年之久，建立了街道读书指导委员会，组织了"夕阳红"离退休干部读书会、"侨友"读书会、红领巾"雏鹰假日"读书小组、"诵读经典·励志人生"残疾人文学社；并坚持不懈地组织开展家庭读书活动，在社区里涌现出一批"读书示范户"和"学习型家庭"，促进了社区精神文明建设。还有各种类型的读书节活动，如静安区曹家渡街道图书馆连续举办了十二届"社区读书节"、宝山区顾村镇图书馆组织的"诗歌节"等,营造了浓浓的社区读书氛围。

(三)践行社会主义核心价值观,红色文化为阅读增彩

近年来,全市公共图书馆开展读书活动有个显著特点,就是紧紧围绕培育和践行社会主义核心价值观这一主题展开。2014年,全市开展"中华传统经典诵读大赛";2015年,组织"中华语言文字大赛";2016年,举办"中华古诗词大赛"。这些大赛以公共图书馆为基本阵地,围绕"四书五经""唐诗宋词"及中华优秀的传统文化、常用语汇,通过网络答题、诵读竞赛、主题展演等形式展开,全市掀起了阅读经典作品的热潮,每年吸引近8万名市民参与。经典作品中蕴含的民族精神、爱国情怀、传统美德的深刻内涵,走进了申城市民的生活。2017年,上海市图书馆行业协会、上海图书馆与市文明办一起,根据上海市精神文明建设委员会《关于开展市民修身行动,提升市民文明素养的实施意见的通知》要求,开展市民修身主题活动,举办"公民道德讲坛"系列,组织开展"上海市民修身行动——好家风好家训系列讲座",邀请全国敬业奉献模范包起帆、全国道德模范李斌、"感动上海"年度十大人物景在平等本市各条战线上的先进人物、劳模代表,担任主讲嘉宾,把优秀楷模对"社会公德、职业道德、家庭美德、个人品德"各方面的所思、所感、所想、所悟与听众分享。徐汇区图书馆倡导市民"读好书、除陋习、做公益、守信用",每年组织市民参观一个爱国主义教育基地、体验一场群众文化活动、参加一期主题培训、阅读一批经典书籍、投入一次行为实践的"五个一"教育活动。黄浦区明复图书馆,依托该馆组织的"新世纪国学沙龙",下社区、进学校,介绍国学经典,传播以爱国主义为核心的民族精神、传统美德。

(四)开启"阅读推广人"培训项目

在长期开展读书活动中,全市涌现出一大批"阅读达人""阅读推广民星",他们是社会公益阅读推广的热心人。浦东新区图书馆为提高这些阅读推广人的专业能力与素养,开展阅读推广人的培训项目,先后培训了"儿童阅

读推广人""数字阅读推广人",已有100多位学员受训。2016年,上海图书馆行业协会在全市开展了"上海市百名阅读推广人"评选活动,活动得到了235家阅读组织的热烈响应,推出了272位阅读指导员,他们来自市、区、街道(乡镇)三级公共图书馆、社会阅读推广组织、高校图书馆以及中小学图书馆。最终评选出"思南读书会"等100家阅读组织和90位阅读推广先进个人,荣获上海市百佳阅读推广人称号。他们中有图书馆从业人员、全职妈妈、白领才俊、青年教师、书店主、新闻工作者、自由职业者、大学退休教授、高级工程师、老红军战士、两弹一星功臣等。他们活跃在城市的街头巷尾,聚集了不同的阅读群体,打造多样的阅读空间,传播新锐的阅读理念。正是得到广大阅读推广热心人的支持,全市公共图书馆组织开设的名家讲座、城市阅读联盟、约书吧、书香环游、阅读好声音、书声有约、阅读插上音乐翅膀、微博微信推送、线上线下互动等新型的、丰富的阅读推广活动,吸引着市民走进图书馆,据统计,全市公共图书馆2018年举办讲座、展览、培训等读者活动1.1万余场次,参与人次约630万,为全社会营造了多读书、读好书的良好舆论氛围与以读书为荣、以读书为乐的文明新风,为建设"书香上海",提升城市文明程度与市民文明素养作出了积极贡献。

四、坚持创新实践,打造服务特色

随着社会的进步,信息技术的迅猛发展,人民群众对精神文化需求呈多样化趋势,传统的图书馆服务与其不相适应。上海公共图书馆为了应对这一严峻的挑战,在20世纪90年代初,提出了创建服务特色的理念,要求打造具有鲜明个性特点的、具有领先优势的工作项目,改变"千馆一面"的业态,凸显城市文化特质,提升公共图书馆服务内涵,放大服务效应,适应人民群众全方位、多层次、多样化的知识信息需求。

(一)传承城市文化记忆,提升公众美学素养

经过了20多年的实践探索,各馆的服务特色更显地方特点,更有文化内

涵，更具时代特色，更受群众欢迎。如上海图书馆形成的历史文献、家谱文献等馆藏特色和"上图讲座""知识导航""上图展览"等服务品牌，深受市民欢迎。近年来，上海图书馆顺应发展趋势，又推出了崭新的服务项目——"创意设计展览空间"，重点展示各类设计师作品、创意产品，将与创意有关的各类静态和动态资源汇聚起来，形成新的文献资料采集与服务特色，为公众提供"新阅读体验"，激发读者的创造活力。各区图书馆在构建国际文化大都市的发展目标框架下，将特色馆藏建设与高质量的服务相结合，建成了13家实体的主题图书馆。如徐汇区图书馆的"历史建筑主题馆"、浦东新区陆家嘴图书馆的"金融主题馆"、黄浦区图书馆的"儒家经典主题馆"、松江区图书馆的"地方文献主题馆"、静安区图书馆的"商务印书馆版本主题馆""海关文献馆"、闵行区图书馆的"春申文化阅览室"等，都各具地域特色。近年来，主题图书馆更加强调服务，要求在提高服务效能上下功夫。普陀区图书馆的"上海近代作家手稿馆"，拥有102位作家的作品手稿498份，签名本1 798册，还启动"上海近现代作家访谈影像录"的摄制，已完成22位作家访谈纪录片。"作家馆"还举办作家手稿、实物、图片、日记、书信展，"苏州河城市文学讲坛"，作家作品研讨会等活动，聚焦海派文化，传承城市文化记忆，让参与者在了解作家的同时，更能获得心灵感悟，激发对阅读的浓厚兴趣。杨浦区图书馆的"上海市近代市政主题文献馆"，以多载体形式的文献资源，通过"看、听、查、阅、展"五位一体的多元服务方式，为读者提供知识学习、文化体验，接受爱国主义教育。虹口区图书馆曲阳分馆的"影视主题馆"，既重视资料收集又注重为社会服务，近年来组织影视专题讲座、举办"光辉的历程"读书看片、"红色电影海报展"等活动，开展影视作品、电影史研讨会，编撰电影人物和影片资料供读者参考阅览等，在普及影视知识中提升公众的美学情趣，在完成大量的课题代检服务中，为业界的影视理论研究作贡献。街道（乡镇）图书馆也因地制宜地创建服务特色。如彭浦镇图书馆的"摄影资料"、共和新路街道馆的"茶文化"、顾村镇图书馆的"诗乡和韵"、北站街道图书馆的"京剧文化"、颛桥镇图书馆的"剪纸艺术"、月浦镇图书馆的"鼓博览馆"、枫泾镇图书馆的"金山农民画信息总汇"等，传播民族民间文化知识，为地区创建"民间文化艺术之乡"提升了文化内涵。

（二）现代技术助推全方位、多层次阅读服务

在创建特色文献资源服务的同时，还推动了服务工作方式方法的创新发展。如上海图书馆应用现代信息传播技术，首创了"手机图书馆"，现在又推出"手机扫码借阅"，读者只要掏出随身携带的手机，便能自助完成外借。各区图书馆也各显神通。如杨浦区图书馆开展以"海派溯源之百年杨浦"为主题的行走阅读体验活动，以"行走体验+聆听讲座"的形式，带领读者走进江湾体育场（旧上海体育场）、飞机楼（旧中国航空协会大楼）、影像馆（旧上海市立博物馆）、杨浦区图书馆（旧上海市图书馆）等地，让读者在行走中阅读城市，体会时代沧桑变化，热爱这片家乡土地。长宁区图书馆推出"4D阅读"推广活动，以鲁迅、巴金、傅雷、钱锺书等中国文坛大家遗留上海的"衣食住行"等痕迹为线索，一方面走进他们的作品，另一方面通过寻找、重新发现他们生活过的地方或笔下描绘过的场景，在边读、边走、边寻找、边讨论的"4D阅读"过程中，丰富了阅读的内涵与外延，让上海这座城市变成一本立体的文学教科书。虹口区图书馆2012年推出"e厘米"读者信息素养培训项目，重点帮助中老年人、外来务工者等读者群体，学会应用互联网、手机APP等新兴媒体获取信息。如针对老年人的"星期四课堂"，学习计算机技能、公共信息查询、网络社交媒体应用等，运行3年来，"e厘米"开展培训126场，受训2 000多人；该馆的"e厘米——掌上图书馆"，访问量超过了1万人次，让他们体会数字化网络化带来的快乐，缩小数字鸿沟，适应时代的进步。浦东新区陆家嘴图书馆以"互联网+"的思维模式，组合了密集智能书库、手机移动预约平台、"一卡通"管理系统、现代物流和移动支付平台，读者可以用手机选书，通过快递投递箱、街道自助图书馆和自费快递等方式，送书上门，开创了图书外借便捷的实现形式。该区的塘桥街道馆在地铁站设立的"经典诵读"朗诵角，吸引了青年诗歌爱好者的积极参与。至2018年，市和区图书馆创建的特色品牌项目有115项。

图书馆服务特色品牌的创建，服务内容、方式方法的不断创新，使图书

馆功能更为多元宽泛，服务更加丰富多样，适应读者多样化、多层次的阅读需求，以磁铁般的引力，吸引更多市民走进图书馆；也使上海的红色文化、海派文化、江南文化更具生命活力，更富魅力神韵。

五、在前进的步伐里总结经验、展望未来

上海公共图书馆在各级政府的领导与支持下，在全体图书馆工作者的努力下，伴随城市改革开放的步伐和社会的进步，不断与时俱进，发挥出以知识服务为主的多功能作用，使市民精神文化生活更趋丰富，使城市文化充满勃勃生机，助推社会文明程度的不断提高。但与建设国际文化大都市的要求相比还有差距，还不适应市民对美好生活的需求。公共图书馆发展水平在城乡之间还不平衡，在社区基层还显得薄弱；在图书馆规模扩大、硬件条件改善的同时，软件建设还跟不上，尤其是基层图书馆馆员的队伍还不稳定不健全；利用图书馆的读者人数与城市人口相比，比例还比较低，图书馆的宣传、图书馆利用教育工作，还有待加强；阅读推广工作尚缺乏长期的、整体规划，要使阅读成为全市民众的一种生活方式与终生追求，需要持之以恒有计划地着力推进；图书馆的服务内容、服务方式、服务手段需要与现代科技紧密相融，不断创新，跟上时代发展的步伐，增强图书馆的吸引力与工作效能，不断提高为城市发展、为社会文明进步的助推力与贡献度，为上海建成国际文化大都市，提供高质量、高水平的知识信息服务。

作者简介：

陈起众：黄浦区明复图书馆副研究馆员，上海图书馆学会原高级专家咨询委员会秘书长

案 例 报 告

以志愿服务为依托，推进基层精神文明建设

——普陀区石泉路街道精神文明建设的实践与启示

赵 健

摘 要： 志愿服务活动是组织和推动青年学生参与精神文明建设的重要途径。近年来，石泉路街道在精神文明建设创建制度的牵引下，在党建的引领下，以实践为基础，以惠民为目的，推动石泉街道的精神文明建设。本文通过对石泉路街道开展的志愿服务工作的总结，提出街道在精神文明建设方面的具体实践与启示，重点揭示了社区如何通过倡导志愿者精神、鼓励志愿者服务、培训志愿者组织，惠民便民，满足志愿者自身与广大群众的精神需求，从而形成"人人参与、人人享受"的共建共享共治理念。

关键词： 志愿服务　精神文明建设　惠民便民

志愿服务是我国社会文明进步的重要标志。随着人类文明的不断进步，人们在提升物质生活水平的同时，也在不断追求精神生活的提高。这不仅体现在个人需求的层面，在对社会承担共同责任、公共义务等方面体现得更为明显。志愿服务精神是新形势下精神文明的集中凝聚，是促进社会主义精神文明建设的重要载体。

志愿服务与精神文明建设辩证统一，不可分割。一方面，青年志愿服务能够提高青年志愿者的思想道德水平，增强社会公德意识，促进青年志愿者

的精神文明建设，而精神文明建设又要求社会能够组织青年群体从事志愿服务，形成良好的精神风貌。新时期，石泉路街道以志愿服务作为促进精神文明建设的有力抓手，有效推动了石泉路街道的五大文明建设。

一、石泉路街道精神文明建设的实践

（一）顶层设计，创建机制

街道根据《上海市社会主义精神文明建设规划》的要求和区委区政府的部署，制定了包括组织领导制度、分工责任制度、联席会议制度、目标管理督察机制、奖惩激励制度等在内的本街道精神文明建设创建制度。通过党工委统一领导、文明委统筹指挥，一把手亲自抓、分管负责人具体抓，形成齐抓共管的领导体制，坚持"两手抓、两手硬"，把社会主义物质文明、精神文明、政治文明、生态文明工作，一起部署、一起落实、一起检查，建立健全精神文明建设目标管理责任制，将年度工作细化、量化，层层分解，签订责任书，落实到系统和部门，形成严格监管、严格考核、严格奖惩的管理机制。

（二）下沉基层、惠及群众

目前，街道共创建11个市级文明小区、23个区级文明小区、5个市级文明单位、5个区级文明单位。街道积极动员居民在日常生活中发现凡人善举，高秀忠奶奶荣获2018年度"中国好人榜"，还静荣获"全国模范人民调解员"，仇宝华荣获2017—2018年度上海市职工职业道德十佳标兵个人，谢光照为孤寡老人义务理发十余载荣获2018年度普陀区社会主义精神文明十佳好人好事。

街道实名注册志愿者人数1.6万人，活跃率78.89%。实现志愿服务中心实体化运作，建立并完善了1个社区志愿服务中心，7个志愿服务基地，25个志愿服务站，4个学雷锋服务站，构成"1+7+X"三级志愿服务网络，下属62个志愿服务团队，社区志愿服务中心获评上海市服务创优示范中心。

街道自2016年成立上海市青少年学生实践指导站以来，凝聚社区单位、志愿者团队、社会组织的各方力量形成合力，以"公益学堂，筑梦成长"为主题,开设文化夏令营、国学修身营、体育训练营、创客实验营和科普体验营等五大系列活动,根据不同年龄段的未成年人安排不同难度的课程,培养未成年人提高综合素质,共辐射未成年人2300余人,"泉公益"社区学堂被评为2018年普陀区未成年人暑期工作优秀活动项目,实践指导站在普陀区青少年"歌唱祖国 歌颂改革"合唱展演活动中荣获最受欢台风奖。

二、石泉路街道精神文明建设的启示

(一)党建引领,积极推进文明创建

以"泉+"党建联盟为平台,以社区党建"1+2+2+X"工体系为保障,激发社区多元治理主体的参与热情和积极作用。首先,持续深化"双报到""双报告"制度。以"两个覆盖"为契机,在对驻区单位和在职党员进行摸底走访的基础上,加强居民区与驻区单位在职党员的供需对接服务,使党组织、党员及其他各类社会组织、群体在区域化党建工作平台上找准各自的工作着力点,形成区域化党建工作合力。其次,开展"微公益微服务"志愿行动。以小区巡逻、卫生包干、垃圾分类、捐款捐物等党组织和党员随手可做的简单公益事业为主线,通过认领的形式,号召社区单位和在职党员踊跃参与,从自身做起,从点滴做起,传递"志愿石泉"精神。例如,创城期间,我们发出"志愿石泉我先行,每日创城半小时"倡议,组织"绿口袋行动"等创城志愿活动,近100家社区单位积极响应,安排党员干部和职工利用上班前、午休时、下班后的时间,对单位门口进行巡查整治,还有些单位直接组建创城志愿者团队,与机关干部和居民一起开展创城志愿服务,取得了很明显的效果。

(二)文化惠民,为居民补给"精神粮食"

自2009年开始,街道每年开展"韵致石泉"社区文化艺术节,到2019年已连续举办了11届。2019年,围绕"庆祝建国70周年"的活动主题,举办"石泉十韵""十全十美"系列展演展示活动15场;发挥社区群文团队自

主能动性，利用社区大舞台开展群众喜闻乐见的文体活动，例如"大中华寻宝记"系列漫画展、滑稽戏演出、公益电影、居民区团队沙龙、越剧、舞蹈、葫芦丝等12场社区团队专场演出，《笑传正能量》前卫脱口秀之回望70年、我们的队伍向太阳——中国人民解放军美术作品巡展、儿童剧《后羿射日》《美丽家园》配送综艺演出等22场市、区级配送展演，以及辐射居民区的35场四级配送演出、讲座、导赏；组建"夕阳红"读书会，为居民提供一个相互交流、互动的平台，每月组织四次"畅园国学"读书会活动、四次影评读书会活动、一次"点点红"读书会活动；全年，组织观看公益电影40场，开展"好书推荐"阅读推广活动12次，举办各类讲座70场、文化展览4次，为社区居民奉上了一系列的文化盛宴。

（三）志愿服务，营造文明新风尚

构筑多维志愿服务格局。首先，健全工作机制。街道专门配备2名社区工作者为专职工作人员，并与第三方社会组织签约合作，建立志愿服务管理人员工作制度，制定《社区志愿服务中心运营指导手册》，推进社区志愿服务工作制度化、规范化、常态化发展。每年开展居民区志愿服务站点及志愿者技能专题培训活动10余场，提升志愿服务团队和志愿者的志愿服务与组织能力；针对重点志愿服务项目，通过专业管理流程实施，即"预案、服务、反思、评估、归档"五个环节提升中心、工作站和基地的项目建设能力。

其次，提升运作能力。成立"1+7+X"三级志愿服务组织链，即1个社区志愿服务中心，7个志愿服务基地，X个志愿服务站，涵盖了社区图书馆、社区医院、上海市儿童临时看护中心、上海水利工程设计研究院、国网上海电力公司检修公司等14家社区单位。以中心为龙头，横向到边，纵向到底，带动基地志愿服务，辐射各级站点，使志愿服务中心高效化运作，从而推动社区志愿服务体系形态的不断完善和内涵的深度提升，使志愿服务真正扎根社区。建立社区志愿服务项目化运作链，形成"传承孝亲美德，结伴志愿公益"亲子集市活动、"泉公益"寒暑假系列活动，提供常态化服务。2019年已经累计开展志愿服务200多场次，参与志愿者5 000余人，服务辐射人气2万多人。

构建志愿服务供需平台。首先是调研分析社区志愿服务需求。编制"志愿服务项目意向征询表"调研工作方案,通过走访、问卷、实地调研等多种方式,切实了解居民实际问题,共发放征询表1 000余份,通过分析调研,发现街道社区现阶段对志愿服务的需求主要集中在养老托幼等方面。其次是建立项目菜单,整合优势资源。通过"石泉路社区志愿服务项目认领清单""石泉路社区志愿服务项目申报表""石泉'志愿服务岗'报名表""两表一单"的手段,帮助各居委及各级志愿服务组织孵化新项目。然后,以按需服务为原则,整合多方资源,打造"孝亲公益"品牌项目。街道联合多家社区单位,于2017年5月启动"孝亲公益"系列项目,包含"爱心公益集市""爱心助老抈脚服务""拱一拱敬老服务""爱心助老送菜行动"4个方面。主要服务对象是社区的贫困、失独、失能老人,提供送菜、抈脚、家政、失能护理等服务。该项目已覆盖15个居民区,2019年以来,抈脚215人次,提供免费送菜512人次,赠送"防暑降温送清凉"雷允上手工皂80余份,增加志愿岗位50余个,吸引志愿者300余人。

培育志愿服务优秀团队。街道全面打造便民利民服务平台,结合各居民区自身情况,孵化居民区特色品牌项目。例如,联动25个居民区、企事业单位、学校等,开展各类"文明城区你我共建,垃圾分类随手践行"志愿服务大型活动6场,并成立石泉新时尚宣讲队、石泉新时尚先分队、石泉新时尚分类小行家三支志愿服务队,招募志愿者近800名,服务社区125场次;组建巡河志愿先锋行队,引导志愿者参与"助力志愿护河,共营水清岸洁"巡河活动52场,及时发现真如港、大场浦河道情况,并制止向河道倾倒垃圾、排污及违法侵占水域等行为;镇坪居民区"高老师爱心小屋",在高蕴玉老师的带动下,已有20余名志愿者每天无偿为邻里服务,服务内容包含中医保健、法律咨询、缝补衣物等,深受社区居民喜爱,受益居民多达千人;石二居民区"邻里一家亲"爱心理发队用一把电推子、一把手动推子、两把剪刀和两个木梳,每月定期为老年人免费理发,三年如一日共服务3 430人次,上门理发72次,默默无闻地辛勤温暖着社区的每一名老人和残疾人。

创建于2005年的"拱一拱"志愿者俱乐部是一家扎根在石泉的志愿服务组织,以年轻白领为主体,从起初的几名志愿者到现在的百余名志愿者,并自发与普陀区沙田、信仪、石岚三家敬老院对接,志愿项目由简单的谈心、表演到现在自创适合老年人学习的手操、携老游园等志愿项目,共计为老人服务活动超过1 181次,参加志愿者多达23 700人次,服务老人超过102 700人次。乐助乐龄是另一家注册在石泉的社会组织,以"大篷车"的形式深入社区,为居民提供家电修理、磨刀、理发等服务,已累计服务160 000人次。

建立评估机制,强化激励功能。首先,为进一步壮大志愿者队伍,完善志愿服务体系,按照市文明委关于推进志愿服务制度化、做好志愿服务团队和志愿者网上登记注册等工作的要求,做好社区志愿者及志愿服务团队网上登记注册,编制了《各志愿服务站时长录入制度》"＿＿＿＿志愿服务站＿＿＿＿月志愿者时长录入汇总表""＿＿＿＿志愿服务站＿＿＿＿项目志愿者活动时长统计表"。努力营造良好的志愿服务环境与激励氛围,打造石泉特色的志愿服务积分兑换计划,对于志愿服务的个人及项目做好计时、累计、兑换工作,制订好监督制度与流程,提升了志愿服务项目的参与率,同时也体现了对志愿者的关心关怀。其次,街道每年召开精神文明建设工作大会,表彰"石泉百姓明星""石泉十佳"共30人,从而提高志愿者工作热情和服务质量。4年来,街道在激励管理上用于个人扶持奖励的经费已超过6万元。

(四) 激励少年,凝聚青春新动力

公益学堂进社区。为丰富未成年人暑期生活,促进社区广大未成年人健康成长、全面发展,街道以立德树人、践行社会主义核心价值观为主线,汇聚社区单位、志愿者团队、社会组织等各方资源,精心构思、创新设计,组织开展益德益智、丰富多彩的"泉公益"暑期教育实践活动。

课程分为五大类:文化夏令营、国学修身营、体育训练营、创客实验营和科普体验营。根据不同年龄的未成年人安排不同难度的课程,培养未成年人的观察力和创造力。不知不觉,"泉公益"课程已经开办5年,近800名未成年人在学习中成长,提高综合素质,德智体美劳全面发展。

搭建实践平台。社区志愿服务中心结合暑托班、图书馆、红十字总站、7号线岚皋路地铁站共开设4个社会实践岗位。注重岗前培训，提升服务质量，其内容涵盖了岗位业务基础、注意事项、服务规范、应急急救措施等知识。制定综合志愿评价制度，实时记录志愿服务时长。共吸纳来自晋元高级中学、宝山中学、华师大二附中等共70余名高中生志愿者参加实践活动，累计服务时间2034个小时。

走进一家企业，体验一个项目，了解一门职业，感受一种文化。街道聚焦未成年人成长之路，以"体验职业，发现自己，启迪未来"为理念，联动社区单位，开设"小小巡线员""小小图书管理员""小小水利工程师"等体验课程，让未成年人能客观认识自己的优势和不足，明确人生目标，制订更加合理的学习和生活计划。

三、精神文明创建工作中的问题分析

（一）精神文明创建常态化不够

目前，街道精神文明创建的内容仍有较强的"运动式"特点，不少活动是跟随区域内的大型活动而开展的，长期稳定的创建活动还需要加强。创建的内容上还主要存在宣传活动多、参与率低，浅层次活动多、深层次的活动较少，应急活动多、常规性活动少，节日活动多、日常活动少等问题。

（二）精神文明创建辐射面不广

目前，街道精神文明创建还带有较强的行政背景。从组织上，许多文明创建活动很大程度是为了响应上级政府部门的要求，其运作是任务取向而非服务取向；从内容上，创建项目所涉及的领域比较集中，石泉路街道属于老旧社区，所以开发的项目也习惯性与老人群体相匹配，主要涉及邻里守望、法律援助、乐助乐邻、交通安全、文化互动、环境保护等；从动员方式上，很多活动项目主要通过自上而下的行政化动员方式开展，依靠的是体制内资源和行政背景，而运用社会动员方式，整合社会资源的机制和渠道匮乏。

（三）参与志愿服务人群老龄化严重

目前，社区志愿服务参与者年龄结构不是很理想。石泉路街道居住密集型的老城区，60周岁以上老年户籍人数34 807人，占户籍总人口数38%。其中，80周岁及以上的老年户籍人数为6 544人，占户籍总人口数7.2%。100周岁以上13人，人口老龄化形势日趋严重。在这样一个以居家生活为主要集聚特征的社区，参加志愿服务及志愿服务培训的志愿者还是以老年人为主，青年志愿者走出家门的人少之又少。究其原因，一方面是青少年受学业、工作等客观因素的限制，另一方面，也是志愿服务项目吸引力不足、创新性不足。

（四）志愿服务项目资金不足

当前，社区志愿服务中心的资金来源单一化，日常运作基本依赖于政府的财政预算，社区志愿服务中心自身的资金筹集渠道缺乏，对社区内各种资源的整合力度还不够。这种长期的依赖性已经很难使社区志愿服务中心独当一面，潜移默化的行政管理方法会制约社区志愿服务中心社会化运作的能力。当然，这种依托行政发展的模式，有助于动员和整合体制内的各种资源，但对于社会资源的开发和动员不足，也使得其社会化实践难以充分发展。例如：街道的"孝亲公益项目"，该项目开始于"五分田"企业的支持，企业愿意无偿每周给十户独居高龄居民送菜，为了扩充项目的内容，社区志愿服务中心先后联系了扦脚、理发等服务企业，并且用筹集到的慈善款给送的蔬菜里加上了些荤菜。但是这种服务的稳定性较差，往往无法提供长期服务，再加上慈善款难以维持后续的开销，导致项目还是只能维持免费送蔬菜单一的服务。

四、精神文明创建工作中的建议

（一）要在常态长效上下功夫

在现阶段，要继续坚持在"3·5"学雷锋日、"12·5"国际志愿者日等重要时间节点开展集中性、主题性的展示和服务活动。同时，要进一步强化中心的平台功能。一方面要以服务社区居民为出发点建设开放性信息平台，切实推进"服务愿望"和"居民需求"之间的有效对接。另一方面要以立足社区为基本原则，构建开放式参与平台，倡导志愿精神，吸引更广泛的居民加入志愿服务，体现"人人参与、人人尽力、人人享有"的共建共享理念。总的来说，精神文明创建关键要行使好枢纽型组织的"枢纽"属性，促进社会资源的优质互通，从而促进文明创建的长效发展。

（二）要在创建内容形式上下功夫

据不完全统计，社区创建活动参与的人群多数是在校青少年和社区退休老人，中青年人群属于"稀有群体"。因此，在日后的创建内容和形式上要做足功课，吸纳更多社区白领和外籍志愿者参与社区创建互动，形成由多类志愿者构成的社区大家庭。例如：通过发动白领午间一小时等活动，吸纳品尊楼宇白领志愿者团队，参与社区活动、服务铜川片区居民，增加社区归属感。

现阶段，创建的内容主要是传统的便民利民、邻里互助、劳动卫生、助老帮扶等项目，创建项目比较单一。创建项目要逐渐向适应现代生活方式的公共服务领域拓展。例如：针对社区双职工家庭，开设小学生爱心暑托班；针对社区白领，开展联谊交友活动；针对运动爱好者，开展各类主题的定向活动。

（三）要在整合资源上下功夫

通过整合资源，以社会化共建拓展多元主体，将碎片化的创建活动转化为专业化、功能化、创新化的社会服务供应。石泉社区社会资源优势不大，高校资源紧缺，考虑到这几个因素，社区志愿服务中心更要紧紧依靠区域化党建平台，引入第三方参与，借力扩大了资源库。通过区域共建联动，与20多家驻区单位、文明单位、学校、两新单位合作，其中有欧莱雅、光明乳业等企业。通过与企业开展志愿服务活动，强化志愿服务供需对接，逐步做实志愿服务中心功能，全面提高志愿服务水平。通过系统编制三类调研表，分别重点针对居民区、共建单位和志愿服务队，拓宽志愿服务领域，根据志愿服务目标对象的具体需求，培育自有项目和志愿者服务团队，如"小小电视台""小小公益集市""绿口袋"志愿服务队、乐助乐龄志愿服务队、"拱一拱"志愿服务队、高老师爱心小屋等一大批富有石泉路街道特色的公益项目。这些做法有助于打造全民参与，覆盖各年龄层的社区志愿服务格局。

作者简介：

赵　健：普陀区石泉路街道党群办公室

借力精神文明创建，筑梦未成年人成长

——中国福利会少年宫精神文明创建的实践与探索

陈 敏 陈 杨

摘 要：以少年宫为代表的公益性校外教育机构是未成年人思想道德建设的重要阵地之一，长期以来为社会主义精神文明建设作出了独特贡献。中国福利会少年宫的精神文明创建历经自我创建、开门创建和社会共建三个阶段，始终坚持立德树人，以宋庆龄思想文化为引领，把握国家和社会发展的新形势、新要求，围绕未成年人思想道德建设这一主业，不断创造创建的新高度，形成了一定特色与经验，在全国同行中发挥示范作用。

关键词：文明创建 未成年人 思想道德建设 少年宫

　　未成年人思想道德建设是社会主义精神文明建设的重要内容之一。作为我国教育事业的重要组成部分，以少年宫为代表的公益性校外教育机构是未成年人思想道德建设的重要阵地。几十年来，中国福利会少年宫（以下简称中福会少年宫）坚持立德树人，围绕校外教育主业，促进未成年人道德品质及科技、艺术、人文素养全面提升。自1984年上海市开启两年一届的文明单位创建工作以来，中福会少年宫已连续19次获评市文明单位，3次获评全国文明单位。中福会少年宫在精神文明创建工作中从自我创建走向社会共建，形成了自身的特色与经验。

一、中福会少年宫精神文明创建的历程与现状

（一）第一阶段：自我创建（1984—1994）

1981 年，全国总工会、团中央、全国妇联、中国文联等 9 个单位联合发出倡议，号召全国人民特别是广大青少年开展以"五讲四美"为主要内容的文明礼貌活动，至 1983 年，"五讲四美"又增加了"三热爱"。1984 年，上海将创建文明单位作为"五讲四美三热爱"活动的基本内容和基本形式。[①] 以此为指导，中福会少年宫开启了自我创建之旅。1984—1994 年，中福会少年宫围绕未成年人思想道德建设，开展了大量爱国主义、革命传统、道德品质教育活动，以及少先队组织教育工作。少年宫组织中小学生开展了"学习雷锋好榜样，做五讲四美好队员""祖国妈妈，我爱您！""敬礼！五星红旗"等大型主题活动与集会。建立"可爱的中国"红领巾考察团，组织"小伙伴服务队"参加公益劳动和社会实践活动。系列活动产生了广泛的社会影响，仅"上海少年看上海、爱上海"一项主题活动参与人次就达 10 万。同时，中福会少年宫还牵头举办了持续多年的全市中小学生"布谷鸟音乐节""小孔雀舞蹈节""少年儿童戏剧节"，成立了航模、无线电、电子、环境等科技爱好者协会，定期组织科技展览会等科普活动，发展少年儿童的兴趣爱好，丰富他们的精神世界。

（二）第二阶段：开门创建（1995—2004）

在精神文明创建的第一阶段，中福会少年宫取得了良好的成效，获得了广大少年儿童、家长、学校，以及社会各界的认可。20 世纪 90 年代，少年宫先后获评全国少年儿童校外教育工作先进集体、国家一级一类（优秀）少年宫。中福会少年宫在此基础上继续开拓文明创建之路，从自我创建发展为开

[①] 中共上海党志，http：//www.shtong.gov.cn/Newsite/node2/node2245/node4523/node28659/node28661/node60661/userobject1ai49199.html。

门创建，延长工作手臂，让优质教育资源惠及更多少年儿童，以优秀教育科研成果与实践经验引领同行专业发展。

1995年，中福会少年宫成立"流动少年宫"，建立流动教育服务长效机制，组织骨干教师团队，将科技、艺术教育服务送到老少边灾地区，以及外来务工人员子女学校和特殊学校。2001年，中福会少年宫受团中央委托成立"中国教育学会少年儿童校外教育专业委员会研修基地"，2003年，又受教育部委托，成立全国青少年学生校外教育培训中心（上海部）。"基地"与"中心"为来自全国各省市的校外教育管理人员，科技、艺术骨干教师提供培训服务，搭建交流研讨的平台，得到团中央、教育部相关部门领导以及各地同行的高度评价。

（三）第三阶段：社会共建（2005年至今）

中福会少年宫的创办人宋庆龄先生曾在《更好地为下一代着想》一文中强调："中国是人口众多的国家，十四岁以下的儿童和少年就有三亿以上，要使他们在德育、智育、体育和美育各方面都能有很好的发展，不经过家庭、学校和整个社会的长期努力，是很难做到的。目前，我们的工作仅仅是开始。今后还必须发动更多的人，投入更大的力量去推进这项工作……必将为社会主义物质文明和精神文明的建设做出贡献。"[①]

在这一思想指导下，中福会少年宫发挥校外教育开放性的特点，携手家庭、学校、社会，共同促进精神文明建设。2005年，中福会少年宫与浦江镇人民政府合作，建立了"农民家门口的少年宫"——浦江青少年活动中心。之后，中福会少年宫又先后与静安寺街道、新江湾城街道、江宁路街道合作，通过共建教学点等形式，让校外教育与社区教育相互补充与融合。2009年起，中福会少年宫设立公益家庭教育平台"家长课堂"，围绕"心智发展""兴趣培养""亲子关系"等主题，邀请专家每两周开展互动讲座，已连续开展了180余期，直接服务家长近2万人次。在与学校合作方面，少年宫在传统的指

[①] 中国福利会编：《宋庆龄论儿童教育和儿童工作》，上海教育出版社1992年版。

导基层学校教师,建立科技、艺术基地学校等途径之外,积极探索新合作渠道。如携手美国全美舞蹈协会、闵行区教育局共同开展"舞向未来"艺术教育项目,为30余所中小学开展普及舞蹈教育,牵头组织上海学生合唱联盟、上海学校少年宫联盟,让优质教育资源惠及全市百余家大中小学,助力学校少年宫内涵提升。

在家庭、学校、社区之外,中福会少年宫还与政府、企事业单位、社会组织等广泛合作,整合社会资源共创精神文明,收获了累累硕果。中福会少年宫先后被评为"全国未成年人思想道德建设工作先进单位""全国文明单位",获得"上海市对口支援与合作交流工作先进集体""全国学雷锋志愿服务四个100先进典型"(最佳志愿服务项目)等荣誉称号。

二、中福会少年宫精神文明创建的特色与经验

(一)以思想道德建设为核心的特色创新

1. 以未成年人思想道德建设为核心,提升教育实效性

无论在精神文明创建的哪个阶段,中福会少年宫都以未成年人思想道德建设为核心,坚持立德树人,帮助未成年人"扣好人生的第一粒扣子"。从"五讲四美三热爱"到核心价值观,少年宫根据时代发展需求,创设了众多规模化、系列化、寓教于乐的主题教育活动。"小伙伴礼仪城"以模拟情景体验的形式带领中小学生学习文明礼仪,"红色经典导读"将名师名家导读与少年儿童表演、表达相结合,"爱国我们大声说"引入TED演讲,"风尚童行""美德童行""修身童行"等上海青少年践行社会主义核心价值观系列主题活动则通过征集并宣传青少年自主拍摄的微视频、自主设计的表情包,让社会主义核心价值观入脑、入心。中福会少年宫通过创新活动内容与形式,让少年儿童有选择、有兴趣,从而收获教育实效。在主题活动之外,少年宫还以艺术、科技教育为抓手,培育学生思想道德品质。坚持艺术作品育人,通过原创少儿舞蹈、戏剧、声乐等作品的教学与演出实践活动,引导学生树立正确的人生观与价值观。在科技教育中,少年宫同样坚持不仅教给学生知识与

技能，更注重培育他们的科学精神与态度。

2. 以宋庆龄独特思想文化为引领，凝聚事业发展共识

中国福利会少年宫由宋庆龄先生亲手创办，几十年来坚持传承并发扬宋庆龄的教育思想和大爱精神，以"缔造未来"为使命，努力践行"把最宝贵的东西给予儿童"。

宋庆龄在中福会少年宫成立五周年的题词中写道："儿童们在少年宫里不能只是享受幸福的童年，更要紧的是学习劳动的本领，学习为集体工作，为祖国做有益的事，准备为人民谋幸福！"她认为，每个儿童都要接受全面均衡的教育："在德、智、体、美诸方面都能得到发展。"她希望教师培养儿童具备"人类最优秀的道德品质"：爱、劳动、勇敢、诚实、集体主义、朴素、节俭，"启发儿童求知的渴望，帮助儿童的智力发展"[①]……在宋庆龄全面发展观的指导下，中福会少年宫从初创时的"资优生教育"转变为面向全体的普及教育；从早期的少儿阵地活动发展为众多系列化、品牌化的主题教育活动；从十几个培训项目发展为一百多个科技、艺术兴趣小组，始终坚持德育为先，以兴趣为导向，促进少年儿童健康、全面发展。

中福会少年宫同样继承了宋庆龄对教师既严格要求又关怀备至的传统。少年宫实施"师德一票否决制"，每年从自有收入中投入100万元作为人才发展基金，通过持续的培训、带教、比武等活动，提升各专业发展阶段教师的师德规范、业务能力、科研水平。同时通过党、团、工会组织密切关注、及时回应教职工群体工作与生活中的愿望与诉求，并开展各类形式新颖、富有内涵的文化建设活动。在刚柔并济的组织文化建设中，增强凝聚力，强化教师的文化认同，引导教师做宋庆龄事业的追随者。

3. 以示范、辐射全国同行为己任，促进行业协同发展

中福会少年宫是新中国第一家综合性少年宫，在建立和发展过程中得到党和国家几代领导人的关心和支持。中福会少年宫以"实验性、示范性，加强科学研究和对外交往与合作"为办宫方针，以"行业标杆"作自我要求，

---

① 中国福利会编：《宋庆龄论儿童教育和儿童工作》，上海教育出版社1992年版。

力争在事业发展和精神文明创建的各阶段都在全国同行中发挥示范作用，促进校外教育事业协同发展。

中福会少年宫不仅坚持在教育教学质量、师资水平、管理水平等方面保持行业领先，更注重将优质教育资源辐射出去，搭建共同发展的平台。一是牵头举办面向全国同行的各类培训、研修、论坛活动，以中福会少年宫的优质资源为基础，集聚国内外相关领域专家力量，搭建对话交流、学习互鉴的平台。二是发起联动区域、服务全国的主题活动，如流动少年宫送教活动等，带动同行共同致力公益教育服务。三是发挥校外教育科研辐射优势，推广少年宫承接的教育部、中国教育学会规划课题等研究成果，为同行事业发展提供借鉴。

（二）弘扬正能量的经验启示

1. 文明创建，要始终服务党和国家工作大局，准确把握新形势提出的新要求，不断创造创建新高度。

文明创建常创常新。中福会少年宫在制定每一轮创建规划时，都组织专题学习，学习领会党中央和市委有关会议文件的精神、中央精神文明建设指导委员会和上海市精神文明办的指导意见，确保准确把握新形势提出的新要求，结合工作实际将创建渗透于少年宫每一项具体工作。同样，在制定少年宫发展目标、重点项目时，少年宫自觉对照文明创建标准，以其内在的精神加以引领和衡量，使少年宫的事业不断保持先进性和科学性。这已经成为少年宫的自觉行动，成为一种有效的发展工作法。

2. 文明创建，要始终坚持发挥自身主业优势，并以服务对象的成长为媒。

作为少年儿童校外教育机构，少年宫在未成年人思想道德建设工作中有其独特的优势。相比社区及各类社会组织，少年宫在未成年人思想道德教育方面更为专业；相比中小学校，少年宫更具灵活性和开放性，能够根据需求随时调整课程与活动方案，且教育对象更为广泛，也更易汇聚社会资源。少年宫始终坚持发挥这一主业优势，以丰富有效的主题教育活动和艺术科技人文课程，服务未成年人思想道德建设，为全市精神文明创建贡献自己的力量。

3. 文明创建，要放眼社会，以开门创建、社会共建的姿态促就社会新风尚。

作为全国文明单位、全国校外教育行业领头羊，中福会少年宫不仅抓好自身创建工作，还积极承担社会共建、城市创建的责任，主动服务家庭、学校、社会，培育新风尚，弘扬正能量，推动创建活动向广度深度拓展，推动精神文明建设取得更大进展。

三、中福会少年宫新一轮精神文明创建的突破与展望

党的十八大以来，以习近平同志为核心的党中央对新时期加强精神文明建设提出了许多新思想、新观点。根据党中央的要求与部署，在新时期思想道德建设中，少年宫着力在未成年人中开展中国特色社会主义的理想信念教育、社会主义核心价值观教育以及中华优秀传统文化教育，培育未成年人的"信""德"与"根"[1]。同时，认真贯彻落实《关于深化教育教学改革全面提高义务教育质量的意见》精神，坚持德智体美劳五育并举，培养全面发展的社会主义新人。在新的创建征程中，中福会少年宫以此为目标，结合教育场地扩容、教育内容革新的契机，从对象、载体与手段等几方面寻求突破创新。

在教育对象上，在以4—16岁未成年人为主的同时，向两端延伸，拓展"全龄段"服务。设计面向0—3岁幼儿的活动与课程，为陪同儿童前来学习的家长提供更为丰富的家庭教育指导和闲暇教育活动，让少年宫成为亲子家庭教育休闲平台，成为市民丰富精神文化生活的向往之地。

在教育载体上，完善目前的教育活动与课程架构，在原有的群文、科技、艺术三足鼎立的基础上，增设人文、体育、劳动课程项目，并加强综合课程的开发。在以长课程和一次性主题活动为主的基础上，推进短课程和微课程的开发，同时通过教育环境的设计、非正式学习空间的开辟，强化隐性课程，让中国特色社会主义理想信念教育、核心价值观教育和中华优秀传统文化教

---

[1] 赵兴良：《习近平系列讲话对精神文明建设理论的新发展》，《求实》2015年第10期。

育有更丰富的载体，同时，全面立体的课程群也有助于更好地培育少年儿童面向未来的核心素养。

在教育手段上，充分吸收信息技术发展成果，建设"智慧少年宫"，通过语音识别、图像识别、数据挖掘等技术，辅助教师教育教学活动，对学生活动参与的态度、学习效果进行科学、细致的诊断与评价，智能规划学生学习路径及内容，在提高学习效率的同时，让教师兼顾更多的个体差异，从而更好地激发学生兴趣，实现因材施教。同时，通过网络课程平台的建构，尝试在传统线下课程的基础上开发网络课程，实现线上线下教育教学相结合，让少年宫优质教育资源的辐射变得更为便捷。

作者简介：

陈　敏：中国福利会少年宫党总支书记、常务副主任，中学高级教师

陈　杨：中国福利会少年宫校外教育研究发展部主任，中学高级教师

聚力打造"风貌区党建"品牌

——徐汇区天平街道引领城市基层社会治理创新

徐汇区天平街道党工委

摘 要：上海市徐汇区天平街道围绕中央、市委、区委要求，立足特大城市中心城区及风貌区特点，立足群众对基层治理提质增效的更高要求，立足社会力量参与基层治理的多元格局，将加强城市基层党建，巩固党的执政基础始终作为贯穿社会治理的一根红线，着力提升基层党组织组织力、突出政治功能，全面谋划和推进党建引领下的社区治理工作，打造了"风貌区党建"品牌——一个党建引领特大城市中心城区的基层社会治理创新的范本。

一是构建风貌区党建工作格局。通过在街道、区域单位、居民区、社会组织等层面分别成立区域党建促进会天平分会，健全风貌区党建执行机制，搭建风貌区党建工作架构。二是擦亮风貌区红色文化品牌。红色文化是风貌区价值体系中不可或缺的一抹亮色，街道设计《漫步天平》党建地图，集聚了区域内党建服务机构、红色阵地资源和特色文化活动，同时在此基础上串联起风貌区"红色路线"和"人文路线"，并不断扩大风貌区党建服务圈的凝聚力影响力。三是实现风貌区党建嵌入引领。成立社区共建共治共享平台——创邑"邻里汇"，引入党建、社区服务、公益等元素的社会组织入驻。坚持组织覆盖和工作覆盖相结合，在设置社会组织服务中心，组建社区社会组织联合会的同时，成立社会组织联合党支部，助力社区群众不断提升自治能力。

通过构建风貌区党建工作格局，擦亮风貌区红色文化品牌，实现风貌区党建引领多元力量参与社区共治，天平街道有效激发了基层党组织的政治领导力、组织覆盖力、群众凝聚力，激活了红色地标生命力、聚起了区域化党建向心力、拓展了延伸基层党建影响力，实现了风貌区小区治理机制的优化，风貌区治理品牌和治理形式的创新，以及风貌区治理优质队伍的培育。基于天平街道"风貌区党建"创新案例的经验启示是：一是要创新组织建设形态，构筑党建对风貌区治理的组织嵌入；二是要凝聚各方价值理念，实现各类群体对社区的情感认同；三是要构建活力创新机制，形成风貌区治理的多元参与格局。

关键词： 基层社会治理　基层党建　创新范本

一、"风貌区党建"的背景与起因

徐汇区天平路街道整体位于衡山路复兴路历史文化风貌区，面积2.68平方千米，辖区特色鲜明：首先就是红色基因深厚，留存了宋庆龄故居等众多国家领导人、革命先驱、民主人士的足迹，集聚了新四军驻上海办事处旧址等红色经典遗存19处。其次是海派文化印迹鲜明，上海64条永不拓宽的道路中有17条在辖区内，坐落有77处文物保护单位和117处优秀历史建筑，石库门建筑、老式里弄、花园洋房分布密集；秦怡、尚长荣、马晓晖等30余名在国内外享有较高知名度的文化艺术名人生活或工作在天平。最后，辖区区域资源丰富，辖区内有市委办公厅、市高级法院、市纪律检查委员会、市财政局等70多个市、区级机关单位，以及美国、波兰驻沪领事馆等涉外机构，区域单位共有中科院院士26名。此外，还拥有丰富的教育和医疗资源，有各类公办大中小幼学校18所，市、区级医院3所。

二、搭建风貌区党建的做法与经过

(一) 构建风貌区党建格局,搭建风貌区党建工作架构

街道注重对接来源多样化、资源差异化的各类党组织,积极搭建工作平台:首先是成立区域党建促进会天平分会。现有理事单位30家,成员单位137家,并在21个居民区延伸成立区域党建促进会支会,区域成员单位同时兼任所在居民区支会的成员。建立了协商民主的领导机制、项目化推进的运作机制和常态化交流的互动机制,以共商区域发展、共抓基层党建、共育先进文化、共促人才成长、共建文明城区、共同服务群众为主要任务。其次,健全风貌区党建执行机制。充分发挥街道党建办和党建服务中心职能,抓实党组织设置、组织生活制度建立、党员教育管理服务等风貌区党建基础工作,创新工作方式方法,推进党建联建项目落地。

(二) 整合风貌区党建资源,擦亮风貌区红色文化品牌

建立起"一幅党建地图、一条红色路线、一个党建服务圈"的运作模式:首先,设计《漫步天平》党建地图。挖掘社区内的老建筑、老洋房、老马路、共享空间等资源,标注出十大类86个社区点位,提供党建服务站点、红色阵地资源及特色文化活动对接服务。其次,串联风貌区红色路线。创新组织生活方式,举办"不忘初心,行走中的党课——天平红色公益挑战赛"等活动,深化红色文化在社区党员中的共鸣传承;提升共享党课品质品牌,联合区域单位徐汇艺术馆等共同推出"艺术中的党课"——敦煌壁画乐舞专题展,联合区域单位中科院上海分院开设"科学中的党课"——赵国屏院士谈奋斗历程及家国情怀,开发"红色经典"和"人文底蕴"两条主题路线,对30个点位进行二维码标注,采用"互联网+"扫码自助教学模式,方便区域单位和党员群众参与体验。最后,延伸风貌区党建服务圈。结合徐汇区委组织部提出的全面构建"500米党建服务圈"目标,以天平首条红色路线为起点,逐步圈起衡复历史风貌区党建资源,以新的点位内容赋予红色路线新的内涵。

（三）实现风貌区党建嵌入引领，引导多元力量参与社区共治

天平街道围绕徐汇区委、区政府提出的"邻里汇、汇邻里"的工作目标，建成新型社区共建共治共享平台——创邑"邻里汇"。"邻里汇"集成党建实践研究基地、社会组织服务中心、社会创新研发实训基地、社区基金会及美好生活商店五大功能模块，探索建立"理事会决策、社会组织运营、评估方监督"的管理架构：理事会由区域党建促进会天平分会30家理事单位组成，负责制定发展规划，决策重大运营事务等；空间运营由街道委托社会组织"社邻家"负责；评估方由区域知名律师、人大代表、会计师等组成第三方团队，负责服务质量和综合效能的全程评估。

针对调研中发现的辖区内社会组织以教育培训类为主，缺乏社区急需的社会治理类、社会服务类专业组织等问题，通过广泛遴选，创邑"邻里汇"引入了党建、社区营造、社区服务、公益、文化、亲子等类型且具有一定领先性和影响力的41家社会组织入驻。坚持组织覆盖和工作覆盖相结合，设置社会组织服务中心，组建社区社会组织联合会，同步成立社会组织联合党支部，在培育社会组织发展的同时，发挥其专业优势，助力社区群众不断提升自治能力。

三、风貌区治理成效与反响

（一）增强基层党组织组织力

街道注重以需求为导向，通过整合社区、单位、学校等主体，有效激发基层党组织的政治领导力、组织覆盖力、群众凝聚力。统筹成立"名家坊+"公益文化联盟、社校德育联盟"天平德育圈"、传承海派文化经典的衡复风貌联盟等。一方面促成社区向区域单位党组织、党员及在校学生开放组织生活点，比如，精心设计社区党建服务中心，布置"侬好天平""璀璨天平""漫步天平"三大板块，挖掘风貌区17条永不拓宽老马路中蕴含的故事，搭建红色、人文点位的展示平台、名家资源的整合平台、党建教育等活动的举办平

台。再比如，深入运用天平的历史建筑和文化资源优势，通过微设计和微更新，盘活现有的老房子资源，传承社区红色基因，植入文化艺术元素，打造永嘉路578号"都市之光公共艺术空间"和永嘉路511号"人文荟萃城市会客厅"两处公共文化空间，先后举办新村老故事、天平街道名家坊等展览，使几处空间都成为主题党日活动的文化空间载体，极大提升了组织生活的吸引力。另一方面，也促成区域单位及社会组织资源流动，形成面向社区居民、在校学生和兄弟单位的开放机制，同时发挥智库作用和社会影响力，策划形成并输出一批优质公共服务项目，不断拓展共建联建的形式和内容。比如中科院上海生命科学研究院举办"营养与健康"科普开放日，90余名社区党员群众通过"课题报告+实验室参观"的方式零距离感受科研的魅力；爱建集团立项资助陕西居民区自治项目及吴兴、康平等居民区的助学助老项目；市高级人民法院为学雷锋便民服务提供法律咨询点、为上海市军休所、肇家浜居民区未成年人特设开放日；五官科医院"南丁格尔"志愿者队为社区和教育会堂送上三场急救课程等。

（二）弘扬风貌区红色文化

为弘扬风貌区红色文化，天平街道坚持创新实践，使治理活动初见成效。首先是激活红色地标，深化风貌区文化内涵。通过整合风貌区党建资源，为党员群众提供"家门口的党建服务"，突出了红色文化的价值引领，有效扩大了党在基层社区的工作阵地，增强了基层党建的服务力和感召力。其次是依托区域化党建，营造风貌区文化向心力。"不忘初心，行走中的党课"红色公益挑战赛吸引了区域单位和社会组织共27支队伍、百余名选手参与，近两万人在线观看，使红色文化得到了认同和传播，红色血脉得到了传承和赓续，随后推出的"行走中的党课——漫步天平"红色经典和人文底蕴两条微线路，进一步提升了组织生活的自主参与度、体验度，丰富了各级党组织学习实践活动的开放式菜单，打造了风貌区党建新载体，此外与徐汇区文化局、区艺术馆合作开办的"艺术中的党课——敦煌壁画乐舞专题展"共吸引中外专家、学者及市民共超过3万人参观，形成强大的文化向心力。最后为深化实践研究，扩大风貌区文化影响力。作为首批"上海市党建实践研究基地"中的唯一入选街镇，天平力求以传承红色基因实现价值引领、推动凝聚区域共识，不断提升党建影响力，打造具有自身特色的基层党建实践研究样本。近年来，街道与文汇出版社合作出版了《梧桐馨语》《重新发现上海》《海派再起》《上海话绕口令》等专著，在进一步凝聚传播天平海派文化元素的同时，充分展现了社会主义核心价值体系在天平的落地生根，为深化党建影响力营造良好的文化氛围。

（三）提升风貌区治理成效

为了优化风貌区小区治理机制，推出本地化的"社会组织项目库"和"社区服务项目库"，提升社会组织服务社区的针对性和街道居民区购买服务的有效性。每月举办社创项目供需对接会，引导居民区与社会组织自主沟通服务需求，加速项目推广与落地，目前有小区安全防灾、生态家园、流浪猫处置等项目达成意向，特别是如五官科医院门口停车难等问题依托第三方组织力量予以缓解，从而实现更优质的公共服务、更深度的社会参与。不断打造风貌区治理创新品牌，聘请社会创新领域领军人才组成"天平社创名家团"，举行"市民与社会"汇智空间品牌活动、"社创对对碰"线下沙龙、骆新书房等项目，实现基层治理品牌的共同孵化。在原来的工作基础上创新风貌区治理形式。在引入社区规划师，成功开展岳阳路风貌街区景观提升的基础上，将社区更新从街面向小区延伸，启动天平美好空间"社计"赛，发动设计师、社区单位、社会组织、居民群众等多元参与，与居委干部、居民代表座谈交流，共同评选、落实风貌区内的小巷、居民小院、居委活动室、沿街商铺的微更新方案，在提升居民生活圈"邻里小汇"的颜值、功能和温度的同时，着力营造社区共同体意识。坚持培育风貌区治理优质队伍，联合社会组织社邻家共同打造专注社区治理、社区营造的社区教育平台——"天平社邻学院"，整合街道职能科室、社邻家、专家、学者、社区工作者、社会组织领袖和社区自组织领袖等师资，依据已有社区治理经验，为居民区书记、主任和优秀社工代表"量体裁衣""按需配餐"。重点聚焦解决社区问题、推动社区治理,扶持社区工作者进行经验复制和知识创新,让一线社区工作者通过跨度3年的各类培训获得知识和能力的系统提升,成为合格的社区工作者。

四、构建新型风貌区党建机制的经验与启示

(一)创新组织建设形态,构筑党建对风貌区治理的组织嵌入

凝聚区域单位成立区域党建促进会的体制创新,党建引领、汇聚社会组织凝聚共治力量的"创邑邻里汇"机制创新,开发"行走中的党课""科学中的党课""艺术中的党课"等新型党课,通过"角色扮演、线上答题和线下探索,融合传统媒体与新媒体"的组织生活方式创新,对风貌区历史建筑和文化资源进行重新设计利用的组织生活场馆创新,使得风貌区党建在嵌入社会治理,与关键社会资源形成互动的过程中极大增强了吸引力,提升了组织力。

(二)凝聚各方价值理念,实现各类群体对社区的情感认同

以传承红色基因作为价值引领,培育和践行社会主义核心价值观,以天平风貌区范围内的众多红色阵地、风貌保护建筑道路、名家资源、文化资源为切入点,打通家庭、学校、单位、社区之间的横向联系,以社会主义核心价值观为引领,通过统一的价值取向凝聚区域共识,形成了风貌区对社区单位的极大向心力。

(三)构建活力创新机制,形成风貌区治理的多元参与格局

依托党建引领下的创邑"邻里汇"社区自治共治平台,将"邻里汇"服务对象从社区居民向区域单位、社会组织拓展,将社区服务的提供者从政府为主向社会组织、区域单位延伸。让各类主体在相互服务中下沉社区基层,推动社会创新项目从需求提出到研发、对接、落地、评估、推广的整体化运作,活化了社会资源,推进社会治理创新项目孵化落地;优化了平台运营,提升精准服务能力;强化了示范引领,带动基层队伍增能。实现了"小空间、大集聚""小平台、大创新""小载体、大服务"的社区共治溢出效应。

精神文明建设的"互联网+"：
女性的"网上娘家"
——"上海女性"微信运营探析

陈建军　徐维娜　江海伦

摘　要： 互联网的发展不仅开启了社会生活的新时代、新空间，更开辟了社会主义精神文明建设的新时代、新空间。在互联网的新时代下，上海市妇联积极打造官方新媒体账号"上海女性"，通过抓热点、惠民众，精雕细琢打造优质内容；并集聚多方资源，用活动吸粉、服务留粉、开发"游戏"涨粉等多种途径，千方百计扩大影响力，不断摸索如何在线上更精准地为妇女群众提供服务，成为令人民满意的"指尖上的网上妇联"。

关键词： "上海女性"　政务新媒体　群团组织　微信运营

作为人与人交往的重要平台和全新的社会存在方式，网络已成为日常社会生活的一部分。互联网的发展不仅开启了社会生活的新时代、新空间，更开辟了社会主义精神文明建设的新时代、新空间。正如习近平总书记 2015 年在中央统战工作会议上所说：随着互联网快速发展，包括新媒体从业人员和网络"意见领袖"在内的网络人士大量涌现。互联网是当前宣传思想工作的主阵地。这个阵地我们不去占领，人家就会去占领；这部分人我们不去团结，人家就会去拉拢。

而要占领互联网这一宣传思想主阵地，政务新媒体就是一个很好的途径，可以在纷繁复杂的网络空间中引导舆论、服务大众。2018 年，国务院办公厅印发《关于推进政务新媒体健康有序发展的意见》，指出，要实施网络强国战略，落实网络意识形态责任制，大力推进政府系统政务新媒体健康有序发展，持续提升政府网上履职能力，努力建设利企便民、亮点纷呈、人民满意的"指尖上的网上政府"。

上海市妇联是党的群团组织，具有身份的特殊性，不同于政策性强的政府机关，更多的属性在于为人民提供服务，特别是为上海1 200万女性服务。在互联网的新时代下，要服务好妇女群众，就得接近群众，准确地找到服务对象，除了线下的传统活动，线上的服务更精准、传播面更广。"上海女性"微信和微博——上海市妇联官方新媒体账号，就在这一背景下应运而生。

一、巧追热点，主打便民，精雕细琢打造优质内容

"上海女性"微信于2015年三八妇女节期间开通。恰逢群团改革启动，需要打造网上妇联，但由于网上妇联项目涉及金额大，建设时间长，因此把已开通的微信公众号作为"网上妇联"的微缩载体，先行启动，成为群团改革的一个典型。在此背景下，2016年6月和9月，"上海女性"微信公众号进行了两次升级改版：初步开发下拉菜单，以及进一步进行后台开发，上线所有服务活动。

"上海女性"微信运营分成两个部分。微信推文内容和《新民晚报》的新媒体团队"侬好上海"合作，微信的功能后台是和负责后台开发及活动运维管理的专业团队合作，主要涉及签到积分、兑换福利、后台活动和咨询的策划及发布等。在内容把关方面，严格落实三审制度，从小编开始初步把关，编辑团队先一审，审稿团队进行二审，最后由负责人终审。

"上海女性"微信的整体定位是要有这个时代的温度，不管是价值引领、思想引领，还是政务宣传，都需要有温度。作为群团组织的微信公众号，从内容上来说，既要有政府工作理念的宣传，是政务公开的渠道，也要通过平台发布资讯。妇联作为性别组织，官方微信账号的内容要契合妇联组织提倡的性别平等、和谐家庭、亲子教育等理念，此外内容还应服务妇女儿童，推

进女性需求，有女性主张，要贴近生活、融入上海文化。目前，微信推文规律是一日三推，每次 1—2 条。3 条微信内容大致定位：头条是有主流价值观的内容，除了男女平等的先进性别文化，还有婚姻家庭、亲子教育、优秀女性人物等；第二条主要是文化类的内容，比如绘画、音乐、上海的老建筑、饮食文化等；第三条是生活实用类的，比如各种家务小妙招、养身健康知识等。

政务新媒体一般来说都会面临工作信息报与不报的艰难抉择。在这方面，"上海女性"微信有自己的准则，会根据受众的思维和喜好程度对内容进行取舍。一般来说，市妇联的重大活动会报，但不是说任何政务型的信息都要发布。纯工作性的内容、与老百姓不是特别相关的内容就不发，只有非常贴近百姓，例如相关便民政策的推出、服务的推出、实事项目的推进等才会选择发布。即便是推优秀女性典型，也不光是以表彰的形式，而是寻找她的故事，以生动的方式宣传。

在信息纷繁复杂的互联网时代，内容还是吸引网友关注的重要法宝。对于如何打造一条爆款的微信推文，"上海女性"在 3 年多的运营中逐渐摸索出一些规律。

（一）抓热点

在互联网时代，往往存在热点频发的现象，单个热点的热度会非常高但持续时间不长，新的热点很快就会取代旧的热点，而新媒体如果一旦抓住一个热点，阅读量就会成倍增长。例如，2018 年清明节前一天，"上海女性"微信推文《思念到了极致是什么感觉？》，介绍了一部关于思念与等待的动画短片《父与女》，女孩用一生的时间来守候爸爸的爱，用一生的时间将爱化为思念来等待。文中有这样一段话特别"应景"：我们至亲至爱的人，终有一日要离我们而去——我们自己最后也要离开这个世界，这就是生命的轮回——唯有思念，那份深入骨髓的思念，是我们活过的最好纪念。在清明节这样一个传统的寄托对故人哀思的节点，推荐了这样一部感人肺腑的片子，瞬间激起粉丝的共鸣，阅读量在 4 月 5 日当天达到顶峰，最终总阅读量近 19 万。

对突发事件的及时追踪也是抓热点的一种方式。2018年5月2日凌晨，著名演员王丹凤过世，当天"上海女性"微信即推文《一代女神传奇今晨谢幕！王丹凤：岁月从不败美人》，追思了一代女神，也重现了王丹凤传奇的一生。2018年7月5日，泰国两艘载有127名中国游客的游船在返航普吉岛途中发生倾覆，对于此类突发性的灾难事件，政务新媒体没法像新闻媒体那样掌握第一手信息，也无法和媒体在事实性报道方面竞争，因此"上海女性"另辟蹊径，第二天推文《亲历普吉岛事故：有生以来最可怕的2个半小时，"等回来，我们聚"》，刊发了周到记者在事发水域另一艘船上2个半小时的亲身经历，惊心动魄，牵动人心。上述两篇推文的阅读量分别达到13.4万和18.7万，这得益于"上海女性"的及时推送。

保持对媒体热点的敏感性是政务新媒体大号专业化建设的一个重要方面。目前，电影、电视剧、游戏等内容经常成为读者讨论的话题。这些话题的讨论往往并不局限在某个地区，而是在整个社交平台上风起云涌，其影响范围是全平台。如果小编能够从话题热点中寻找到与账号定位相关的内容进行创作，往往会得到意想不到的效果。当然，抓热点不仅要有对热点的热情，还要能迅速反应，及时策划，这就需要平时的专业积累与健全的管理机制加以保障。

例如，2018年7月开播的《少年说》节目在微博、微信等社交媒体上引起了网友的热烈讨论。"上海女性"小编敏锐察觉到其与账号内容定位的一致性，及时策划，整合多方观点，介入热点探讨，在热点问题讨论的基础上，加入了家庭亲子教育的相关内容，指导家长如何有意识地培养孩子做家务。《这个未来婆婆三观太正，圈粉无数，儿子却已被"逼疯"……》这条推文就这么出炉了，这样一条有趣、生动、紧扣社会热点，且有观点、有态度、有指导性的微信，受到粉丝欢迎，阅读量超过26万。

（二）惠民众

"上海女性"的自我定位是为广大妇女儿童和家庭提供服务。因此，便民类信息、与老百姓日常生活休戚相关的信息尤其能吸引观众，增加阅读量。2019年7月,"上海女性"推文《果断收藏!上海各大医院自制"明星药"大公开,价格低廉疗效好》,介绍了包括上海新华医院的"三件宝"、上海肺科医院的支扩养阴颗粒、上海皮肤病医院的尿囊素等"祖传秘方",有图有介绍,这条极"接地气"的推文迅速上10万,最终达到26.3万的阅读量。

二、集聚资源,创新服务,千方百计扩大影响力

改版3年来,"上海女性"微信粉丝从1万不到增长到近45万,目前的粉丝数量与一些大号没有可比性,但在当代网络阅读平台"井喷式"发展的背景下,"上海女性"完全靠内容的吸引、服务的提供、活动的开发吸引了大量的粉丝。

粉丝的增长有多方面的因素。妇联作为群团组织,本身就有自己独特的凝聚力,因此在推广微信时,最先从各级的执委着手。除了利用妇联组织的优势发动和推广,把各级妇联的执委代表作为主体力量加入,通过她们的影响力进行辐射,同时利用各种创新性的优质内容吸引粉丝。

(一)通过活动吸粉

妇联有许多独特的活动,关切女性、儿童和家庭,具有较强的"吸粉力"。比如,妇联每两年会评选"三八红旗手标兵",这是妇联最重要的工作内容之一。评选涉及各个行业、各个领域,覆盖面广,知晓度高,因此"上海女性"充分利用这一评选活动资源,从投票开始,再到三八表彰大会在线抢票、直播,到后续评选结束,结合文字、动漫、视频、微采访等形式宣传展现标兵及提名奖获得者的优秀故事,整个过程如同"连续剧",在新媒体上的策划展示,疯狂涨粉。

"上海女性"每年有定期的线上线下福利活动,很多的线下活动质量较高,吸引力较强。比如每年的上海智慧女性读书讲坛,都会邀请三八红旗手各领域的领军人物等,探讨的问题也是大家所关心的,自然引起许多粉丝关

注。此外，还有很多亲子活动的报名，都非常受欢迎。很多女性白领以前很少接触妇联组织，通过这些活动，对妇联有了更深入、全面的认识，成为"上海女性"的忠实粉丝。

（二）利用服务留粉

"上海女性"的服务具有特质性，专门针对妇女儿童。在"上海女性"三个下拉菜单中，第一个是"乐分享"版块，把各区妇联公众号集聚在一起，形成"微信矩阵"，便于同频"发声"。"个人账户"就是信息注册，"天天签到""积分兑换""福利分享"三块属于粉丝福利内容，积分到一定数量可兑换相应的礼品，是对签到者的奖励，也是留住粉丝的措施之一。第二个是"惠服务"版块，把与百姓密切相关的妇联工作，包括家政服务、维权关爱、科学育儿、女性教育等，"搬"到了网上，形成线上线下互动、虚拟实体空间一起做的"互联网+"格局。"惠家政"栏目里面有上海家政服务示范站地图，点击你所在区域就会显示附近有哪些是示范性的家政，还可以看到每个季度发布的家政指导价，包括家政经验谈、家政卡办理等内容。"维权关爱"集结了各级女性维权机构的地图、白玉兰开心家园心理咨询机构的地图、维权问答和维权案例等内容。"惠健康"栏目与助医网合作，可以预约挂号沪上各大医院，同时还提供健康咨询、名医讲堂、节气食经等便民信息。"慧课堂"栏目则是开发了许多课程，包括亲子育儿等家庭教育相关的视频课程，也有各类能提升女性自身素养的文化课程，还有各类知识百科的视频课程。"惠服务"这一版块的资源是妇联所特有的，可以吸引粉丝，也是他们驻足的理由。第三个是"趣活动"版块，是妇联开发的O2O的平台，开放给各个区妇联和优秀的女性社会组织，他们可以发布活动信息，粉丝可以自助进行活动报名，生成二维码以后，根据二维码到现场参加活动。这个平台的开放，让各个区的妇联、街镇、妇女之家的活动可以定时上线，打通各级妇联信息的互通。此外还能实现三八红旗手、优秀社会组织、优秀妇女之家的评优和在线调研，示范性妇女之家地图的查询，垃圾分类查询等功能。

（三）开发"游戏"涨粉

2018年春节前夕，"上海女性"微信开发了一款"上海女性"年度账单，账单里是每位粉丝与"上海女性"一起走过的美好回忆：开始关注的日子、参与线上活动的数量、签到的天数和积分数、兑换福利的次数、参与投票的次数，以及"上海女性"粉丝的年度关键词，等等，内容有趣，非常适合转发到朋友圈与自己的好友分享、互动。

上海市妇女代表大会每5年举行一次，是全市女性的一次盛会，2018年上海市第十五次妇女代表大会有一大亮点，即充分利用移动互联网扩大会议的影响力和覆盖面。其中，在"上海女性"微信公众号的下拉菜单中制作了"网上妇代会"的专属页面，运用文字、图片、视频、H5等多种新媒体技术手段，全方位呈现妇代会；制作微信群和朋友圈H5，普及妇代会代表选举流程、播报大会进程、展现上海女性的新时代；制作"一图读懂"的图文，解读大会报告；制作图片分享H5，运用新媒体技术上传头像，实现在妇代会现场的模拟肖像合成，突出参与感、现场感；此外还集纳大会简介、会议指南、专题片视频、画册、媒体资讯等信息，方便代表们随时观看、分享，并提供互动留言平台，传递代表心声。

可以说，2018年的妇代会几乎成为近几年不断成熟的新媒体技术和策略的"展览会"。从信息传播的角度来看，"上海女性"在提高妇代会的传播范围和覆盖面上非常出色，大大提升了用户的参与感。特别是其中的"我在妇代会现场"的模拟照片，成为当时朋友圈的爆款。正是这样一些开发的"小游戏"和小程序，让"上海女性"的粉丝时刻有互动的欣喜，也成为吸引"新粉丝"的利器。

三、关于政务新媒体发展的若干思考

在现阶段政务新媒体的发展中，有一个需要继续探索的问题：如何持久地将粉丝留住？

根据对"上海女性"粉丝构成的分析,女性约占70%,男性约占30%;从省市分布来说,上海本地粉丝约占60%。通过对推送文章的受欢迎程度分析发现,育儿类文章的受欢迎程度较高。因此,可以推断"上海女性"粉丝群体可能大部分是80后妈妈,也可以说,"上海女性"的粉丝是属于有态度的家庭主妇。由于"上海女性"的内容具有独特性,很多活动、服务可以随时查阅,也留住了很多粉丝,粉丝黏性是有的。但这种黏性能持续多久,其实是很多政务新媒体都在不断探索的问题。

理论上,吸粉之后最重要的,是通过优质内容把这些新增加的粉丝留住,但现在是信息爆炸的时代,除了极具特色又能吸引大部分网友眼球的原创内容具有不可替代性,其他诸如新闻、生活百科、心灵鸡汤等都会变成可有可无、随时可能被替代的内容。或许功能性便民内容会成为黏住粉丝的"利器",例如与每个人戚戚相关的公积金、养老金等的查询,交通违法的查询等等。作为"上海女性",虽然在功能性便民服务内容方面已有所实践,但如何打造一款具有妇联特色、不可替代的服务内容还需要不断地摸索。

谈到新媒体的未来发展趋势,专业化是一个很重要的课题。第一,要有专业化的媒体素养。政务新媒体的影响力不亚于传统的报纸杂志和电视,对媒体素养有一定的专业要求。第二,作为政务新媒体,政务的专业素养也有要求。比如,对妇联的政务新媒体而言,要发布妇女儿童维权相关的法律法规、家庭教育领域的专业知识、女性社会组织的信息、妇联组织的工作,等等,这些都需要具备专业的理论知识。对于政务新媒体人来说,这两块的专业应双重叠加、互相渗透。对于妇联新媒体的小编来说,既要有专业媒体人的素养,又要有妇联的工作理念、性别平等的价值理念。群团组织的新媒体与一般的政务新媒体不太一样,政务新媒体有很强的发布功能,有很多信息、政策。对于妇联来说,政策性的比较少,更多的是服务类内容,以及与女性群体的联动。

未来政务新媒体将如何发展,目前也没有定论,但可以肯定的是,不管以哪一种形式出现,政务新媒体都是一种载体,是政府和百姓之间传递信息的桥梁,是权威、可信的象征。不管载体怎么变,政务新媒体的存在肯定是有必要的。作为妇联,要顺应趋势,不断地对自身进行变更,才能成为令女性满意的"网上娘家"。

作者简介:
陈建军:上海市妇联宣传与网络工作部部长
徐维娜:上海市妇联宣传与网络工作部副部长
江海伦:上海市妇联宣传与网络工作部副主任科员

创新社会组织模式,助力精神文明建设

——以静安区社会组织联合会为例

顾维民

摘 要: 社会主义精神文明是人类精神文明发展的重要阶段。它是以马克思主义为指导,在社会主义制度下形成的人类历史上新型的精神文明,是现代化社会主义建设的重要目标和重要特征。加强基层建设和创新社会治理,可以说是构成文明城市总体格局脉络的分支之一,作为枢纽型社会组织的静安区社会组织联合会(以下简称"区社联会"),在区域化党建工作中有实效、有突破,更好地推进了创新社会治理的各项工作,在参与城市公共文明建设、服务于"城市治理"中体现了社会责任。

关键词: 枢纽型社会组织 党建工作 创新社会治理 社会协同

2006年10月,党的十六届六中全会作出的《关于构建社会主义和谐社会若干重大问题的决定》明确提出,要健全"党委领导、政府负责、社会协同、公众参与"的社会管理格局。其中,"社会协同"力量的主体和基础之一是社会组织,培育社会组织健康有序发展是实现"社会协同"的重要前提。中共静安区委、区政府认真贯彻中央和市委、市政府关于加强社会建设、创新社会治理的要求,创建了以社会组织服务、指导、孵化社会组织的枢纽型社会组织服务管理模式,以体制机制创新集聚强大的内生动力,扎实有效地推动了社会组织参与创新社会治理的各项工作。

社会组织作为社会治理的重要参与力量,也担负着强烈的社会责任和历史使命，在构建社会和谐、促进精神文明建设等方面具有独特的优势和价值。

一、枢纽型社会组织服务管理模式的创建背景

（一）社会组织参与社会治理的必要性

为更好地推进静安区加强基层建设和创新社会治理的各项工作，2006年底，区委、区政府组织力量成立课题组，调研总结出社会建设中存在的滞后现象，而这些问题导致基层社会治理不能满足日益增长的社会多方矛盾。要改变这种制约静安区科学发展的现状，仅靠政府行政力量和体制内的其他力量还不够，必须整合社会资源，让"第三方"——社会组织，在各级党组织的政治领引和政府的支持下，进一步发挥其不可替代的社会协同作用，更加深入有序地参与社会治理和创新。这符合加强基层建设和创新社会治理的需求，是在加快城市现代化进程中解决基层社会治理供需矛盾的必然选择。

（二）枢纽型社会组织服务管理模式的应运而生

1. "社会组织联合会"成立的及时性

面对日益多样化的"民有所呼"，单靠政府这一个"供应商"，越来越应接不暇，甚至力不从心。把社会力量组织起来，让社会组织参与到基层社会治理中来，可以实现服务与需求的"多对多"，并且在政府与社会之间设置"缓冲带"，这正是静安区创新社会治理的突破口。区委、区政府于2007年5月在深入调研、掌握实情的基础上，制定了《关于进一步加强社会组织工作的若干意见》，明确提出了"新时期的社会组织工作是党和政府的一项重要工作，是构建社会主义和谐社会的一项基础性工作"。为此在党建引领下创新了社会组织枢纽型服务管理协调的体制机制和运作模式，即成立社会组织联合会。

2. "社会组织联合会"成立的必然性

静安区社会组织联合会（以下简称"区社联会"）成立于2007年6月18日，是登记管理机关和业务主管单位为静安区民政局的一家联合性社会团体，

是倡导在章程的指导下以社会组织服务社会组织的枢纽型组织。通过完善党建工作体制，传递党和政府的声音，发挥整合（组织的联合）、协调（协调矛盾、协同行动）、代表（传递声音、反映诉求）的功能作用，体现出在党建引领下的强劲的凝聚力。12年的实践充分证明，就社会组织而言，个体的组织为了整合资源、畅通信息、提升能力、扩大社会影响力，在客观上都存在"再次组织起来"的必要性，在主观上都存在结成联盟走向联合的强烈愿望。区社联会实行的是"会员制"，属于以党建为引领的枢纽型、结构性的社会组织，会员单位在章程的认同下结合在一起成为有组织的社会组织，使他们找到家的感觉，形成联结上下左右各个维度的全方位的党建网络、服务网络，在党建引领下，通过枢纽功能的发挥，有效整合和优配信息、资金、人才、技术等各类资源要素，为社会组织发展起到积极推动作用。这种在党建引领下开创的工作新局面，是进一步加强社会组织党建工作，实现工作和组织双覆盖的必由之路。

二、枢纽型社会组织服务管理模式的创新与实践

社会主义精神文明作为社会主义的重要特征，应与个体、家庭、单位、社区等区域范围内"小"生态环境的好坏密切相关，是社会主义制度优越性的重要表现。枢纽型社会组织在创新社会治理、改善生态环境、提升"城市公共管理"上有着不可小觑的重要作用。着眼于长远，关于城市公共文明的建设，从"自建"目标到追求"共同"目标的转变，枢纽型社会组织有着不可推卸的社会责任。

（一）"区社联会"组织架构的创新

2007年6月，在区委、区政府的坚强领导下，在市区两级职能部门的支持指导下，静安区在上海率先成立了区级社会组织联合会（即"1"），之后又相继在5个街道（即"5"）和劳动、文化、教育等条线系统（即"X"）成立了社会组织联合会，形成了"1+5+X"枢纽型社会组织服务管理模式的

组织架构。"1"和"5"是属于地域类的枢纽型社会组织,"X"属于领域类的枢纽型社会组织,"X"的创建较好地弥补和解决了有些专业性较强的社会组织因业务指导系垂直管理,党组织是属地管理,开展工作不顺畅等问题和矛盾。而后随着原闸北、静安两区"撤二建一",5个街道扩大到14个街道,"X"条线也在不断更新。截至2017年,静安区建立了"1+14+X"枢纽型社会组织服务管理模式,成为全市率先达到街(镇)社服中心、社联会双覆盖、两轮驱动的城区。地域类(块)和领域类(条)的有机结合,形成混合类枢纽型社会组织服务管理模式,属全国首创。

(二)"区社联会"党建工作的实践

社会组织党建工作,是整个基层党建工作的重要组成部分。在区委、区政府的重视关心和支持下,在区委组织部、区社工委、区民政局(社管局)等领导和指导下,区社联会成立之时,上级党组织同时批准社联会党总支成立,使党组织的政治核心作用得到了组织保证。区社联会把"党的领导、党建引领"写入了章程,并经社联会理事会、会员大会表决通过,成为所有会员共同遵守的行为准则,把党的领导和社会组织依法自治、依章履职有机统一起来,在党建引领下,发挥服务管理协调功能作用,把各个分散的社会组织凝聚起来,引领社会组织健康发展。区社联会党总支坚持"党建工作贯穿社会组织各项建设工作始终"的理念,创建了社会组织区域化党建"共同行动"工作联盟。

通过以下主要工作为切入点,切实有效发挥了枢纽型社会组织区域化党建工作平台的优势。

1. 评优选优、宣传推介、以老带新、帮扶指导多措并举,着力推动社会组织人才队伍建设。在区社会工作党委、团区委等相关部门的指导支持下,区社联会党总支推出"静安区社会组织人才成长阶梯计划"。依据社会组织人才职业发展各阶段需求,打造初、中、高三阶段、六阶梯式培养人才成长路径。其中六阶梯主要为:阶梯1——青年志愿专业联盟、新的社会阶层人士联盟、社会组织团工委;阶梯2——春芽基金公益学堂;阶梯3——青年创益家；阶梯4——公益导师带教；阶梯5——CEO专项提升班、境外专题培训班；阶梯6——社会组织之星、青年英才、区社会优秀人才、两代表一委员等各类评优评先。培育出的中青年社会组织领军人物为社会组织注入新鲜血液和活力，其中的积极分子光荣加入中国共产党，在各自领域发挥着先锋模范作用，巩固了党的执政基础。

2. 以公益活动为载体，充分发挥党组织的组织功能和政治功能，激发广大党员发挥先锋模范作用的内生动力。例如：开展每月一次的大篷车进社区和每年一次公益节等活动，号召和鼓励党员"无论工作生活在哪里，都要发光闪亮"，营造"党员组织关系由一个党组织主管（一方隶属）、参加多个党组织活动"的氛围；开展"夏季送清凉、冬季送温暖"活动，走访慰问生活发生困难和生病住院的党员和群众，把党关心群众的优良传统延伸到社会组织，使广大党员以自己的实际行动向社会传递共产党员的责任。

3. 以"结对共建"和"活动共建"为载体，增强社会组织党建工作的活力和成效。例如：组织青年骨干赴南京市栖霞区委党校举办理想信念教育培训班，推动跨区域党建经验交流，共享党建成果；指导帮助社会组织开展党建工作星级评定活动，引导社会组织在党建引领下依章履职，独立自主、充满活力地开展活动等。

4. 以党的建设"工作"和"组织"双覆盖为目标，针对难点、突出重点加大推进力度。例如：重点帮助影响力较大但尚未建立党组织且服务对象为特殊群体的社区调处类社会组织，以及一些草根色彩强、尚属初创期、规模较小、党员人数达不到建立党支部条件的社会组织开展党建工作；精心指导那些业务日益扩大、员工数和党员数不断增加并符合条件的社会组织成立党组织等。

5. 成立社区调处、青年志愿、社区服务、公益慈善、为老服务、新的社会阶层人士、业委会建设等专业联盟，并与区域内相关的党政部门相对应，既能得到他们的关心支持，又加强了政社合作，为加强党建引领社建、强化枢纽管理创新组织设置。适应社会组织数量日益增多、工作领域日益扩大新情况，区社联会和党总支以区域化党建为依托，加强联系沟通、扩大交流、专业指导。据不完全统计，2017年年底，社区调处专业联盟机构和个人共获得78项市级以上先进荣誉称号。青年志愿专业联盟中，到如今已有70余家社会组织由青年人担任负责人，涌现了一大批优秀的青年领军人物。2017年12月，团中央举办了"中国青年社会组织公益创投大赛"，上海有5家社会组织进入100强，其中有3家社会组织来自静安区青年志愿专业联盟，他们分别是：上海众谷公益青年发展中心"爱传递·再生电脑教室"项目夺得总分第一名入围首强，荣获金奖；上海乐创益公平贸易发展中心"去远乡学手艺"项目入围50强；上海聚善助残公益发展中心"O2O慈善超市"项目入围100强。专业联盟组织设置的创新，使全区各类专业的社会组织，在党建引领和枢纽管理的推动下，培育发展有序推进，社会协同作用有效发挥。

（三）"区社联会"创新实践的成果

区社联会作为区层面的枢纽型社会组织，以"党建引领、调查研究、咨询指导、合作交流、诉求反映"为业务范围，通过党建引领——把握社会组织发展方向，提升社会组织党建工作针对性和有效性；服务凝聚——坚持章程主导下的"社会组织服务社会组织"理念，提升和改善社会组织发展的生态环境；关系协调——拓展枢纽平台、增强纽带功能，发挥好政府、企业、社会组织之间的润滑剂作用；资源整合——开展交流合作，推动跨界合作，促进和增加社会组织社会资源、社会资本的积累；利益代表——紧贴社情民意，建立与党政部门有序、畅通、真实反映社会组织诉求和建议的渠道，激发了社会组织参与社会治理的热情和活力，在促进经济发展、繁荣社会事业、创新社会治理、提升居民群众的获得感和满意度等方面发挥了积极作用。

十二年来，区社联会获全国先进性社会组织、国家5A级社会组织、全国和上海市巾帼文明岗、上海市十大社会建设创新项目、上海市三八红旗集体、上海市文明单位、上海市青年五四奖章（集体）等荣誉称号。区社联会党总支获评上海市五星党组织、上海市"两新"组织先进党组织等。静安区枢纽党建入选中国社会建设大辞典，静安区获全国社会组织创新示范区称号，其中枢纽型服务管理模式是最重要的创新亮点。由人民出版社出版的国家社科规划基金重点课题《社会组织与国家治理现代化》一书中收集的三个案例中，"枢纽型社会组织管理服务模式"作为上海唯一入选的案例。

实践证明，静安区创建的枢纽型社会组织服务管理模式，是具有时代特征、上海特色、静安特点且行之有效的社会组织服务管理协调新模式。市区领导、诸多著名社会学家、学者、主流媒体、专业刊物对这一全新的服务管理模式给予高度关注和积极评价。著名社会学家邓伟志教授指出："静安区有眼光，把社会组织联合起来，走在了前面。"市委组织部、市委统战部、市社工委、市社建办、市民政局、市社团局领导多次来社联会指导工作，予以关心。全国各兄弟省市和兄弟区有关领导、高校和社会组织纷纷来区社联会交流经验、共同探讨进一步发展的对策。多家主流媒体对枢纽型社会组织服务管理模式进行了有影响的报道，如2010年3月2日，《文汇报》以"1+5+X：助'草根'长成芳草地"为题目，在头版头条作了专题报道，在上海世博会城市主题馆上也得到了展示。近年来，一批有影响力的社会组织、领军人物、优秀项目孕育而出，荣获全国先进称号30余项，市级集体和先进个人称号200余项，成为参与社会建设、促进社会和谐的重要力量。

三、枢纽型社会组织凝聚社会治理精神力量的启示

（一）必须始终坚持党建引领社建

习近平总书记指出："党政军民学，东西南北中，党是领导一切的，是最高的政治领导力量。""把抓好党建作为最大的政绩。""我们党是靠革命理想和铁的纪律组织起来的马克思主义政党。"改革开放四十年来，特别是进入新世纪以来，社会组织发挥着不可替代的重要社会协同作用，已经成为我国国家治理体系的重要参与者和实践者。凡是有群众的地方，就应该有党的工作，凡是有党员的地方，就应该有党的组织，凡是有党的组织的地方，就应该有党的活动。为此必须引领社会组织能够自觉接受党的领导，坚持社会主义核心价值观，积极参与基层社会治理创新，助推社会稳定、促进社会和谐。使其能够与中央精神、国家发展的大局同频共振，更好地参与到国家治理之中，

凝聚起改革发展的强大合力。

尤其要注意坚持党组织活动与社会组织发展紧密结合，与党的统一战线工作紧密结合，与人才培养工作紧密结合。要贴近群众需求开展活动，提供群众期盼的服务，要结合社会组织特点开展活动，注意摆脱过于依靠行政手段推进党建的惯性思维，善于设计"又红又潮"党建品牌，运用"柔性"的有声有色的方式灵活务实地开展工作，更好地组织、引导、团结社会组织和从业人员。

（二）必须始终坚持以服务社会组织为使命

为积极有效发挥社会组织功能，使其在参与社会创新治理中发挥重要协同作用，枢纽型社会组织要用自己的服务成果来提高公信力，赢得政府和社会组织的信任和支持。枢纽型社会组织的使命是什么？使命就是：在党建引领下，陪伴社会组织健康有序成长。通过以党建为引领、以枢纽为平台、以服务为使命，努力把党的政治优势、组织优势、群众工作优势转化为社会组织人才优势和生态环境优势，在实践中学会同社会组织工作者、同新社会阶层代表人士打交道的本领。引领和激发各社会组织服务意识和公益情怀，使其在实施公益项目的进程中，要有新作为。通过把握需求导向，发挥"互联网+公益"功能，多维度无缝衔接①的跨界合作吸收、动员青年群体参与等有效的服务形式，让社会组织切身感受到服务的价值，建立起彼此的信任感和认同感，适时发现和了解社会组织阶段性的个性和共性需求，切实解决他们成长中的烦恼，陪伴着他们一路成长，成为为社会组织服务好的"店小二"。

（三）党和政府的高度重视为社会组织健康有序发展提供了根本保证

静安区委、区政府 2007 年以来先后下发了 12 个涉及加强社会组织建设的

---

① 本文所谓"跨界合作要多维度无缝衔接"包括与政府、各类基金会、各类企事业单位、社会爱心人士等合作。

文件,把"加快培育发展社会组织"写入了区委、区政府的工作报告,写入了区"十一五""十二五""十三五"发展规划。先后多次召开推进区社会组织工作大会,对社会组织和枢纽型社会组织提出了明确的发展要求。区委、区府领导多次到区社联会调研,提出许多重要的指导性和前瞻性意见。区各委办局街道(镇)形成共识,在党建资源、人才、经费等方面给予枢纽型社会组织大力支持,为社会组织健康发展提供了重要保证。

枢纽型社会组织服务管理模式走过的 12 年,是社会组织参与社会治理创新取得明显成效的 12 年,也见证了静安经验模式备受肯定和推广。

2014 年 6 月,时任中共中央政治局委员、上海市委书记韩正在市委办公厅专报上批示:"静安区多年来在探索社会组织区域化党建工作平台和枢纽型社会组织管理模式的实践中有创新、有突破、有实效,很多做法市委组织部、市社会工作党委、市民政局等有关部门应深入研究总结。"

中办、国办发〔2015〕46 号文件指出:"鼓励在街道(乡镇)成立社区社会组织联合会,发挥管理服务协调的作用。"财综〔2016〕54 号文件指出:"鼓励在街道(乡镇)成立社区社会组织联合会,联合业务范围内的社区社会组织承接政府购买项目,带动社区社会组织健康有序发展。"上海市委关于创新社会治理加强基层建设的"1+6"配套文件指出:"要拓展枢纽型组织平台,各区县要立足实际,推进枢纽型社会组织建设,依托枢纽型社会组织加强党建引领,建立联系相关社会组织的工作机制和沟通渠道。"

伴随着改革开放历史潮流的蓬勃兴起,区社联会在"一流中心城区""双高区""国际静安、圆梦福地"战略目标引领下,在顺应区域经济社会科学发展声声呼唤中应运而生,历经了十余年艰辛的实践探索,记录了一条不断跋涉前行的红线,展示了昂扬向上的风采,诠释了社会组织是加强基层社会治理的一支不可或缺的社会协同力量。

作者简介:
顾维民:上海市静安区社会组织联合会会长、经济师

以楼宇社区为平台，探索新时代城市基层党建新路径

——黄浦区淮海中路街道推进楼宇党建的实践

金韶靖 李连涛 陈祥勤 冯 莉 马丽雅 李锦峰

摘 要： 作为全球城市的上海，楼宇经济已成为上海经济社会发展的重要支撑。商务楼宇，作为城市发展和城市空间改造升级而出现的新型产业、经济或空间形态，是新型的城市聚落生态。商务楼宇既因为天然的地缘业缘关系而成为"垂直的社区"，又因为作为相对独立的功能单元而成为"治理的社区"。淮海中路街道借鉴社区的理念和治理经验，出台《新时代商务楼宇党建工作行动方案》等文件，按照基层党建区域化和基层治理网格化的工作思路，积极探索以商务楼宇和功能片区为功能社区和治理单位，创新楼宇党建工作法，以楼宇党建引领楼宇社区参与城市基层治理，推动城市基层党建工作的优化和完善，为新时代探索符合城市化特点、趋势和规律的基层党建新路提供了有益的参考。

关键词： 新时代 城市基层党建 楼宇社区 楼宇党建

作为全球城市的上海，高楼大厦林立，是众多大型商务楼宇的集聚地，楼宇经济已成为上海经济社会发展的重要支撑。淮海中路街道借鉴居民社区的理念和治理经验，探索以商务楼宇和功能片区为治理单位，打造楼宇社区党建新架构，创新楼宇社区党建新方法，努力扩大党在城市基层的组织覆盖

和工作覆盖，增强基层党组织的政治功能和服务功能，提升党领导城市基层社会治理的能力。现就相关调研及实践情况汇总如下：

一、探索城市基层党建新路径的背景和起因

淮海中路街道处于黄浦高端服务业发展的核心地带，因淮海中路而得名。街道"四地特色"明显，即：党的"一大"会址所在地、商业商务的集聚地、时尚休闲的生活地和特色文化的展示地。辖区拥有世界级商业街区和国际高端商务区，有31幢商务楼宇，100多万平方米的商业、商务办公面积，其中18幢为年税收亿元楼，实际工作人口近10万；同时，"二元结构"特征明显，南部地区仍有近20万平方米的成片二级以下旧里。

党的一大会址坐落在淮海街道，历史传承的红色资源丰富；经济繁荣繁华，央企、市企、区企等体制内的组织坚强有力；教育医疗体系，保障完善。这都为街道党建工作提供了坚实的基础，在长期的实践中也形成了一系列的党建品牌和工作经验。新时代，在新的形势下，在推进城市基层党建方面普遍存在两方面矛盾：第一个矛盾为组织设置与城市经济社会发展不相适应；第二个矛盾为党建责任落实与全面过硬要求还有一定差距。具体表现在"老、弱、散"3个方面：第一个方面体现在居民区层面是"老"：居民区存在党员年龄老化、工作活力不足、工作后劲乏力等问题。第二个方面体现在商务楼宇层面是"弱"：商务楼宇企业主动做党建的内生动力不足，"两新"党组织（尤其是在外资企业）"弱化、虚化、边缘化"，"两新"组织党员身份意识弱化、主动性积极性不强等现象依然存在。第三个方面体现在基层党建组织力方面是"散"：社区与商务楼宇之间、楼宇与楼宇之间、企业与企业之间，相互服务、资源共享、自我管理还缺少机制化常态化平台；居民区党建、"两新"组织党建、区域化党建"三建"深度融合还缺少有效的"黏合剂"。

商务楼宇，作为城市发展和城市空间改造升级而出现的新型产业、经济或空间形态，是新型的城市聚落生态。商务楼宇既因为天然的地缘业缘关系而成为"垂直的社区"，又因为作为相对独立的功能单元而成为"治理的社

区"，这就是楼宇社区。但过去在楼宇服务中，往往只注重经济效益，而忽视了其社会属性。如何兼顾楼宇社区的双重属性，更好地服务和凝聚楼宇人群，回应楼宇社区居民的诉求，打通楼宇内部企业之间、楼宇与楼宇之间、楼宇社区与居民社区之间的融合渠道，成为街道需要迫切解决的治理难题。

二、以社会主义核心价值观为导向的党建创新与措施

淮海中路街道按照社区理念和社区治理的基本思路，以习近平同志新时代中国特色社会主义思想为指引，出台《新时代商务楼宇党建工作行动方案》等文件，以商务楼宇社区为依托，以公共管理、公共服务、公共安全为主要内容，搭建治理载体、构造服务平台，通过楼宇社区党建工作，巩固党在城市的执政基础，服务区域发展和广大群众，推动"居民区党建""两新组织党建""区域化党建"等各领域党建融合发展，从而为高质量发展和高品质生活提供坚强的组织保障。

（一）创新楼宇社区党建架构：片区"小网格"助推党建"大格局"

科学划分党建分片区网格，推动区域化基层党建格局形成。街道根据商务楼宇性质特点和分布情况，将辖区划分为3个功能片区和5个责任网格，街道处级领导分领责任片区，机关干部联系居委、楼宇分组，加强统筹协调，推进党建责任网格与城市管理网格相对接，在片区和网格内统筹设置基层党组织，统一管理基层党员，形成以街道党工委为核心、楼宇社区党组织为基础、其他基层党组织为结点的区域化和网格化的党建工作体系。

以党建"小网格"为基础，创新楼宇社区党建组织架构。街道在东、中、西3个功能片区分别建立"片区联合党委"，标志性楼宇建立"楼宇联合党委"，其他楼宇建立"楼宇党建促进会"。片区或楼宇联合党委由街道社区党委提名，街道党工委任命产生；"楼宇党建促进会"实行轮值召集人制度，一

般由楼宇业主或物业单位党员负责人担任。片区和楼宇党组织负责统筹本片区各类社会资源，凝聚各类党组织，领导、管理、监督本片区党建工作。

以党建联席会议为平台，助推楼宇社区党建"大格局"。在"市—区—街道—（楼宇）社区"四级联动的城市基层党建工作体系中，街道充分发挥"轴心"作用，通过区域化党建联席会议，下设社会治理、民生保障、社区公益、文化体育、经济服务等5个专门委员会，并依照功能和责任片区的划分要求，将这些职能分解下沉各个片区、楼宇，优化组织设置，完善工作机制，加强分类指导，以片区或楼宇党建助推城市基层党建"大格局"。

（二）创新楼宇社区治理框架：变单一"经济体"为综合"社会体"

以"楼宇党建"为引领，打造利益、责任和命运共同体。街道按照"党建引领、面向企业、服务员工、社企共建、商务共管"的思路创造性地构建集"三公"职能与社区治理于一身的"商务楼宇社区"。促进街道与楼宇、楼宇与社区、楼宇与企业，以及楼宇间、企业间的互动交流沟通，达到"楼宇党建"引领人、"楼宇网络"组织人、"楼宇服务"吸引人、"楼宇活动"凝聚人，形成"楼宇+社区"的生活共同体和利益共同体。

"一委一会"联动融合，打造楼宇社区治理新框架。街道积极协调区相关职能部门事权下沉，将辖区企事业单位的负责人代表纳入商务楼宇服务管理平台，在片区联合党委牵头指导下，吸纳重点企业负责人代表，"淮海+伯乐汇""企业家恳谈会""楼宇物业联席会议"以及"淮海路经济发展促进会"等平台成员代表，成立"企业发展促进会"，与片区联合党委合署办公，着力打造集多元自治共治于一体的楼宇社区治理新框架。

"一站多点"立体服务，打造党建管理服务新阵地。街道依托于楼宇产权单位、物业公司、入驻单位的资源优势，利用楼宇和驻楼企业"共享空间"，采用"一中心一站多点"的布局模式，服务辐射辖区内所有商务楼宇。"一中心"即党建服务中心，"一站"即企业新天地党建服务站，"多点"即坐落于主要商务楼宇的党群服务联系点，引入党务、政务和社会服务的资源项目和活动平台，构建立体化的党建管理服务工作体系。

（三）创新楼宇社区党建工作机制：从被动等待到主动服务零距离

实施党建群团"全岗通"，实现服务精准化。街道在辖区内片区网格科学细分的基础上，明确片区网格员党建、群建、社会建设、统战工作、营商环境等六大职责清单，实行党建（群团）全岗通。动态完善"一企一表、一楼一档"制度，按照组织覆盖情况分类，进行"红、黄、蓝"分色管理。同时，街道按照有活动阵地、有工作队伍、有服务项目、有信息平台、有经费保障的标准，有针对性地打造楼宇社区各类党建平台，完善线下党建阵地。

完善党建信息平台，实现党建"智慧化"。街道依托社会治理信息管理系统，搭建党建（群团）全岗通信息平台，实时更新汇总每幢楼宇和每家企业、白领员工以及居民区各类需求和意见建议，推进党建工作信息化智能化工程。同时，街道运用"互联网+党建"手段，借助街道APP、微信公众号、微信群等手段，将辖区内楼宇、社区、企业和白领有效连接起来，打破传统党建"限时、限地、限人"的束缚，建设线上党建阵地。

开发打造"淮海+"，实现党建品牌化。"淮海+"是淮海街道党建工作品牌。"淮海+"有三层寓意：第一层寓意是谐音淮海家，寓意幸福淮海家；第二层是加法的"+"，寓意大数据互联网时代，党建内容和对象不断叠加；第三层是更佳的意思，寓意通过共同努力，前景更加美好光明，品牌内涵不断丰富。街道针对商务楼宇社区，创造性地开发了诸如"淮海+伯乐汇""淮海+六益服务""淮海+智库"等一系列"淮海+"党建品牌，推动形成体制内外联动联通协同一体的、区域化网格化立体化的楼宇社区党建新格局。

三、推进深化楼宇党建进程初有成效

（一）合理设置片区网格，有效推进了基层党建的规范化精准化

街道按照城市基层治理网格化的要求，利用区位优势和商务楼宇云集的

特征，以商务楼宇社区为依托，将辖区分为若干功能片区和责任网格。同时，通过整合资源、搭建平台、区域统筹、条块联动、分片负责、网格覆盖，将片区或网格打造为城市基层治理的有效单元，努力夯实城市基层党建的治理基础。由于街道在所辖区域合理设置片区网格，合理细化和明确工作责任分工，努力推动需求在网格发现、资源在网格整合、问题在网格解决，有力推进了楼宇社区党建工作的科学化、规范化、精细化和精准化。

（二）创设党建组织框架，有效实现了对城市基层党建的全覆盖

街道依托功能片区、责任网格和商务楼宇，按照"党委建在楼上、建在片区"和"党建+管理服务"的总体思路，依托市、区、街道和社区各级党务行政资源，统筹协调政府各职能部门事权下沉，将公共管理、公共服务和公共安全等事务分解落实到相应片区、网格，将相应管理服务延伸至楼宇、企业和员工，在城市区域化基层党建新格局中创新楼宇社区党建的组织架构和工作方式，以党建为引领，将楼宇社区打造为公共管理和服务平台，实现了城市基层党建对楼宇社区这一新兴领域从有形覆盖到有效覆盖的转变。

（三）依托楼宇社区平台，有力整合了片区网格的党建群团资源

街道在依托楼宇社区这一平台推进城市基层党建的进程中，将楼宇社区视为网格化的治理单元，将楼宇党建视为区域化的党建平台，按照"大党建"的思路，着力打造立体化综合性的党建管理服务阵地，从而打破了各领域党组织的隶属关系界限，打破了基层条线工作的各自为政状态，将各种不同成分、不同类型、不同隶属和挂靠关系的党组织整合在一起，将党建、群团、统战、管理、服务、优化营商环境等各条线工作整合在一起，使得以楼宇党建为抓手的城市基层党建和基层治理呈现出整体推进的态势。

（四）科学设计党建项目，提升基层党建引领城市基层治理能力

街道"支部+"党建模式，街道通过整合区域化党建等资源，科学设计党建项目，创造性地开发一系列"淮海+"党建品牌：为了凝聚外资企业人力资

源,打造"淮海+伯乐汇";围绕辖区党员群众的集中需求,打造"淮海+六益服务"品牌;聚焦社区和"两新"组织家庭子女的多元需求,打造"淮海+幸福暑期夏令营";为了提升"淮海+"党建品牌建设,建立"淮海+智库"专家顾问团,为推进城市基层党建献计献策。街道开发的这些党建品牌,组织联建、队伍联育和项目联办,有效提升了基层党建引领城市基层治理的能力和水平。

四、关于楼宇党建的经验与启示

淮海中路街道按照区域化和网格化的工作思路,以打造楼宇社区为导向,创新楼宇党建工作法,以楼宇党建引领楼宇社区参与城市基层治理,推动城市基层党建工作的优化和完善,形成了一系列可复制可推广的经验与做法,为新时代探索符合城市化特点、趋势和规律的基层党建新路提供了有益的参考。

(一)打造以"楼宇经济—楼宇社区—社区治理"为基石的基层党建联合体

作为城市综合体,商务楼宇既是一种新型的产业或经济形态,又是一种新型的社会聚落形态,同时还孕育着一种新型的城市治理路径。在网格化的城市基层治理和区域化的城市基层党建中,淮海中路街道推进楼宇党建的基本主旨,就是以楼宇为社区,强化党建引领,强化区域融合、智能联通、功能完善和队伍支撑,将楼宇打造为有着共同的利益纽带、责任关联和情感认同以及稳定的工作圈和生活圈的社区共同体,打造为集楼宇经济、楼宇社区、楼宇管理和楼宇服务于一身的治理综合体,打造为集各种类型的党组织于一身的基层党建联合体。

(二)推动形成以"楼宇+社区"为党建平台的城市基层党建新格局

作为城市基层新兴领域的党建工作,淮海中路街道利用商务楼宇稳定的商务关联、地缘空间、业缘纽带，统筹各类资源，创新管理体系，打造服务平台，来对冲"两新"组织的"不稳定性"和"两新"党员的"高流动性"，构建以楼宇党建引领的集"自治—共治—法治—德治"四治于一体的基层治理新格局。同时，统筹楼宇（工作社区）和居民区（生活社区），通过健全体系、优化机制、强化功能、加强队伍建设和组织保障，统筹各类党建资源，着力形成全区域统筹、多方面联动、各领域融合的，适应城市深化发展的区域化基层党建新格局。

（三）深入把握楼宇社区党建规律，探索新时代超大城市基层党建新路径

在城市深度发展和城市空间改造升级的今天，楼宇党建不仅是城市基层党建的一个新领域，而且也是基层党建符合城市深化和城市发展的新趋势。淮海中路街道始终按照"党组织建在楼上"和"党建引领社区治理""党建服务营商环境"的总体思路，从宏观"规划"思路而不是既定"供给"思路出发[1]，将商务楼宇这一新兴领域作为新型的微观治理单元，纳入城市基层治理网格，将其着力打造为有着共同的利益、责任和情感联带的新型社区，在城市基层区域化党建新格局中积极创新商务楼宇社区党建工作，逐渐走出一条引领城市基层治理、符合城市化要求的基层党建新路。

作者简介：

金韶靖：时任淮海中路街道党工委书记，现任黄浦区商务委员会主任

李连涛：淮海中路街道党建办主任

陈祥勤：上海社会科学院中国马克思主义研究所副研究员，上海党建研究会特邀研究员

---

[1] 关于"供给"思路与"规划"思路的区别，可以用"半杯水"的例子做类比。如果从"供给"思路出发，只盯着杯子里一半的水，那么，关于这半杯水的讨论就不会超越关于水的尤其是"半杯水"的议题；如果从"规划"思路出发，把目光从"半杯水"移开，看到另半个"空杯子"，那么，关于半杯水的讨论就会超越半杯水甚至水本身，去探讨另外一半的可能性。

冯　莉：上海社会科学院中国马克思主义研究所研究员
马丽雅：上海社会科学院中国马克思主义研究所助理研究员
李锦峰：上海社会科学院中国马克思主义研究所副研究员

全面构建"家校共育"模式，用心呵护学生和谐成长

浦东新区教育局

摘　要： 当前，家庭教育与学校教育之间的矛盾点和配合度越来越受到社会各界的关注，"家校共育"的认可度在不断提高，但在担责担难，行动落实方面却良莠不齐。浦东新区近年来致力于探索浦东"家校共育"模式，将学校心理健康教育与家庭教育指导工作有机结合，在顶层设计、机制建设、教育人才、教学课程、服务资源等方面，与家长"手拉手""肩并肩"，共同为学生的心理成长、行为偏差和学习问题出谋划策、无缝对接、优势互补，形成教育合力，促进学生身心健康和谐发展。

关键词： 家校共育　共育机制　人才建设　资源合力

一、"家校共育"新模式的背景

习近平总书记在2015年春节团拜会上说"家庭是社会的基本细胞，是人生的第一所学校"。在会见第四届全国文明城市、文明村镇、文明单位和未成年人思想道德建设工作先进代表时，习近平总书记强调："大力加强社会公德、职业道德、家庭美德、个人品德建设，营造全社会崇德向善的浓厚氛围；大力弘扬中华民族优秀传统文化，大力加强党风政风、社风家风建设，特别是要让中华民族文化基因在广大青少年心中生根发芽。"可见加强家庭教育的重要性，更可以看出用家庭的力量加强对青少年世界观、人生观和道德观塑

造的重要性。

家是最小国，国是最大家。只有家庭和谐，才能促进社会和谐；只有家庭文明，才能推动社会主义精神文明。良好的家风是社会主义精神文明建设的重要板块，是实现最美中国梦的关键。在当前精神文明建设如火如荼的背景下，浦东新区教育局、文明办、妇联和卫生局等部门高度重视家庭教育，深度思考家庭教育的建设与发展方向，借力于浦东新区相对成熟的心理健康教育，以促进全体学生身心健康与和谐发展为目标，将学校心理健康教育与家庭教育指导工作有机结合，不断提高学校心理健康教育水平和家长育儿能力，努力促进学生身心健康和谐发展。

二、顶层设计，构建"家校共育"新模式

浦东教育面广量大，学校677所（校区958个），在校学生48.6万名。为满足需求，扩大覆盖面，使所有学生都能接受心理健康教育，使所有家长都能接受家庭教育指导，使所有学校都有能力开展学生心理危机预防与干预，提升应对危机的能力，浦东新区制订了《浦东新区青少年心理健康教育"十三五"行动计划》，并以市级课题《浦东新区家庭教育指导中心内涵建设》为引领，进行了有效可行的顶层设计，构建起完备的工作体系。

（一）整体规划，分层布点，见行见效

2011年4月，浦东新区教育局、文明办、妇联和卫生局等部门协同成立了"浦东新区青少年心理健康教育发展中心"，2018年12月又成立了"浦东新区家庭教育研究与指导中心"，两个中心合署办公，有效整合了工作力量和专业优势，全面提升研究、指导与服务的效能和质量。同时，教育局组建了由市德育发展中心、市教科院、相关高校、市心理和家庭教育指导中心、市家庭教育研究会的专家组成的"浦东新区心理健康和家庭教育研究指导中心专家委员会"。两个"中心"常年无休面向全区中小学、教师和家长开展公益性心理咨询及家庭指导服务，并开通了24小时咨询服务热线。该中心获得全

国未成年人思想道德建设先进单位、上海市首批心理健康教育示范中心等称号。

在两个中心的牵头指导下，各学校均建立了"学校心理辅导室（家庭教育指导）"的两级心理健康和家庭教育服务网络，确立了"机构、队伍、课程、活动、科研"五位一体的工作内容，形成了"政策推动、宣传发动、多方联动、示范带动、评价促动"五位一体的运行机制，建立起完善的学生健康成长支持系统。在此基础上，全面启动了中小学心理健康教育达标校、示范校和家庭教育达标校、示范校创建评估工作。目前，全区完成上海市心理健康教育达标校评估的学校达277所，达标率为90%。其中市级示范校13所，区级示范校45所，占学校总数的14.6%。全国心理健康教育特色校1所，争创的2所；目前，浦东有市家庭教育示范校39所、区家庭教育示范校58所。2019年新申报市家庭教育示范校46所，区家庭教育示范校新增63所。市家庭教育示范校达学校总数的13%，区家庭教育示范校达19%。

（二）完善机制，分级分类，协同保障

1. 构筑防线

针对学生的不同情况，有针对性地开展学校危机预防与干预工作，构筑起了三级防线：一级预防——对于正常学生心理健康的关注，引导全体学生热爱生命、珍爱健康；二级预防——对于有心理问题学生的预防性干预；三级预防——对于有心理障碍学生的医教协同服务。

2. 应急响应

设立了区域应急响应机制，针对区内中小学校各种可能发生的危机事件或者已发生的危机事件，提供高效援助。主要举措：（1）申请处置机制。对于可能出现的危机问题，学校可以通过填写"学校需要心理援助申请表"，提出具体需求，区中心专职人员在24小时内做出回应。（2）发现处置机制。专职人员在热线接听和面询中，及时发现危机电话、危机面询个案，并予以针对性处理。（3）网格处置机制。浦东区域广，根据地域进行网格划分，当学校发生危机事件，区中心根据就近就便原则派遣该地区内的成员第一时间赶往现

场处置问题。

3. 严格考核

将心理健康教育和家庭教育指导工作纳入对各学校的考核指标,对因单位主体管理责任造成心理危机事件及学生人身伤害事件的予以一票否决。同时,为加强正确的舆论引导,创造健康和谐的网络环境,于2017年4月下发了《浦东新区教育局关于加强学校班级微信群管理的通知》,营造良好的家校共育互助氛围。

(三)人员整合,搭建团队,合力育人

为建设一支以专职教师为基础、兼职教师和班主任为辅助、骨干教师为引领、管理队伍为保障的高素质学校心理健康教育工作队伍,浦东新区制定下发了《关于"十三五"期间加强浦东新区中小学心理健康教育教师队伍建设的实施意见》,主要举措为:

1. 保证人员配备

重视专、兼职心理健康教育教师的配备及培养,原则上在区内每所学校教师岗位结构中安排心理健康教育教师编制1名,凡有2个及以上校区的学校至少2名,逐步提高小学专职心理教师的比例。专职心理健康教育教师能够享受班主任同等待遇。

2. 列入培训计划

在中小学校长、班主任和其他学科教师等各类培训中增加心理健康教育的培训内容,将心理健康教育教师培训纳入教师培训计划,其中对专职心理健康教育教师每年应进行不低于30学时的专业伦理、知识和技能等培训。

教师培训主要采取以下三种方式:第一种是分级分类培训。对全区学校心理教育分管领导、心理教师进行集中的专题培训,再由心理教师对本校全体教职工进行培训,完成三级预防的全员培训。第二种为名师带动培训。每月25日,邀请专家为志愿者和心理教师培训,并对危机案例进行督导、释疑解惑,提供深入的专业学习、研讨和个案督导的培训机会;邀请4位知名的心理专家开设心理名师工作室,以名师带教的方式,提升区内骨干心理教师专业

能力，构筑浦东新区心理健康教育人才高地。最后一种是问题导向培训。在开展培训前，调查了解学校在家庭教育指导方面的热点、难点和困惑，确立培训主题、制订培训计划。根据教师需求，开展专门培训，分为针对全区学校领导和教师的通识培训、对于示范校德育主任及骨干教师的骨干培训。通识班根据学段分为幼儿园、小学和中学，针对各学段的不同情况，分阶段上课，使培训更具针对性和实效性。

3. 打通评聘通道

优化和完善心理健康教育教师职称评聘工作，将各学段心理健康教育教师职称评聘纳入学校教师岗位聘用，打通心理教师初、中级职称与高级职称评审的通道。职称评聘过程中，同等条件下，心理健康教育教师优先考虑。

（四）课程融合，纳入规划，深入推进

将心理健康教育纳入学校整体规划，与学校德育、教学、科研、管理等工作相融合。小学、初中、高中，分别在每个年段的一个年级开设心理健康教育课程，使用上海市统一的心理健康自助手册作为教材。除此以外，在初三、高三等重要的年段开设相关的讲座，以提升学生应对各种压力的能力；编印了《如何应对考试焦虑》《人际交往指导手册》《浦东新区中小学心理危机干预资料汇编》等心理健康知识手册，并组织师生学习。同时，依据0—18岁家庭教育指导纲要和全国家庭教育指导大纲，分学段设专题课程，幼儿园12个专题，小学、初中和高中分别10个专题，分别指导家长如何帮助孩子健康成长、构建良好亲子关系、陪伴孩子顺利度过各个成长阶段。

（五）汇集资源，打通渠道，助力成长

1. 启动"医教结合"机制

首先，建立绿色通道。与市、区医疗机构签订合作协议，方便需要接受医学评估与治疗的学生及时转介和就诊。其次，提供医生咨询。聘请精神科医生在区中心为有心理障碍类问题的学生提供现场咨询。再次，实行跟岗见习。组织学校心理教师和中心志愿者在医生的带领下进行门诊和病房学习。最后，开展大型义诊。区中心连续3年联合市精卫中心、市心理中心、上海医学会等，组织面向全市的大型医教结合心理咨询活动，受到了广大师生和家长的欢迎。

2. 组建志愿服务团队

经过几年的努力，浦东新区组建了一支近160余人的心理咨询和家庭教育志愿者队伍，队伍专业能力强、工作素质高，志愿者职业涉及教师、公务员、专业机构人员、医生、警察、律师、全职主妇等。心理咨询志愿者全部拥有国家二级、三级心理咨询师资格证书或学校初级、中级心理咨询师证书，他们常年为中小学生提供免费的心理咨询服务，共同协商危机干预中所遇到的各类难题，获得了家长和学生的赞誉。家庭教育专家团队和家庭教育讲师团队两支团队，广泛传播先进的家庭教育理念、科学的家庭教育知识和方法，积极推进家庭、学校、社会"三位一体"的教育网络建设；讲师团向各学校及社区进行家庭教育课程配送，帮助家长更新家庭教育观念，优化儿童成长的家庭环境。

三、展望未来，实现"家校共育"新突破

家庭教育事关每个家庭的文明程度，整个社会的和谐发展，国家和民族的繁荣昌盛。浦东新区作为教育综合改革的试验区，要求将心理健康教育与家庭教育进一步整合发展，同向发力，先试先行，勤勉探索。其主要策略有以下三方面：

（一）在教育观念上，借助"日读""周问""月听"向广大家长传播育儿健康新教育

浦东新区学生教育规模占全市1/4，家长数量近百万，家长对于家庭教育指导和服务有着巨大且迫切的需求。目前，每个学校都设有家长学校，36个街镇均设有"家庭教育社区指导点"，实现指导全贯通，服务全覆盖。

日读——借助微信公众平台"空中父母学堂"每天推送有关心理和家庭教育专业资讯，发布家长关心的教育新闻、政策解读；提供海内外专业的心理和

家庭教育理念及教育信息，分享身边的育儿经验、教养观点和困惑解决方案。

周问——借助"空中父母学堂"广播互动平台，双周五中午十二点到下午一点在浦东电台FM106.5调频直播，栏目聚焦家长的关切，结合家长日常生活中遇到的心理和家庭教育种种问题，邀请专业人士，解惑释疑、互动分析、接受咨询，架设了沟通的桥梁。

月听——借助"非常家长慧"公益讲座平台，每月一次邀请一位有影响力的心理和家庭教育研究的专家学者、资深校长、特级教师、社会知名人士在浦东图书馆针对目前相关的难点热点问题发表演讲，普及教育知识方法，传播科学教育理念，交流教育前沿信息，触发教育观念碰撞，引发教育的灵感迸发，提高教育实践能力，为孩子营造健康、和谐的成长环境。

（二）在教育指导上，关注个体发展，提供个性化支持

由于儿童青少年发展的内在因素与外在因素各不相同，致使每个孩子的发展水平不同，因而对他们的健康服务需求不同。事实上，当前我国的儿童青少年健康服务无论是数量上还是质量上，远远不能满足儿童青少年发展的需求。随着互联网技术的飞速发展，5G时代的到来，通过大数据，使个性化服务成为可能。这些技术也必定会影响到教育的个性化服务。因此，在家庭教育指导和心理健康服务方面，我们也将探索为每一位学生提供个性化的服务。同时我们将特别关注在儿童青少年上的偏差行为和学习问题，探索科学的评估方法与技术，为学校提供成功的个案，编制适切的教程。通过"心理绘画"、绘本等表达性艺术媒材进行运用和实践的基础上，整体发挥表达性艺术辅导在心理辅导活动课、小团体辅导和个别心理辅导中的作用，逐渐形成一定的规模和特色，并将此心理特色朝纵深发展，形成更广泛意义上的效益，为家庭健康和谐造福。

（三）在教育研究上，聚焦"人格"完善和"生涯"规划，启动学生"人生"的快乐旅程

"人格"是学生心理品质的最关键因素，且重要关键期在6岁以前，而

家长无论在观念层面上还是行为层面上，对孩子的人格培养都最为缺乏，亟待填补，因此必须将心理健康教育延伸到家庭，延伸到 6 岁以前，紧密联系幼儿园、传播机构、社区指导点，给予学生全方位、深层次的关注。

"生涯"是学生兴趣、特长、发展的最紧要的元素，且重要的关键期在家庭和学校，家长与教师要帮助学生认识自己，悦纳自己，成就自己；同时通过了解社会需求，参与社会实践，逐步锤炼自己的品质，培养自己的特长。

心理中心和家庭教育研究与指导中心合力研究这一领域的课题。依据学生成长的心理特点，分阶段厘清重要的人格品质；提供相适应的培养路径和方法。探索一套富有成效的方式方法，形成浦东"快乐旅程"的系列课程。

2019 年 9 月召开的浦东新区教育大会上，出台了《浦东教育现代化 2035》（征求意见稿），文稿中提出了到 2035 年，率先实现国家、上海教育现代化。教育现代化，需要坚持"五育并举"，构建新时代的"三全育人"体系，在这个体系中呵护学生全面而健康的成长；在这个体系中离不开家庭教育指导和对学生心理健康的维护，所以我们将一如既往地在原先家校共育模式基础上，进一步探索其运行机制，为学生的全面发展助力。

精神文明建设的专业化：
浦东家庭社工专业服务实践

王丽蓉　许艳萍

摘　要：党的十八大以来，以习近平同志为核心的党中央从国家治理层面将家庭建设提升到新的高度，浦东新区妇联作为群团改革的先行者进行了大胆尝试。自2015年起，浦东新区妇联开展了家庭社工专业服务的试点，尝试探索"妇联牵头、社会参与、社工服务、家庭受益"的运作模式，运用三级妇联协同保障、专业社工分类服务等策略，面向基层、服务家庭，聚焦家门口服务体系建设，夯实"家庭文明建设指导服务中心"职能，并推进了社区家庭参与基层社区治理的实践创新。

关键词：家庭社工　专业服务　三级联动　社会参与

一、促进家庭社工专业服务的背景

改革开放以来，家庭结构核心化、老龄化带来的养老负担加重等，给婚姻家庭关系带来了深刻的变化。婚姻家庭观念从传统向现代、从封闭向开放、从一元向多元转变。与此同时，婚姻家庭问题也呈增多之势，婚外恋、家庭暴力、亲子沟通障碍、家庭经济纠纷、家庭关系紧张、家庭养老纠纷等问题不断涌现。这一系列的变化对家庭服务理念、服务方法及服务体系带来了严峻的挑战。现代家庭服务的提供、家庭文明的建设亟待一种方法的改革和管理的创新，而家庭社工专业服务无疑为我们提供了一种应对多样化家庭问题、弥补家庭教育不足、增进家庭功能、提升家庭文明的新思路。

家庭是社会的基本细胞,也是社会发展的基石,无论经济社会如何发展,家庭的生活依托、社会功能、文明作用都不可替代。党的十八大以来,以习近平同志为核心的党中央从国家治理层面将家庭建设提升到新的高度,始终高度重视家庭建设对促进国家发展、民族进步、社会和谐的极端重要性,深刻阐述了新时期家庭建设的总体要求、核心内容、实践路径和奋斗目标,这一系列重要论述和要求内涵丰富、一脉相承,充分体现了党中央对家庭建设的高度重视,也从顶层设计的高度布好局、谋好篇、开好路。

自2015年起,浦东新区妇联以习近平新时代中国特色社会主义思想为指导,深入贯彻"注重家庭、注重家教、注重家风"的重要指示,围绕《关于深化上海市家庭文明建设的意见》《上海市家庭文明建设"十三五"计划》的总体要求,试点探索家庭社工专业服务,积极回应群众的需求,满足人民日益增长的美好生活需要,聚焦家门口服务体系建设,夯实"家庭文明建设指导服务中心"职能,担负起教育妇女、指导家庭、服务社区的责任,弥补小政府大社会带来的薄弱环节和空白地带,为促进家庭和睦、社会和谐作贡献。

二、浦东新区家庭社工专业服务的探索实践

近年来,浦东新区妇联在全国妇联系统率先开展家庭社工专业服务,积极探索"妇联牵头、社会参与、社工服务、家庭受益"的运作模式,面向基层、服务家庭,为破解家庭问题,推动社会治理创新进行大胆尝试,推动市民素质和社会文明程度的提升。

(一)摸清底数,三级妇联协同蹲点开展调研

浦东新区妇联的家庭社工专业服务是基于社区开展的家庭综合服务,其核心便是对社区各类家庭功能的评估与服务匹配。家庭功能是衡量家庭系统运行状况的关键标志,家庭功能的正常发挥对个体的人格发展、价值观形成、

社会适应能力的培养、工作学习、身心健康等方面都起着至关重要的作用。

首先,认真开展"家庭大排摸",区、街镇、居村三级妇联联合开展蹲点式调研,并积极发挥基层知心大嫂、专业家庭社会工作者的作用,探索"妇工、社工、义工"协同联动,了解家庭基本情况,找准风险点,主动发现有潜在需求处于弱势的家庭,及时进行探访和干预。其次,在全面观察和收集到关于服务对象的情绪、行为、心理、认知、能力等方面的信息后,将个体的表现与所在家庭的功能状态相结合作出预估,判定家庭功能缺失的方面,从而预计有效的介入和逐步的调整,对所有走访家庭建立一户一档,对需要重点关爱帮扶的家庭,提供"一对一"专业服务。仅 2018 年,家庭社工专业服务覆盖全区 24 个街镇,共计调研走访家庭 6 800 户。

在开展服务的过程中,坚持家庭为本的分析视角,视家庭为一个整体,以整个家庭甚至家族作为问题的评估重点,并顾及到家庭中每一个成员的需求。在帮助家庭中个别成员或解决他们的个人困难的过程中,不把困难和问题视为个人的问题,而是看作整个家庭、成员互动上的问题,强调从增强家庭的整体社会功能上给予帮助,对于新时期家庭社会工作的探索创新具有积极意义。

(二) 分类施策,专业服务主动关爱干预弱势家庭

家庭社工专业服务强调运用社会工作的理论、方法和专业技巧,其目的在于协助解决家庭问题,改善日常家庭生活,提升家庭自身解决问题的能力,促进家庭关系的和谐及家庭功能的正常发挥。

浦东新区妇联的家庭社工专业服务重点关注沉默少数,服务弱势家庭,做好办实于细微处、进家门、见真情、有温度的服务,通过开展挂牌服务、开通"家庭社工信箱与热线"、设立"家庭社工接待日"等,免费向社区家庭提供婚姻、家庭等方面的咨询和指导。

1. 针对社区危机家庭,开展及时转介。家庭社工专业服务强调围绕家庭能力建设,建立妇工、社工、义工三方联动的"一站式"危机转介平台,对于一些面临家暴、家庭纠纷等危机的家庭实时转介,提供专业服务,及时进

行干预，提高其处理家庭危机的能力，增强家庭安全系数，完善家庭功能，有效提高家庭幸福感。以政社合作、专业服务的介入方式，实现真正意义上的"精准"服务。

2. 针对社区信访家庭，开展介入服务。凝聚了一批具有法律、心理、家庭教育、社会工作、婚姻关系调适等方面经验的专业团队，参与到妇女维权和婚姻家庭矛盾调处的项目服务中，形成了妇联组织和社会组织协同合作、优势互补、共促发展的良好局面。以服务为手段，以专业为支撑，联合化解信访突出矛盾，从生理、心理和社会等多维度地关心帮助服务对象，帮助信访家庭修复家庭功能，回归理性诉求，助力维稳服务。

3. 针对社区困境家庭，开展日常关爱。通过开设幸福家庭训练营、搭建"雏鹰助飞"自助互助平台等，围绕家庭生活管理、亲子关系、夫妻关系等主题开展家庭综合服务，传播幸福家庭建设理念，教授相关技巧，提升家庭在家庭生命周期发展过程中应对问题的能力，对困境家庭开展持续性、常态化的帮扶。

仅 2018 年，对 673 户家庭开展跟踪服务（其中，包括重症妇女家庭 284 户、失独家庭 80 户、信访家庭 28 户、残疾家庭 76 户、困境儿童家庭 156 户、吸毒家庭 10 户、家暴家庭 39 户等），正在处置的个案 203 例。在推进服务的过程中，坚持平等、尊重、接纳的价值理念，并强调助人自助的过程以及服务家庭的"自决权"。因此，在开展服务时，不是代替家庭来做决定，而是协助家庭寻找和获得内外部的资源，激发家庭自身的潜能，最终帮助家庭成员依靠自身力量改善家庭关系，促进家庭成员的成长，最终实现家庭文明。

（三）提升能力，培育队伍积极参与社会治理

运用社区工作法中的社区发展模式的理论视角，将社区中有需要的家庭转化为服务社区的家庭，将社区资源有效整合成网络闭环，不断为各类有需要的家庭提供服务，形成可持续、可发展、可复制的家庭社工专业服务。

浦东新区妇联的家庭社工专业服务把专业家庭社会工作理念引入各级妇联组织，一方面扎实开展三级妇联干部的增能培训，协助其学习新的工作理

念与技巧，创新工作手法，提升工作能力，从教授沟通与情绪调适的方法与技巧、增强条线工作基本能力角度出发，开展系列增能培训服务，提高妇女工作者服务社区家庭的能力。另一方面积极培育社区自治力量，2018年已培育"爱义妈妈团""花样阿姐""'兴福'宝妈营"等自助互助团队12支，从助人自助到自助助人，让社区自治动起来、活起来。同时，聚焦群众日常需求，在"缤纷社区"和"美丽庭院"建设中，培育"巾帼督导团"等自组织，开展各类群众性实践活动，激发广大家庭参与创建的内在热情，积极投身浦东美丽家园建设。

家庭社工专业服务扎根社区。专业服务在社区层面的铺开，得益于各级妇联的支持和参与，在推进服务的过程中，也进一步做实了"妇工、社工、义工"三工联动的家庭服务工作机制，打造了一支扎根社区，服务家庭的统一阵线，推动了家庭治理与社区融合发展的有效实现。

三、浦东新区家庭社工专业服务的启示

习近平总书记反复强调家是最小国、国是千万家，家庭和睦则社会安定、家庭幸福则社会祥和，家庭文明则社会文明，千家万户都好，国家才能好、民族才能好，深刻阐明了家国两相依的辩证关系，深刻揭示了家庭家教家风对巩固党的执政基础和群众基础、维护国家长治久安、促进人民幸福安康、实现民族复兴伟业的极端重要性，向全党全社会发出了"注重家庭、注重家教、注重家风"的动员令。同时，习近平总书记在十九大报告中也指出，坚持在发展中保障和改善民生，加强社会治理制度建设，完善党委领导、政府负责、社会协同、公众参与、法制保障的社会治理体制。具体来说，浦东家庭社工专业服务的探索为我们带来的启示，主要体现在以下三方面：

（一）做好家庭社会工作，要始终强化政治担当

家庭工作既关联着党和政府工作大局，也关联着社区家庭的幸福生活；既是妇联工作的传统阵地和优势领域，也肩负着引导女性发挥在社会和家庭

中"两个独特作用"的新时代使命。浦东新区妇联从回应妇女儿童家庭需求服务出发,为妇联破解家庭问题、参与社会治理,积极探索具有浦东妇联特色的模式和道路:坚持从大局着眼,以社会主义核心价值观为统领,认真研究家庭领域出现的新情况新问题,统筹推进家庭文明建设、家庭教育支持服务、家庭服务等工作,夯实家庭在国家发展、民族进步、社会和谐中的基础作用;坚持从小处着手,通过思想引领、政治引领、精神引领、价值引领等,带领家庭成员共同升华爱国爱家的家国情怀、建设相亲相爱的家庭关系、弘扬向上向善的家庭美德、体现共建共享的家庭追求。

(二)做好家庭社会工作,要注重坚持问题导向

家庭工作是党交给妇联的一项重要任务,妇联组织要认真研究家庭领域出现的新情况新问题,积极回应人民群众对家庭建设的新需求新期盼。社会工作的专业方法(个案、小组、社区)以及自组织培育等方法,在家庭社会工作服务本土化过程中被广泛运用,及时回应了各类家庭的多种需求。服务的内容涉及婚姻家庭关系调适、家庭教育、亲职能力、家庭管理、心理咨询和辅导等家庭生活的各个方面,并借由专业社会工作者提供的专业支持,协助家庭成员处理夫妻关系、亲子关系、家事管理、生育、抚养、赡养、结婚、离婚等诸多问题,缓解家庭矛盾,改善家庭关系,增进家庭福祉。通过家庭社工专业服务,一方面化解了家庭危机,另一方面维护了社会和谐,更为重要的是,彰显了妇联的政治性、先进性和群众性,为如何更加及时、更加有效、更加科学地回应家庭问题、参与社会治理提供了有益的借鉴。

(三)做好家庭社会工作,要积极动员社会参与

妇联组织是党领导下的妇女群众组织,是党和政府联系妇女群众的桥梁纽带。家庭社工专业服务需要不断加强专业工作者队伍建设,创新服务模式,多渠道、多方式地为需要帮助的家庭提供支持服务,链接更多社会资源,促进多方协同联动,保障家庭服务的可持续性,以更好地服务社区家庭。在社区家庭日趋多样多变多维的形势下,妇联组织必须积极动员社会力量多做统

一思想、凝聚人心、化解矛盾、增进感情的工作，做好事、解难事、办实事，推进共建共治共享的社会治理新格局，以小家庭的和谐共建大社会的和谐，使千千万万家庭成为国家发展、民族进步、社会和谐的重要基点。

四、浦东新区家庭社工专业服务面临的问题及解决思路

中国人以家庭为重，"家"对于中国人的影响可谓无处不在。浦东新区家庭社工专业服务以完善及巩固家庭功能为首要任务，并积极推动家庭参与社区治理。但在开展家庭社工专业服务的过程中也存在一些问题。

（一）面临的问题

1. 服务网络构建还不够充分

浦东新区家庭社工专业服务是基于社区开展的家庭综合服务，充分体现了妇联组织深厚的群众基础。但是在实际工作中，特别是在识别、介入疑难个案的过程中也存在着与其他部门、组织联动不足的情况。上海基层治理从"两级政府、三级管理"到"社会治理主体多元化背景下，党建引领下的基层社会治理结构的重塑"，未来将走向"上面千条线，下面一张网"的时代，如何在区、街镇、村居层面建立多元协作的服务网是家庭社工专业服务发展的磐石。

2. 家庭社工专业组织的培育不足

浦东新区的社会组织发展处在全国的前列，但是各街镇之间仍然存在社会组织发展的不平衡，专业能力强的组织较少，在疑难个案介入、专业治疗小组的开展方面数量不足。各街镇的重视和扶持力度也有差异。因此一方面需要增加家庭社工专业服务组织，另一方面需要提升其专业水平，特别是对其专业服务设计、疑难案例处置能力、服务规范化执行、财务管理等存在短板的方面，以及资源整合上给予大力支持。

（二）工作展望

家庭社工专业服务如何持续、深化，推动这项工作需要新视角、新方法、新标准。

1. 注重规范，建立家庭社工专业服务标准

社会工作实务领域的专业性往往体现在三个方面：人群需求的精确把握、专业知识和技能的灵活运用以及该实务领域的服务标准。从浦东家庭社工专业服务的尝试来看，通过家庭访问、个案走访、电话访谈等形式摸清了服务对象的需要，可以做到对人群需求相对精确的把握。但就实务领域的服务内容和标准来看，家庭社工专业服务还处于需要明确工作内容，完善工作流程，形成工作标准的阶段，因此应该立足现状、总结经验、对接国际，研究并提炼浦东家庭社工专业服务标准。

2. 整合资源，建立长效保障机制

浦东家庭社工专业服务的基层实践取得了良好的效果，一些好的经验和做法，有待进一步提炼和升华，需要通过制度化的渠道上升为指导未来一个时期家庭领域公共服务创新发展的政策文本。财政要将政府购买家庭社工专业服务经费列入财政预算，逐年加大财政投入力度，按区域实际匹配服务力量。还要整合社区资源，充分发挥基层党组织、妇联组织等在政治引领、组织动员、资源整合和关系协调上的政治优势，努力实现党建网、区域网、共治网、智能网相互贯通的"四网合一"，把社会工作方法和群众工作方法有机融合，调动方方面面的力量为家庭服务，提高社区、居委会、社会组织以及志愿者等参与服务困难家庭的积极性和主动性，为家庭文明建设编织成密集的基层服务网络。

作者简介：

王丽蓉：浦东新区妇女联合会副主席

许艳萍：上海公益社工师事务所副总干事，上海交通大学博士生

创新基层治理新模式，
建设精神文明新亮点

——闵行区浦江镇"党建集群"的探索实践

张友庭

摘　要： 在"党建引领基层治理"的新阶段，闵行区浦江镇立足城乡接合部深度城市化的实际情况，以地缘纽带、适度规模和资源集聚为准绳，通过"党建集群"建设重构城市社区党建基本单元，发挥开放式党建的跨界治理优势，推进基层多元主体协同治理创新，重构了新都市地区社区党建的生态系统，基本形成以党建集群为代表的基层党建集成创新模式，涌现出一批全市乃至全国的模范单位和模范个人，走出了一条适应基层实际、集成创新为主、治理成效显著的基层社区党建之路，较好地回应了习近平总书记在十九大报告提出的新时代党建的"新作为"要求，在全市乃至全国层面为城乡接合部地区的基层党建有效性探索提供了模式化经验。

关键词： 基层党建　党建集群　基本单元　城乡接合部

2015年以来，随着市委创新社会治理加强基层建设"1+6"系列文件的贯彻落实，特别是市委全面加强城市基层党建专题文件的出台，全市基层党建正式进入"党建引领基层治理"新阶段。在基层党建体制调整的基础上，客观上要求在既有区域化党建格局的基础上叠加"治理"内涵，更加强调党组织在基层多元治理主体和治理要素中的主导和引领作用。面对基层党建的新形势、新任务和新要求,作为快速城市化进程中的新都市地区,闵行区浦江镇立足城乡接合部深度城市化的实际情况,立足镇与居村委之间的基本管理单元,以地缘纽带、适度规模和资源集聚为准绳,通过党建集群建设重构城市社区党建基本单元,发挥开放式党建的跨界治理优势,通过织密集群网络来凝聚党建力量,推进基层多元主体协同治理创新,基本形成共商、共建、共治、共享的区域化党建新局面,先后涌现出上海市文明单位、全国巾帼文明岗、全国工人先锋号、全国三八红旗手、全国五一劳动奖章等模范单位和模范个人,为破解城乡接合部治理难题和党建引领社会治理创新提供新的基层实践案例。

一、"党建集群"创新模式的背景

近年来,依据空间形态、人口分布、产业结构、城市化程度等指标进行划分,上海全市已经基本上形成了"中心城区—城乡接合部—远郊地区"的新型三元结构,每一个城市地理区域的社区形态都具有异于其他两者的相对特殊性。浦江镇所在的闵行区正是本市城乡接合部地区的典型代表,在快速城市化进程中,由于经济社会发展的不同步,公共服务和城市管理基础较为薄弱,部分层累性问题呈集中爆发态势。较之中心城区和远郊区,闵行区处于快速城市化进程的发展阶段特点决定了其社会治理创新道路既不是中心城区精细化治理模式的简单复制,也不是远郊区粗放化治理模式的简单升级,而是以"515党建领航工程"(领航核心、领航载体、领航队伍、领航功能、领航细胞)为指引,全面激发基层党建引领作用,按照系统治理、综合治理、依法治理、源头治理的要求,在短时间内创造条件实现瓶颈短板问题的标本兼治,立足城乡接合部的实际"倒逼"走一条补齐社会治理短板、重构社会治理生态的新路。

具体到浦江镇,2000年,撤销陈行、杜行、鲁汇3镇建立浦江镇,所辖面积为102平方千米,作为城乡接合部地区的大型镇,浦江镇开启了快速城市化的发展进程。自2003年开始,比对市"大型居住区"建设的三个阶段,浦江镇先后有原选址基地、新选址 1 号基地、鲁汇基地、谈家港基地、拓展基地等 5 块选址，规划用地 9.7 平方千米，规划导入人口 24.6 万人。由此，浦江镇作为典型的大型镇（简称"大镇"），又同时分布着 5 块大型居住区（简称"大居"），大镇大居的双重叠加效应增加了治理难度，构成了全区乃至全市"大镇大居"治理的重中之重，但其所辖社区和居民仍具有鲜明的区域特征。其中，比较典型的有：辖区面积和人口规模较大，公建配套历史欠账较多，公共服务和行政管理半径较大，公共服务管理可及性和便捷性不足；社区居民呈规模化快速导入态势，社区人口结构异质化程度较高，基层党组织和居委会工作基础和能力建设相对薄弱；社区居民老年人多、新上海人多、弱势群体多，有序参与社区公共事务的难度较大，基层党组织和居委会普遍反映缺少抓手。自 2015 年初市委一号课题推进以来，在镇管社区体制机制创新的基础上，浦江镇于 2015 年 6 月析出浦锦街道，当年 11 月，又将杜行、鲁汇等两个区域纳入基本管理单元建设。在此基础上，浦江镇立足城乡接合部这个最大的实际，立足多元人口结构和多元社区形态的特征，按照深度城市化和补齐社会治理短板的原则，发挥社区开放性党建的跨界治理优势，持续进行基层党建引领社会治理创新实践，逐步探索形成了一套"313"立体党建综合工作体系，即"三一"空间（"立人"书记工作室、社区党校、社区党建服务中心服务区）、"三立体"格局（城市党建立体互通、干部培养立体推进、党建服务立体布局）、"三团式"工作法（"一对一"指导团、"三对三"督导团、"四合一"评价团）等，全面提升党建工作水平，有效弥补社会治理短板，党建引领基层治理的整体性创新经验凸显，由此构成其开展党建集群创新实践的出发点。

二、"党建集群"创新的主要做法

"党建集群"建设是浦江镇在"两个覆盖"的基础上持续提升基层党建有效性探索实践的最新成果之一。面对大镇大居的治理难题，为打通服务群众的"最后一公里"，以"313"立体党建综合工作体系为基础，浦江镇抓住社区居民最关心最直接最现实的共性问题,从基层党建和社会治理的适度规模入手,以介于镇与居村之间的片区作为功能性平台,围绕贯通党建资源、打造党建平台、落实党建机制、优化党建制度等多元维度,全面整合区域党建资源,完善基层党建的领导体系、组织体系、责任体系和保障体系,在区域化党建格局基础上更加有效地集聚区域范围内的党建资源,基本形成以重构城市社区党建基本单元为核心的党建集群创新模式。从这一角度出发,党建集群从根本上讲是区域化党建的深化探索,既是推进区域化党建资源在片区层面的有效整合,也是区域化党建工作机制与社区居民服务需求之间的有效融合。经过将近两年的探索实践,浦江镇持续推进党建集群建设的创新经验渐成体系,加之既有体制机制创新的有力支撑,基本形成以党建集群为代表的基层党建集成创新模式,已经基本走出了一条适应基层实际、集成创新为主、治理成效显著的基层社区党建之路,在全市乃至全国层面为城乡接合部地区的基层党建有效性探索提供了模式化经验。其中,具体的推进情况梳理如下:

(一)打造"中间层",重构社区党建生态系统

浦江镇谈家港地区形成于20世纪90年代的集镇建设,辖区面积达3.3平方千米,常住人口2.1万人,有1个村和4个居委,客观上存在社区人口规模较大、居委会筹建成立时间短、公共服务管理半径较大和社区居民获得感不强等突出问题。随着基层社区党建经验的深化拓展,谈家港地区作为新都市地区的制约因素越来越明显,虽然有基本管理单元建设作为弥补,但镇与村居之间的职责空缺仍然较大。由此,不同于中心城区,浦江镇开展社区党建的一项基础性工作是探索基层党建和服务管理的适度规模,以此为标准科学地构建社区基本治理单元。以非建制党建为先导,依托基本管理单元,针对谈家港片区党建资源相对集中的优势,集聚党建中心、文体中心、邻里中心、杜行居委、群益村、银行、电信、市场所、悦心健康等32家居村、职能部门、"两新"企业、区域单位,成立"泛谈家港党建集群"并形成统一的初心使命牌,在镇与村居之间打造社区党建的"中间层",推动区域化党建资源在片区

集聚，作为提高党建服务资源配置效率、弥补服务管理资源瓶颈短板、提升社区居民获得感的重要依托。从这个角度来看，通过党建集群做实片区党建，介于镇与村居之间的片区就构成了这样一个基本治理单元，按照"区域规划最佳、设施配置最优、服务效率最高、资源效益最大"的原则，以一公里为党建半径，在片区层面搭建了社区党建枢纽性工作平台，在现行体制基本不变的情况下很好地解决了超大城市新都市地区社区党建的"基本单位"问题。由此，较之基层党建体制机制创新的常态探索，浦江镇以片区党建集群为代表的城市社区党建基本单元探索实践，重构了新都市地区社区党建的生态系统，较好地回应了习近平总书记在十九大报告提出的新时代党建的"新作为"要求。

（二）创设"主引擎"，完善党建集群组织架构

在当前阶段，较之行政部门，社区党建的一个突出特点就是其开放性特征，使其不能简单地局限于社区范围之内，而是需要将之置于更大的区域范围，通过体制机制创新更好地统筹驻区企事业单位、"两新"组织、群众骨干等各类资源力量，形成一个开放性的资源集聚系统，以此凸显基层党组织的组织力建设优势。从这个角度出发，浦江镇党建集群建设的第二个重要经验就是通过非建制党建完善党建组织架构来做实片区。其中，比较有代表性的是"七彩联盟"，浦江镇在区域化党建组织架构的基础上进一步专业化，聚焦重点工作、服务人群、营商环境、同类企业等，探索组建白色公益联盟、红色区区联动、紫色美丽乡村联盟、橙色实践联盟、蓝色建筑联盟、绿色政策联盟、青色航天联盟等七彩联盟，协调区域党建资源共同推进各项热点工作和重点工作。在此基础上，以党建服务中心为核心，以专业联盟为平台，依托活动场所、共建项目形成若干专业委员会，打造片区党建"1+1+X+N"组织架构和党建矩阵，有效夯实片区党建的组织基础，推动条线部门、邻里中心、驻区单位、"两新"组织等区域化党建资源在片区集聚，以最终实现片区党建的实体化运作。与此同时，以片区为单位，依托片区党建集群，在区域范围内进一步整合优质资源，通过延伸书记带教做实人才培养工程，全面加

强以居民区党组织书记为核心的"立人"书记工作室，秉承"示范、引领、开放、融合、多元"的宗旨，通过打造书记加油站、书记门诊室、书记孵化园、书记风采路、书记督导团、书记同心园等6个模块化的成长训练体系来培养一批批"好书记"，有效夯实了社区党建的人力资源基础。由此，很好地发挥了基层党组织的"主引擎"作用，浦江镇党建集群在党建优质资源集聚的基础上稳步提升社区党建水平，以党的组织建设带动其他组织的发展，初步探索出了党建引领社区治理的有效途径。

（三）找准"衔接点"，健全党建项目集群机制

近年来，随着经济社会转型发展，基层社区的人口结构发生了很大变化，多元化公共服务需求日趋凸显，出现了诸如党建联建、物业管理、队伍培育、文体团队专业化等溢出所在小区、居委会的共性问题。面对社区居民的服务诉求，街镇公共服务平台主要提供面对全体居民的标准化基本公共服务，难以对部分居民的专业化、个性化服务需求及时作出回应，村居委虽然可以动员社区居民开展自助互助服务，但往往由于资源限制难以达到社区居民的期望值，客观上出现公共服务与居民需求有效对接不足的问题，给基层党组织联系、服务和凝聚群众带来新的问题。而浦江镇以片区党建为核心的党建集群建设，正是肇始于基层党建和社区治理实践所碰到的诸如此类共性问题。作为镇和村居委"中间层"的片区，其一般的辐射范围是若干个村居委，在片区层面全面统筹条线管理资源、公共服务资源、社区单位资源、社区人才资源等优势资源，具备协调基本公共服务、专业化服务、自助互助服务失衡的潜质。在谈家港区域，分布着镇党建服务中心、杜行社区中心、谈家港邻里中心、浦江影剧院等服务场所，在此基础上进一步推进片区党建集群化创新实践，比如，在党建服务中心北区，通过整合、做实各类服务资源，挖掘、发挥模范党员作用，集中设置了党代表、人大代表接待室、立人人才服务工作室、马开阳党员志愿者工作室、立人书记工作室、劳模工作室、党员律师工作室、社区党校备课间、江心银领工作室、组织生活馆和党建留声室10个功能室，构成"十全十美"工作室集群，不断提升基层党建资源的聚合度，

通过发挥片区的资源规模化统筹优势,持续推进社区难点问题的解决或缓解,有效提升社区居民的感受度和获得感。由此,针对基层共性问题,通过党建集群建设初步建立资源集聚、社区对接和协商共治机制,为实现政府服务管理与基层群众自治有效衔接和良性互动提供了模式化经验。

(四) 探索"新支柱",打造党建集群工作品牌

在当前阶段,党建引领社会治理已经在理论界和实践界取得共识,但在基本解决了"谁来引""引领谁"等问题后,"怎么引"成为一个大问题。调研显示,基层党组织在党建引领的有效实现形式和具体实践路径等方面的探索创新较为欠缺,如何将党的政治优势和组织优势转化为治理优势仍是基层普遍的难点问题。从这个角度出发,在组织建设、资源集聚的基础上,"党建集群"建设的第四个重要经验就是社区党建的项目化运作和品牌化建设。在泛谈家港党建集群中,"做亮'服务品牌',打造最美服务圈"一直是党建集群建设的愿景目标,使社区党建在推进过程中有计划、有载体、有制度、有活动、出实效,做亮品牌,做实成效。目前,已初步形成主题党日资源共享、党员先锋示范共推、党员志愿服务共做的党建同心模式。比如,每月由集群单位轮流策划主题党日活动,已开展如"共筑同心树""吾心依旧""指尖上的党建""同过政治生日"等主题活动,引导集群成员开展随手公益 plogging、废旧轮胎彩绘、垃圾分类等美化环境活动,有效结合"党建红"和"环保绿",利用口袋公园"同心园"的载体打造党建风景线,不断深化最美服务圈氛围。在此基础上,通过项目设计、申报、立项、审核、实施、监督、评估等环节,探索出了一套完整的城市基层党建项目化运作模式,以品牌化建设促进党建资源和社会资源的集约利用和良性互动,初步实现片区多元主体共建共享的良好态势,使城市基层党建工作质量在上下联动、互融共促中得到提高。由此,通过党建集群建设,推动了社区党建工作从有形覆盖向有效覆盖延伸,为提升基层党建工作科学化和提高社区党建质量提供了鲜活经验。

三、总结经验，展望未来

综上所述，浦江镇党建集群建设经验的最大亮点不仅仅在于以片区为中心的党建工作平台建设本身，其关键在于通过党建集群建设立足新都市地区的实际情况，重构了城市社区党建的基本单元，系统理顺了基层党建引领社区治理的体制机制，重塑了城乡接合部地区社会治理生态，形成了适用于快速城市化进程中的新都市地区的党建引领社会治理创新模式，笔者尝试将之概括为以重构城市社区党建基本单元为方向的党建引领社区整体治理创新范式。这一经验可以简要地表述为：为破解新都市地区的党建引领社区治理难题，浦江镇在党建引领社会治理理念的引领下，以地缘纽带、适度规模和资源集聚为准绳，扣准居民共性需求和片区共性问题，以党建集群为先导科学界定党建基本单元，通过区域化党建促进政府、社会、居民等多重资源在片区集聚以打造基本治理单元，与此同时，通过党建集群建设探索实践系统创新基层党建和社区治理范式，整合区域服务资源，培育多元治理主体，创新项目运作机制，形成了大党建、大社区、大平台、大服务、大治理的城乡接合部社会治理创新体系。由此，从重构基本治理单元、完善片区党建组织架构、健全共性问题协商机制、打造社区党建工作品牌到重塑基层社会治理生态，浦江镇党建集群建设为超大性城市新都市地区深度城市化背景下的党建引领社会治理创新提供了较为清晰的工作路线图，较好地回应了习近平总书记在十九大报告提出"中国特色社会主义进入新时代，我们党一定要有新气象新作为"的重大命题，彰显了基层党组织和党务工作者"不忘初心，牢记使命"的责任和担当。

需要指出的是，浦江镇的党建集群建设仍处于初步探索阶段，虽然已经取得了较为突出的工作成效，但如果缺少相应的体制机制创新作为保障，既有的创新经验将难以固化和长效化。由此，顺应新时代基层党建从组织工作"覆盖"转向组织工作"有效"的发展趋势，以提升基层党组织的组织力、凝聚力、战斗力为主目标，浦江镇党建集群建设在未来2—3年将是最为关键的

"攻坚克难"阶段,以确保基层党建有效的超常规制度建设为主任务,聚重点、补短板、高标准、严要求地推进党建集群建设工作,全面提升基层党组织政治引领、思想引领、组织引领和工作引领社区治理的有效性,为党建全面引领基层治理提供坚强保证。具体而言,主要的工作要点有:

首先,党建集群建设应尽快纳入社区党建体制之中,着力完善片区党建的领导体制、组织体系、责任体系和保障体系,待条件成熟,试点探索在每个集群成立社区党委工作委员会,建立健全"集群工委+党建分中心+共建委员会"的"两委一中心"党建组织架构模式,注意理顺党建集群与居民区党建的关系。

其次,党建集群建设应尽快形成片区层面的共性问题清单,根据共性问题设计党建创新项目,待条件成熟,明确党建集群建设专项经费和创新项目经费,建立健全党建经费使用绩效评估机制,每年开展党建集群建设优秀案例评选,试点党建集群家园共建基金会等社区基金会建设。

再次,党建集群建设应尽快完善资源保障机制,特别需要注意党建资源下沉和吸引优秀人才参与,明确集群作为后备干部的培养基地,比如科级干部提任必须在集群工作一定年限,增加集群专职社区工作者人数,增加党建服务中心指导员人数,优先配置专业社会工作者,优先配置专业社会组织服务资源,优先配置智慧党建资源等。

最后,党建集群建设应尽快建立党建工作标准,对党建集群工作所涉及的范围、职责、岗位、流程和工作制度等作出全面详细的规定,建立健全与超大城市基层党建特点相适应的区域党建综合标准体系,通过制定一批、完善一批、提高一批党建标准的方式,为基层党建的科学化、精准化、精细化提供标尺和依据。

作者简介:
张友庭:上海社会科学院社会学研究所助理研究员

"美丽庭院"扮靓文明乡村

——浦东新区泥城镇公平村的探索

夏江旗

摘　要： 乡风文明是乡村振兴的重要内容、精神动力和文化基础，也是新时代农村精神文明建设的总要求。如何在乡村振兴中提升乡风文明水平，如何通过文明乡风建设助力乡村振兴，实现农村物质文明建设与精神文明建设的良性互动和有机结合，是全面实现乡村振兴的一项重要时代课题。近年来，浦东新区泥城镇公平村以"美丽庭院"建设为主要抓手，以"自治老宅"为主要活动载体，在村庄人居环境整治、社区服务、乡村文脉传承等方面不断探索创新，初步形成颇具特色的工作路径和实现方式，较好地回应了上述时代课题，也为思考和探索新时代农村精神文明建设提供了微观样本和典型经验。

关键词： 美丽庭院　自治老宅　乡风文明

一、纯农行政村+市级示范村：公平村的概况与背景

（一）典型的纯农地区行政村：公平村的基本情况

公平村地处浦东新区泥城镇西北部，与万祥、书院两镇相邻，属于上海典型的纯农地区行政村。从土地利用结构来看，可谓"六分耕地两分园，一分建设一分水"。该村村域面积4.01平方千米，农用地面积304.16公顷，占

比76%，其中耕地面积3 376亩；建设用地面积49.47公顷，占比12.4%；水域和未利用地面积46.52公顷，占比11.6%。从农业资源结构来看，公平村历史上除种植水稻、棉花、三麦、油菜外无其他经济作物。改革开放后，经济作物大面积种植，村内形成水稻、西甜瓜、蔬菜等粮经型种植的农业格局。从人口结构来看，全村在册户籍数972户，其中农业户籍户数865户，户籍人口3 698人；常住人口3 056人，户在人不在642人；60岁以上人口1 204人，占比39.4%。总体上，该村的农业户籍人口比例和老龄化程度在泥城镇和临港地区农村中处于平均水平。

（二）乡村建设的市级示范村："公平"样本产生的政策环境

近两年来，公平村先后获得"上海市文明村""市级美丽乡村示范村""市级农村社区建设试点示范村"等荣誉称号，并被列入2019年度上海乡村振兴示范村建设计划。公平村之所以能够从一个普通的农业村跃升为乡村建设的市级示范村，是在上海市和浦东新区相关政策引导推动下自身不懈努力、厚积薄发的结果。

2005年，党的十六届五中全会提出社会主义新农村建设的战略任务之后，上海市于2006年开始实施郊区新农村建设先行试点，2007年开始以政府年度实事项目的方式推进郊区村庄改造工程，2014年至今组织开展了两轮"美丽乡村建设示范村"创建工作，2015—2017年实施了大规模的"五违四必"城乡生态环境综合整治。2018年，中共上海市委、市政府出台了《上海市乡村振兴战略规划（2018—2022年）》《上海市乡村振兴战略实施方案（2018—2022年）》，制定了"1+19"配套政策文件，提出到2022年，全市建设90个以上的乡村振兴示范村，200个美丽乡村示范村。

2018年初，浦东新区在全市范围内率先探索创新乡村振兴之路，提出"生态美、风貌美、新风美、产业发展活力好、群众参与机制好"的"三美两好"创建标准。全覆盖组织开展农村地区"美丽庭院"创建活动，2019年，浦东新区出台《关于推进乡村振兴加强乡风文明建设的实施意见》，进一步夯实了新区农村乡风文明建设长效常态发展的制度基础。

二、"美丽庭院"+"自治老宅"：公平村的实践与创新

近两年来，公平村充分结合自身特点和优势，围绕乡村振兴各项主要目标，注重模式创新和机制建设，初步探索形成"美丽庭院"+"自治老宅"双轮驱动的郊区农村精神文明建设新路径，逐步呈现出美丽乡村建设与乡风文明建设同步并进格局，取得良好成效。

（一）"美丽庭院"创建：公平村的常态化管理

1. 立足三个环节，确保科学有序推进

第一，合理调度施工力量。根据"美丽庭院"建设任务，科学制定施工方案，在建设项目中，把涉及队组的具体工程任务落实到每位"两委人员"身上，将任务细化亮化，做到任务明确、时间明确、人员明确；在具体工作中，通过抽调队组业务精、协调能力强、善于做群众思想工作的队长、党员骨干等，集中时间、集中精力投入"美丽庭院"创建工作，做到了力量上的合理分配，确保了各项建设任务的有序推进。

第二，创新建设模式。在美丽庭院建设任务落实中，注重村民实惠与参与并举、进行统筹安排，确定了"四导四乡四自"（四导：引导、主导、传导、疏导；四乡：乡愁、乡亲、乡村、乡音；四自：自治、自然、自我、自创）为主基调的模式，致力于打造原汁原味的公平乡村文化和田园生活，促使路畅、河清、家和、宅亮。

第三，严把质量关口。根据建设任务，科学制定施工方案，按照"先地下、后地上，先硬化、再绿化，先基础、再提升"的原则，为项目的顺利实施提供了有力保障和有效服务。村两委成员充分发挥既是"参与者"又是"监督者"的双重角色职能作用，采取分片承包的形式，进行全程参与监管，做到了严把质量关口、群众满意放心。

2. 完善四项机制，形成工作合力

建立目标管理机制。坚持上下联动、齐抓共管，成立美丽庭院建设工作领导小组，及时召开各类会议研究制定实施方案，建立健全了书记主任总体抓、班子成员合力抓、班子负责人亲自抓、各条线干部具体抓、队组骨干配合抓的"五抓"工作责任机制，层层落实责任，层层强化目标管理，有力推动了"美丽庭院"建设的深入推进。

建立"门前三包"责任制。以美丽庭院建设为延伸点，继续推行农户"门前三包"责任制，做到保洁"定点、定标、定量、定时"，努力形成"人人爱清洁、家家都干净、院院都美丽"的新气象；结合村规民约和"1+1+X"自治章程，与农户签订"门前三包"责任书，由每户农户负责各自门前卫生清扫、设施管护，全日保洁，垃圾及时清运处理。通过建章立制，真正使环境卫生管理工作经常化、制度化、规范化。

建立宣传监管机制。大力宣传美丽庭院建设的重要意义，在家门口服务站、自治老宅、自治小屋等阵地举办各类宣传活动，通过骨干力量营造舆论声势；发放致全村居民的公开信，在家门口服务站设置宣传栏、队组拉横幅，微信平台推送等宣传形式，为村民解读创建的目的意义，努力做到家喻户晓、深入人心，充分调动了广大村民参与和建设的积极性。

建立督查督办机制。组建队伍充实社会力量，健全网格巡查、自查和暗查制度，将美丽庭院建设与城市精细化管理、家门口服务相结合，以制度规范管理，明确时限要求，形成工作倒逼，确保按时按量保质完成建设任务。

（二）"自治老宅"：公平村的特色实践

公平村是村史悠久、人文积淀深厚的传统村落，相比于周边区域的村庄，该村内有多处近百年历史的老宅，老宅住户均是数代书香传家，家风口碑在泥城镇和临港地区远近知名。公平村两委充分挖掘这一独特文化优势，结合"美丽庭院"创建和浦东新区家门口服务点建设，将几处老宅分别改造成农耕文化博物馆和教育基地、党建服务点，在老宅内部相继设立九个功能室，不断创新和完善功能室的服务功能和内涵，打造出契合本地村民生活需求、符合美丽乡村建设要求的"自治老宅"。

1. "老想学"功能室。该功能室以党建为主题,功能设置的定位是凝聚党员群众发挥作用的纽带,党员群众加强理论学习的平台,党员开展组织生活的阵地。"老想学"功能室每天开放,提供报纸、书刊、视频等学习材料,开展重温入党誓词教育,邀请老党员上"微党课",提升政治素养;开展村民议事会,发挥民情联系、民主议事作用,推动村民自治;围绕需求导向,组织收集党员群众意见建议,提升服务能力。

2. "老人家"功能室。"老人家"是根据农村老人居家布局的农家体验室,功能设置的定位是打造"小家"氛围、共筑"情暖邻里,亲如一家"的睦邻环境。"老人家"功能室内有本地特色的灶头农家饭,有源远流长的农耕文化,有"忆苦思甜"农家情怀,还有受人尊敬的农家老人,让村民和游客能身临其境地感受和品味"老人家"的生活,感受农村老人的生活环境,更珍惜当下的幸福生活。

3. "老本行"功能室。"老本行"功能室的定位是进一步传承和发扬农村优秀的老工艺技能,发挥村民心灵手巧的本领。主要开展布艺、针织、串珠等纯手工制作和展示,作品包含老布衣、虎头鞋、围巾、十字绣、鞋帽等。"老本行"每周开放3天,妇女姐妹们可以集聚"老本行",并根据自己的爱好和特长进行编织、制作。除此之外,"老本行"内老专家会进行免费的现场教学,所有作品将用于展示和赠送。

4. "老舅妈"功能室。"老舅妈"功能室每天开放,主要为村民提供矛盾调解、谈心谈话、心理疏导等服务,老年人可以优先享受。"老舅妈"志愿者由队组老干部、老党员等骨干力量担任,每天轮流接待、倾听、调解、记录和上报。"老舅妈"功能室每月组织进行一次关于亲子、婚姻、婆媳关系、养老等方面的沙龙座谈,同时邀请专业律师、镇村调解员等专家团向村民解答疑问。

5. "老来俏"功能室。该功能室旨在提供内容丰富、形式多样、健康有益的娱乐活动,主要开放给各支文体队伍或村民进行唱歌、跳舞、健身、节目排练等文体活动。同时,根据需求将邀请专业老师进行指导。"老来俏"全天开放,各支队伍的排练时间要严格按照开放时间安排表进行,文体活动举办时间会提前张贴告知,以吸引更多的村民和文艺爱好者参与。

6. "老传统"功能室。该功能室旨在传承和发扬传统的文化正能量,不断提升村民的精神文化生活水平。主要组织村民开展下棋、书画、打牌等传统文化活动,让村民在娱乐中切磋棋艺、练习书画、增进友谊,陶冶情操。"老传统"每天开放,由志愿者负责保管各类棋艺、牌类等工具,秉着"厉行节约、寻找乐趣"的宗旨,村民可根据自己爱好,自行或者组团开展各类活动。

7. "老来福"功能室。该功能室是针对村民,尤其是老年人需求的养生保健的健康小屋,是进一步提高村民健康水平,让人人健康有福。"老来福"每天开放,志愿者负责管理和登记,免费提供血压计、身高体重仪等仪器。村民可以自主有序量血压、量身高体重等,提高高血压、糖尿病等慢性疾病的早期发现和管理水平,同时社区家庭医生会定期坐堂接诊、提供健康咨询、结对单位上海第六人民医院开展义诊活动等,具体活动会提前张贴和告知。

8. "老宝贝"功能室。该功能室是为了方便村民在家门口就能享受便民利民服务,主要提供磨刀、理发、修补等生活便民项目,同时可以出借老百姓急用的生活用具和农用工具。"老宝贝"每月20日开展便民服务项目,各个队组老百姓轮流享受,每年会做具体安排;每周二开放百宝箱的出借,出借程序按照要求办理,同时组织有热心、有技能的村民参与便民公益活动及捐赠生活用具和农用工具,宣传"参与公益就是宝贝自己、更是宝贝他人"的文明理念。

9. "老环保"功能室。该功能室是宣传绿色生活理念、引导村民垃圾分类的新阵地。定期组织专家讲座和学习活动,指导村民学习和普及生活垃圾分类知识,锻炼和提升垃圾分类技能,强化和形成垃圾分类习惯。

三、"五大变化":公平村的实践成效

自2018年3月至2019年6月,浦东新区"美丽庭院"创建已实现全覆盖创建、达标验收。公平村的"美丽庭院"建设也取得了明显成效,呈现出如下新亮点。

（一）村容村貌有了新变化

按照"净化先行、美化跟进"的原则，对队组环境整治进行科学规划、示范引导，不断提升村容村貌和生态环境水平，实现队组面貌大改变、大提升。截至目前，集中环境整治150次，参与党员群众98余人次，拆除乱搭乱建建筑58 128平方米，对6个组进行粉刷墙面900平方米；栽植绿化360平方米，绘制墙画80平方米，整治鸡鸭棚156个。同时为了进一步优化环境、治理源头，我们就地取材，临时建立了"柴砖微工场"，专门用于统一分类处置各类垃圾和存放老百姓闲置砖瓦，发挥其的再利用价值，"变废为宝"，村庄"脏、乱、差"等现象根本改善，村容村貌焕然一新。

（二）富民产业有了新发展

公平村利用自然田园风光和土地资源促进产业协调发展，通过土地流转扩大家庭农场发展规模，引导村民改变种植结构，保障以种植优质水稻为主，把饭碗牢牢端在自己手中的同时，积极发展设施蔬菜、特色作物，着力提高农产品的市场竞争力，让群众在"美丽庭院"建设中得到了实惠。

（三）乡风民风有了新气象

坚持用自然景观的概念建设农村，用乡愁文化的理念经营农村，打造形象品牌，如深耕"陈宅小院"的百年古树、竹园、知青住所和墙面家风故事；拓宽青少年农耕教育基地的"百蔬园""百果园"，保护好百年老屋，为美丽庭院建设增添文化魅力；以培育文明新风为目标，利用寓意深刻、特色突出、反映精神面貌的"文化长廊""自治老宅"等阵地，以不同主题和内涵，形成了群众喜闻乐见的文化传承和教育阵地，凝聚起建设美丽庭院的强大正能量。

（四）基础设施建设有了新改善

整合各级财政补助实施亮化工程和道路建设工程，铺设沥青道路5 718平方米、维修道路1 098平方米；做好河道整治工作，疏浚河道15条，坡岸修复7 830平方米；安装竹篱笆200米，新砌花式围墙630米；充分利用土地减量化后的闲置土地，打造三大园，即"孝文化园""公益园""休闲公园"，共计17.97亩，同时平整土地、安装休闲座椅等，通过改善农村基础设施条件，有效提高了村民的生活质量。

（五）基层组织有了新加强

坚持把"美丽庭院"建设作为巩固基层党组织的执政基础，通过运用"二带五议"工作法，即党组织带领、党员带头，村民提议、两委审议、各方代表（职能部门）合议、党员大会建议、村民代表会议决议等形式，保证党员群众自治权利得到充分尊重，村民的规划参与权、整治决策权、经费知情权、自我管理权得到全面保证，群众理解建设、支持建设、参与建设的信心不断提高。

作者简介：

夏江旗：上海社会科学院社会学研究所助理研究员

依托信息技术重构治理网络

——宝山"社区通"构建互联网时代党建引领基层社会治理新模式

宝山区民政局

摘　要： 互联网时代，基层社会治理面临新的挑战。宝山区以改革思维破解基层治理堵点难点，运用移动互联网、大数据分析等现代技术，探索建立了以党建为引领、以移动互联网为载体、以居村党组织为核心、以居村委为主导、以城乡居民为主体、以有效凝聚精准服务为特点的智能化治理系统——"社区通"，创新了党建引领基层社会治理模式，夯实了新时代党治国理政的微观基础。2017年2月创立以来，全区462个居委、103个村全部上线，64万余名居村民实名加入，覆盖49万余户家庭，成为目前国内由党和政府主导的、区域内覆盖率最广、活跃度最高的网络共同体，获评2017年中国（上海）社会治理创新实践十佳案例、2018年中国网络理政十大创新案例、改革开放40周年上海思想政治工作创新成果优秀品牌，入选首批20个全国乡村治理典型案例，并被央视《新闻联播》、《人民日报》（人民网）、新华社、《解放日报》、《文汇报》、澎湃新闻等国内知名主流媒体报道，目前已在北京、山东等地推广运用。

关键词： 网络治理　基层治理　互联网

一、互联网时代基层社会治理的现状问题

互联网时代，社会治理主体、对象、内容复杂多变，知识传播、信息沟

通与资源整合的方式发生深刻转变,倒逼社会治理模式的变革;技术的快速发展,又为转变工作方式提供了无限可能和巨大空间。首先就是解决基层党组织如何发挥作用的问题。目前,居村党组织发挥作用还不够直观"具体",往往做了大量工作,但除了少数当事人,许多群众"不知情"乃至"不领情",需要探索新的载体和途径,让群众随时随地"看得见、找得到、叫得应"。其次为解决资源力量和群众需求如何精准对接的问题。新时代,人民群众对美好生活提出新需求,期待更优的公共服务、更有序的公共管理、更深入的治理参与、更丰富的精神文化。需要探索新的治理模式,提供"因地制宜、精细精准"的服务。最后是解决社会治理如何广泛参与的问题。相对于居村党组织核心地位、居村委会主导地位,居村民在基层治理中的"主体"意识及实现途径还需强化,社区自治共治参与不够,社区生活共同体有待形成。需要搭建有效平台,拓展参与面和参与深度,增强共同价值引领的归属感和家园意识。

二、基层社区治理经验做法

(一)坚持需求导向,完善党领导下的基层社区治理体系

基层社区治理中,各工作系统间联通互融不够,群众需求的导向还未完全聚焦,是长期存在又难以解决的问题。宝山区依托"社区通",以群众需求和问题为工作的逻辑起点,以加强基层党建为贯穿始终的一条红线,健全"眼睛向下、重心下移、资源下沉"的工作体系,群众诉求一线处置能力有效放大。治理重心下移居村。建立"居村民—居村—街镇—区"社区治理架构,各居村形成小治理单元,设独立二维码,居村民实名认证、党组织审核通过后成为用户;街镇构成基层大治理单元,全区形成完整工作系统。制定《实施意见》《工作规范》《指导手册》等,明确区、街镇、居村三级职责。区、街镇各部门加入后台提供支撑,民警、物业、业委、医生、律师等资源在居村层面整合,需求在一线提出,资源在一线集聚,服务在一线配送,问题在一线处置,治理重心真正从"街镇"下沉到"居村"。互动方式发生改变。打造"移动互联"工作载体,设立党建园地、社区公告、议事厅、物业之窗、业委连线、警民直通车、家庭

医生、公共法律服务等功能版块,还专门开设了针对村委的"村务公开""乡愁乡音"版块。建立一键直达、精准快速的信息传递机制,居村民成为信息发布的主体之一,群众与党和政府之间的互动沟通从"单向""模糊"转为"多维""清晰"。累计发布社区公告39万篇,互动交流近8 800万人次,群众点赞2 600万余次。严守网络安全底线,居村物理隔离、相互独立;加强自然语言识别,设立敏感词库,对发布内容进行研判。基层脉搏精准把握。建立"社区通治慧中心",对社区参与数据深度分析,描绘基层社区画像,形成不同类型社区群众需求对比分析。发布不同人群、街镇、阶段的需求TOP10列表,对社区舆情苗头实时预警。建立大数据模型,实时发现群众"痛点"、民生"堵点",给出工作提示,实现精准治理。群众问题快速处置。建立"自动收集、分层处置、全程记录、结果反馈"的问题跟踪系统,群众问题在15小时内予以回应处置,处置情况纳入考核。建立问题分层分类处置闭环,超出居村自治共治范畴的社区问题,进入区网格化平台派单解决。共及时回应解决群众问题7.8万余个,其中90%在居村有效解决。智慧治理融合联动。与110接处警平台、网格化系统等智能对接,提高发现和处置问题的精准度。如,通过对接实现非警务类110警情及时有效分流,让房屋漏水、开锁求助等问题在社区快速解决和反馈。

(二) 群众路线"走新""走心",增强基层党组织的政治功能和服务功能

互联网时代,基层党组织不能也不必仅仅依靠"敲百家门""挂黑板报"等传统方式宣传动员和引领群众。宝山区依托"社区通",网上网下践行群众路线,基层组织力持续强化。党建连上网。"社区通"由居村党组织全过程管理运行,在线直播党的工作,传递党的声音,全天候凝聚服务群众,宣传发动群众支持和参与中心工作。共开展"说说我身边的共产党员""党员认领微心愿"等党建活动5 000余场、党建项目900余个。2018年,全区100%的居村党组织、89%的居村委在"社区通"同步推进换届,全程公开、接受监督,更好地保障党员群众的"知情权、表达权、参与权、监督权"。书记当"群主"。在"社区通"上,居村书记承担"第一责任",成为引导各方的"群

主"；居村"两委"分工负责、轮班在线，对群众提出的各类诉求即时回应处置。在"全天候、零距离"的联系服务中，党组织凝聚力、号召力不断增强，真正实现"一呼百应"。党员为中坚。"社区通"里，用户名后飘着的小党旗，是党员亮身份的标志。在党组织带领下，6.1万余名党员亮身份、起作用、受监督，带头整治环境、帮扶困难群众等先进事迹广为传播，先锋模范形象深入人心，居村民随拍随传、点赞认可，"双报到、双报告"得到积极推进和鲜活展示。"铁粉"作引导。党组织掌控"提出议题""形成决策"等关键环节的把关权，牢牢占领网络意识形态的主导地位。每个小区都建立党团员为骨干的志愿者队伍，成为党组织的有力助手、忠实"铁粉"，发声音、作引导，让社区充满正能量。全区志愿者队伍从"社区通"上线之初的21万人上升到目前的37.4万人，增长78%。群众受教育。注重引导而非教导，在参与公共事务、共同讨论协商中，居村民理性、平和、文明、友爱的素养得到了很好养成，公益互助的氛围日益浓厚，在线公益置换物品近2.4万余件。

（三）一体推进"四治"，激发社区参与活力

基层社区治理中一个突出问题是：社区活动中"老面孔"多，新人少；老人多，年轻人少；一般性的活动多，自治共治项目少。依托"社区通"，宝山区一体推进党建引领下的"自治共治德治法治"，积极打造社区共同体。切实改变参与结构。依托"社区通"，社区参与从"少"到"多"，从"老"到"青"，从"被动"到"主动"，从"浅尝辄止"到"深度介入"。大量年轻"上班族"参与到社区治理中，50岁以下群体上线占比达60%。社会组织、社区自组织在线开设公益服务"店铺"612家，"全方位"征求居民意见，"量身式"设计服务项目，"点对点"推送服务信息，"全过程"引导居民参与，服务效应不断扩大。"自下而上"议事协商。建立"提出议题—把关筛选—开展协商—形成项目—推动实施—效果评估—建立公约"的议事协商操作链，让自下而上提出议题、形成项目、订立公约成为新常态。共有12万余名居村民参与协商，产生议题2.2万余个，形成公约和项目2 200余个。2017年，在小区综合改造中，全区基层党组织普遍运用"社区通"征集方案、征求意见、

公布进展、接受监督,得到广泛好评。持续打造社区共同体。"社区通"建立真实的"线上宝山",确保上线的是"真正的邻居们",讨论的是"真切的社区事",传播的是"社会的正能量"。通过邻里互助、爱心传递,居民资源、邻里资源成为社区资源,独居老人有了定期看护,走失的老人和孩童快速找到家人;通过信息共享、对话协商,家园意识深入人心,居村民逐渐从"门对门陌生人"变成"社区里老熟人",社区"温度"持续提升。

三、惠民政策群众晓,基层治理工作见成效

(一)连通党心民心,基层组织力持续强化

"社区通"把党的建设渗透到基层治理的各方面、各领域,实现了群众导向的即时化、扁平化、智能化治理,畅通了党和政府与群众之间的互动沟通,让党和政府惠民政策群众知晓,中心工作群众参与,发展成果群众共享;让群众的诉求第一时间被倾听、被回应、被解决。在互动沟通、有效服务的过程中,党组织、党员和群众的心声交织在一起,逐渐从"你和我"变成"我们",基层党组织的战斗力、凝聚力、号召力不断增强。

(二)连通需求供给,社区服务更加精准

由于信息不对称,以往大量群众需求被遗漏或屏蔽。"社区通"与多个信息系统进行智能对接,建立高效的问题分层分类处置闭环,通过技术和制度手段,确保"民有所呼、我有所应"。改变以往群众工作靠经验的传统做法,"社区通治慧中心"深入采集、挖掘、分析、共享社区数据,及时掌握社区共性问题,适时调整治理服务方式内容,让群众需求和社区资源精准对接。如,2018年一季度,针对数据显示居民热议榜首的"交通出行"问题,区、街镇两级联动、精准施策,优化了多条公交线路,居民交口称赞。

(三)连通多元主体,基层治理体系进一步完善

依托"社区通",以居村党组织为领导核心,居村委为主导,居村民为主

主"；居村"两委"分工负责、轮班在线，对群众提出的各类诉求即时回应处置。在"全天候、零距离"的联系服务中，党组织凝聚力、号召力不断增强，真正实现"一呼百应"。党员为中坚。"社区通"里，用户名后飘着的小党旗，是党员亮身份的标志。在党组织带领下，6.1万余名党员亮身份、起作用、受监督，带头整治环境、帮扶困难群众等先进事迹广为传播，先锋模范形象深入人心，居村民随拍随传、点赞认可，"双报到、双报告"得到积极推进和鲜活展示。"铁粉"作引导。党组织掌控"提出议题""形成决策"等关键环节的把关权，牢牢占领网络意识形态的主导地位。每个小区都建立党团员为骨干的志愿者队伍，成为党组织的有力助手、忠实"铁粉"，发声音、作引导，让社区充满正能量。全区志愿者队伍从"社区通"上线之初的21万人上升到目前的37.4万人，增长78%。群众受教育。注重引导而非教导，在参与公共事务、共同讨论协商中，居村民理性、平和、文明、友爱的素养得到了很好养成，公益互助的氛围日益浓厚，在线公益置换物品近2.4万余件。

（三）一体推进"四治"，激发社区参与活力

基层社区治理中一个突出问题是：社区活动中"老面孔"多，新人少；老人多，年轻人少；一般性的活动多，自治共治项目少。依托"社区通"，宝山区一体推进党建引领下的"自治共治德治法治"，积极打造社区共同体。切实改变参与结构。依托"社区通"，社区参与从"少"到"多"，从"老"到"青"，从"被动"到"主动"，从"浅尝辄止"到"深度介入"。大量年轻"上班族"参与到社区治理中，50岁以下群体上线占比达60%。社会组织、社区自组织在线开设公益服务"店铺"612家，"全方位"征求居民意见，"量身式"设计服务项目，"点对点"推送服务信息，"全过程"引导居民参与，服务效应不断扩大。"自下而上"议事协商。建立"提出议题—把关筛选—开展协商—形成项目—推动实施—效果评估—建立公约"的议事协商操作链，让自下而上提出议题、形成项目、订立公约成为新常态。共有12万余名居村民参与协商，产生议题2.2万余个，形成公约和项目2 200余个。2017年，在小区综合改造中，全区基层党组织普遍运用"社区通"征集方案、征求意见、

公布进展、接受监督,得到广泛好评。持续打造社区共同体。"社区通"建立真实的"线上宝山",确保上线的是"真正的邻居们",讨论的是"真切的社区事",传播的是"社会的正能量"。通过邻里互助、爱心传递,居民资源、邻里资源成为社区资源,独居老人有了定期看护,走失的老人和孩童快速找到家人;通过信息共享、对话协商,家园意识深入人心,居村民逐渐从"门对门陌生人"变成"社区里老熟人",社区"温度"持续提升。

三、惠民政策群众晓,基层治理工作见成效

(一)连通党心民心,基层组织力持续强化

"社区通"把党的建设渗透到基层治理的各方面、各领域,实现了群众导向的即时化、扁平化、智能化治理,畅通了党和政府与群众之间的互动沟通,让党和政府惠民政策群众知晓,中心工作群众参与,发展成果群众共享;让群众的诉求第一时间被倾听、被回应、被解决。在互动沟通、有效服务的过程中,党组织、党员和群众的心声交织在一起,逐渐从"你和我"变成"我们",基层党组织的战斗力、凝聚力、号召力不断增强。

(二)连通需求供给,社区服务更加精准

由于信息不对称,以往大量群众需求被遗漏或屏蔽。"社区通"与多个信息系统进行智能对接,建立高效的问题分层分类处置闭环,通过技术和制度手段,确保"民有所呼、我有所应"。改变以往群众工作靠经验的传统做法,"社区通治慧中心"深入采集、挖掘、分析、共享社区数据,及时掌握社区共性问题,适时调整治理服务方式内容,让群众需求和社区资源精准对接。如,2018年一季度,针对数据显示居民热议榜首的"交通出行"问题,区、街镇两级联动、精准施策,优化了多条公交线路,居民交口称赞。

(三)连通多元主体,基层治理体系进一步完善

依托"社区通",以居村党组织为领导核心,居村委为主导,居村民为主

体，相关单位共同参与的基层治理体系进一步健全完善、发挥作用，社区自有资源最大限度被挖掘，公共服务资源真正沉到基层。居村党组织和居村委会协调各方有了抓手，一些长期困扰基层的问题开始破冰，一批好的经验做法在全区得到推广。如，居民区党组织对"三驾马车"的引领进一步做实，通过引导物业公司、业委会在线直播工作、提供服务，让物业、业委和居民从"背对背"转为"面对面"，物业服务水平有效提升，一批小区顺利破解业委会组建难题。

四、发散创新思维，基层社会治理的工作启示

（一）要建立党建引领主阵地，牢牢把握基层社会治理的主导权

"社区通"把党的领导植根于基层群众，线上线下结合，组织发动基层依法管理、有序参与。宝山的实践证明，通过建立党建引领主阵地，强化网络主导、服务引导，积极传播正能量，才能为加强和完善社会治理提供有力保障。

（二）要强化和运用互联网思维，调动各类资源共同解决社会治理问题

首创"社区通"不仅是信息化社会的现实要求，更是党建引领下解决社会治理问题的需要。宝山的实践证明，在党建引领基层社会治理中引入互联网的开放型思维、大数据思维、粉丝思维等，调动各类资源共同解决群众问题，能有效激发社区活力。

（三）要推进基层治理能力提升和机制创新，形成可复制可推广的基层社会治理经验

"社区通"通过科学设计、创新机制、培养能力，切实提高了基层党组织的工作精准度、基层治理的群众满意度。宝山区的实践形成了可复制可推广的党建引领基层治理模式。

凝心聚力开创文艺院团
文明创建新篇章

——上海交响乐团围绕中心、服务大局打造城市精神的文化主体

王 颖

摘 要： 上海交响乐团在开展文明创建工作的过程中，始终坚持将创建与主业发展紧密结合、齐抓共管，将乐团"音乐人才汇聚、艺术水平卓越、创作作品经典、公共教育一流、管理模式先进、国际声誉良好的'亚洲顶尖、全球著名的世界优秀乐团'"的发展目标也作为创建工作目标，深入推进体制机制改革，深入推进主业发展，并以此为基础形成了文明建设的良好局面。

关键词： 城市精神 文明建设 服务发展

上海交响乐团（以下简称"上交"）始终秉持"以改革发展为动力，以行业标杆为标准，以社会责任为要求，打造代表上海城市精神的文化主体"的创建思路，以习近平新时代中国特色社会主义思想为指针，切实加强领导班子及全体员工的思想政治教育，在对标文明创建考核标准的基础上，进一步总结并形成具有上交特色的文明文化品牌，大力助推上交精神文明建设工作。

上交的文明创建工作始终围绕乐团中心工作，服务发展大局，凝心聚力为打造城市文化名片、推动国家文化发展、对外传播中国文化作贡献，以严把政治导向、完善制度建设为抓手，让创建成果实实在在体现在文化品牌的

打造和事业发展的取得成绩中。

一、严把政治导向是主业发展的保证

政治方向决定事业的发展方向，上交的改革发展始终坚守国有文艺院团的责任担当，高度重视政治导向。党建工作是政治教育的主要手段和途径，乐团不断在教育形式和内容上下功夫，从"一大"会址的实地学习，到丰富多样的主题教育活动；从领导干部带头做主题党课，到普通党员每月讲一次党课，在党建工作中，上交始终把实际效果摆在首位，把思想政治教育做到内化于心，外化于行。

在面对重大任务时，上交作为上海代表性文艺院团也始终本着"服务大局"的意识和"敢为人先"的精神冲在第一线。在 2018 年 10 月接到首届进博会欢迎宴会演出任务时，上交的当月计划表上已经有近 20 场排练演出的工作任务，临时加上进博会的任务，当月的排演工作将超负荷运作。然而，上交团队凭借职业精细的工作流程和忠诚热情的工作态度，在乐团内做好思想宣传工作，并妥善处理了两次演练遇到的日程"撞车"，最终在 11 月 4 日以精湛的技艺和饱满的热情圆满完成演出任务。外交部领导代表中央首长对乐团的工作给予了极高的评价，表示了热情的慰问。此外，中国驻阿联酋大使馆国庆招待会、中央党校专场演出、上海市市长国际企业家咨询会 30 周年专场音乐会等重大活动，上交都圆满地展现了上海城市文化发展的成果。

上交以对政治导向的坚守和对艺术规律的追求，锻炼了一支忠于事业、精于业务、勇于担当的人才队伍。乐团连续获得上海市质量管理奖提名奖、徐汇区区长质量奖提名奖、上海市质量金奖组织奖。上海市平安示范单位、上海市青年五四奖章集体、上海市白玉兰纪念奖、上海质量品牌故事征文比赛一等奖、徐汇区消防工作先进单位等机构和个人荣誉纷至沓来。上交还成为在上海市企业社会责任报告在线信息平台发布《社会责任报告》的文艺院团，接受社会各界的公开监督。

在党风廉政建设方面，上交认真贯彻并严格执行中央八项规定精神，近两年先后修订完善了各项班子建设制度以及外请艺术家接待、因公出差、公车使用管理等公用行政经费的审批及报销流程，按时签署《上海交响乐团党风廉政建设责任书》和《上海交响乐团中层管理人员党风廉政建设责任书》，承诺履行职责，落实党风廉政建设主体责任。在公民道德教育方面。上交通过党总支、工会、团支部等党群组织以及人力资源中心的培训机制，积极将道德教育纳入中心组理论学习内容、纳入建设学习型党组织内容、纳入领导干部学习内容、纳入党团员日常教育管理内容、纳入员工培训内容。同时，围绕社会主义核心价值观，结合上海城市精神，广泛开展各类道德文化活动。上交将思想政治建设融入方方面面的工作，目的是在内部逐步形成了遵纪守法、诚实守信、友爱团结的工作氛围，进而让广大演职员工心往一处想、劲往一处使，齐心协力向着目标前行。

二、完善制度建设是事业发展的基石

制度是基础，完善的制度能为上交的稳步发展提供有力的保障，因此，制度建设一直是乐团基础建设的重点工作，作为国有文艺院团改革试点，上交也一直把制度建设作为单位文明创建的主要抓手。从理事会领导下的社会化管理体制到"一团一策"改革发展模式，结合自身"团厅合一"的特色，上交始终在发展的过程中，结合内外部的实际情况，根据新形势、新要求不断完善自身的制度建设，使乐团发展始终贴近国家文化战略、始终贴近城市发展需求，始终贴近市民文化生活、始终贴近艺术发展规律。乐团的改革发展，特别是理事会体制和团厅合一运营模式得到了文化和旅游部、市领导、市有关部门的热情关心和大力支持，也多次吸引了全国各地的政府分管领导、机构负责人前来进行交流学习。

上交不但重视日常管理制度的建立和完善，例如艺委会章程、业务管理流程、艺术档案管理、舞台管理等艺术管理规范在近两年的工作中得到了进一步完善。在此基础上，上交近年来在制度建设方面力求更上一个台阶，深入推进了内控体系建设，进一步完善了流程、合同、采购等方面的管理，经过反复研究完善，最终完成了《上海交响乐团内控手册》作为乐团内控工作的纲领性文件。

三、在主业发展中体现创建成果

无论是政治建设还是制度建设，最终的目的都是为了推动上交的主业发展。上交始终牢记自己的初心使命，全心全意为广大人民群众提供优质的文化产品，将中国文化传播到世界各地。文明创建工作为乐团的主业发展提供了坚实的思想和制度保障，近年来主业发展成绩斐然。

（一）践行社会主义核心价值观，打响上海城市文化品牌

上交的中心工作是艺术生产，艺术生产的核心抓手是品牌建设。这既是乐团改革发展的追求，也是市委、市政府及市委宣传部部署"上海文化"品牌建设对上交提出的明确要求。围绕乐团的核心品牌——音乐季，上交以"他人与我们""有机古典"等为主题，不断拓展和延伸交响乐的边界，向全市市民提供烙有上海交响乐团标识的品质音乐生活。音乐季中不仅世界级音乐大师接踵而至，中国古典音乐界的翘楚和青年才俊也通过上交音乐季的演出走上世界级的舞台。

此外，上海夏季音乐节始终在上海夏季音乐主题活动中独占鳌头；上海新年音乐会和上海新春音乐会成为沪上乐迷在新年之时最大的期盼；一局跻身世界顶级音乐赛事的上海艾萨克·斯特恩国际小提琴比赛吸引了全球小提琴好手的目光。

（二）满足公众艺术需求，不断提升市民文明素养

普及高雅艺术是上交义不容辞的义务，也是融入上海城市文脉的有力途径。上交注重利用自身艺术资源服务公众，回馈社会。2014年9月，上海交响乐团音乐厅正式投入使用，标志着上交承载百年的梦想变为现实，开启团厅合一的全新运营模式。音乐厅的运营，也使得上交能提供形式和内容更为

丰富的文化活动，以满足公众不同的需求。

演出方面，上交年均开展公益性演出 50 余场；每场营业性演出 80 元以下低价票比例远高于上级单位 5%的要求，甚至达到 25%以上；全团参与公益演出及志愿服务超过 200 人次，人均服务时间不少于 3 小时；面向全市提供艺术家接待、观众接待、艺术家采访、舞台技术、艺术行政管理等志愿服务岗位百余个，给热爱古典乐的市民，特别是青少年提供了与艺术亲密接触的机会。

普及方面，上交每年有进校园、进社区的普及专场演出 30 余场、面向中学生开展音乐体验课 20 余场、"乐行天下"国内巡演 12 场；同时，还与湖南街道联动，推出"周末开放日"亲子活动以及面向社区居民免费开放的"上交音乐教室"，全面助力提升广大市民的艺术素养。

艺术教育方面，既有上交与纽约爱乐、上海音乐学院合作创办的上海乐队学院这样以上海交响乐团为实践中心，全面培养职业乐队演奏人才的专业教育；也有"音乐地图课堂"这样寓教于乐的，旨在拉近观众、使市民走近音乐厅的普及性教育；还有上交与大众汽车公司联合创办的 AEP 中国艺术拓展计划这样立足于把上交的经验和艺术向全国推广，以古典跨界的方式支持更多中国年轻艺术家实现梦想的复合型教育。

此外，上交参与组建的位于宝庆路 3 号的国内首个交响音乐博物馆——上海交响音乐博物馆于 2017 年 10 月 1 日对外试运营。这个只有 400 平方米展陈空间的博物馆，浓缩了"西乐东渐"的百年历史，从开馆伊始就受到了国际国内业界和广大市民的关注。

为了感恩并反哺上海这座养育自己的城市，2019 年，上交特别发起"全城交响·上交为你而来"的主题活动，开放接受全上海的机构和个人的邀约，让上交的乐队在全上海各个角落奏响。

（三）讲述中国故事，传播中国声音，推进上海城市文明进程

上交不仅将国外的优秀文化"请进来"，也通过各种方式让中国的优秀文化"走出去"。

巡演是文化走出去最普遍的方式，上交近年来的国外巡演将国外的主流

剧场、主流音乐季、主流音乐节作为主要平台,传播中国文化。2017年8月,上交在音乐总监余隆的率领下横跨欧亚大陆,开启一场声势浩大的欧洲著名音乐节巡礼。世界顶尖的琉森音乐节历史上第一次响起了中国乐团的声音。家喻户晓的小提琴协奏曲《梁祝》由小提琴大师马克西姆·文格洛夫与上交联袂演绎,在世界最高舞台彰显了中国文化积淀。2019年8—9月,上交140周年团庆之际,启动了乐团迄今为止规模和影响最大的国际巡演,借中美建交四十周年等时间节点,将足迹遍及欧美主要音乐节,如英国逍遥音乐节、爱丁堡国际艺术节、芝加哥拉维尼亚音乐节,等等,并第二次登上琉森音乐节的舞台。

在文艺作品传播和创作方面,近年来,上交致力于以西方音乐传播中国文化。上海艾萨克·斯特恩国际小提琴比赛从创始之初,就要求比赛曲目中必须演绎指定的中国作品,并设立了最佳中国作品演绎奖,以此推动中国作品传播。创作方面,上交通过委约创作的方式,推出了《乒乓协奏曲》《度》《京剧瞬间》《敦煌》《悲喜同源》《咏别》《山海经》等中国题材作品,在国际音乐界广泛演出传播。

唱片是另一传播中国文化的有效途径。作为国内首支签约全球第一古典厂牌DG的交响乐团,上交向全球发行了首张贴有DG小黄标的唱片,曲目涵盖了第二届上海艾萨克·斯特恩国际小提琴比赛的规定中国曲目——陈其钢的小提琴协奏曲《悲喜同源》以及拉赫玛尼诺夫的《交响舞曲》,同张专辑中还将收录克莱斯勒的《中国花鼓》和陈其钢的《五行》,充分凸显中西方音乐对话的主题。上交还联合上海音乐出版社,系统梳理1949年中华人民共和国成立以来中国交响音乐创作的发展过程,并从中甄选出70部具有代表性的中国交响乐力作,于中华人民共和国成立70周年之际编辑成册,以一套全新的图文音像制品,献礼共和国。

四、总结工作经验,将上交模式
作为城市文化的积累

上海交响乐团的发展始终离不开中国改革开放的时代潮流,离不开上海

城市文化发展的母体氛围，离不开国有文艺院团新一轮改革发展的历史机遇。因此，上交也积极把改革发展的经验和成果沉淀积累，作为城市文化的代表，向国际国内业界分享。

2015年，上交在上海创办中国乐团艺术管理论坛。理事会、艺委会、乐队学院、小提琴比赛、艺术教育、音乐厅管理等经验和成果，都通过这个平台与全国乐团分享。2018年，经过三年多的努力，这个由民间发起，在上海诞生的论坛的筹建获得中国音乐家协会官方认可。

回首两年的文明创建工作，上交总结了几条经验：

1. 坚持体制机制创新。以改革为动力，以市场为导向，进一步解放思想，敢为人先，探索先进模式。

2. 坚持弘扬社会主义核心价值观。以内容为依托，以音乐为载体，践行责任担当，展示上海形象和中国善意。

3. 坚持人才兴团。以业务考试和绩效考核为抓手，构建符合改革发展需要的人力资源体系，吸引高端人才，搭建人才梯队。

4. 坚持国际标准引领。对标世界一流乐团，结合自身特点，找到模式痛点，突破瓶颈问题，形成上交模式。

5. 坚持以人民需求为导向。不断提高创作演出水平，释放文化生产力，在做好文化"码头"的同时，打造文化"源头"，用好的艺术作品润泽更多市民。

上海交响乐团的文明创建工作从本质上讲，是中心业务工作的另一面，反映了上交人追求卓越的精神和敢为人先的勇气。在近两年的创建工作过程中，上交得到了各级领导、合作单位、广大市民和广大乐迷的大力支持。更重要的是全体团员精诚合作，以饱满的情绪，在自己的工作岗位上推动新一轮改革发展，推动上交朝着"世界优秀乐团"的发展目标不断迈进。

作者简介：

王　颖：上海交响乐团人力资源中心主任

满怀文化自信的上海"伴手礼"

陶爱莲　唐健盛　刘波

摘　要： 精神文明是人类在改造客观世界和主观世界的过程中所取得的精神成果的总和,是人类智慧、道德的进步状态。物质文明是人类改造自然的物质成果。总体上来看,物质文明是精神文明的基础,但同时先进的精神文明必然导致先进的物质文明。上海市消保委连续两年开展上海"伴手礼"评测活动。活动的作用:一方面整个活动是对进博会的献礼,活动的最终成果是为来自海内外的宾客提供最能代表上海精神、上海气质、上海水平的"伴手礼"。另一方面则从需求侧倒逼供给侧,促使企业切实感受和落实"四大品牌"的意义。

关键词： 精神文明　四大品牌　市场　上海特色伴手礼

一、伴手礼测评活动的研究背景

(一) 文化自信是当前精神文明建设的核心目标之一

习近平总书记指出:"没有中华文化繁荣兴盛,就没有中华民族伟大复兴。一个民族的复兴需要强大的物质力量,也需要强大的精神力量。没有先进文化的积极引领,没有人民精神世界的极大丰富,没有民族精神力量的不断增强,一个国家、一个民族不可能屹立于世界民族之林。""一个民族需要有民族精神,一个城市同样需要有城市精神。城市精神彰显着一个城市的特色风貌。要结合自己的历史传承、区域文化、时代要求,打造自己的城市精神,对外树立形象,对内凝聚人心。"

（二）文化自信需要鲜活的表现形式

2017年年底，党中央、国务院批准中国国际进口博览会在上海举办。与此同时，上海市委提出着力构筑上海发展的战略优势，全力打响上海服务、上海制造、上海购物、上海文化四大品牌。为了彰显文化自信，助力打响"四大品牌"，促进消费升级、品质提升，同时以服务首届中国国家进口博览会为契机，上海市消保委在2018年年初就开始策划上海特色"伴手礼"测评活动。

二、持续两届的上海特色伴手礼评测实践

（一）初次尝试

在策划阶段，市消保委主动联系上海市商务委、上海市老字号企业协会和相关行业协会，委托上海新消费研究中心进行前期研究工作。为确保测评活动的科学性，测评活动分为三个阶段进行。第一阶段为专家评测阶段，这一阶段由专家根据上海地域特色、品牌文化和产品的体验（新颖、精致）三个维度对申报的企业商品进行评分，筛选出进入第二轮的候选"伴手礼"。第二阶段则采用大样本的调查，请被调查的消费者从有上海特色、有吸引人的故事、有购买分享意愿、精致、新颖等五个维度对测评的"伴手礼"进行评价，然后根据消费者的评价选出进入第三轮的候选"伴手礼"。第三阶段则邀请专家和消费者代表一同在现场对候选"伴手礼"进行测评，在综合第二轮测评成绩和现场专家和消费者的测评打分后，形成上海优选特色产品（优选伴手礼）。首次伴手礼测评活动中共产生了24款上海优选特色产品（优选伴手礼）。

（二）不断优化

2019年3月，第二届中国国际进口博览会组委会正式成立。上海市消保委的上海特色"伴手礼"测评活动也再次提上日程。一方面上海市消保委进一步优化了测评中的细节，例如在第一环节的专家选择上更倾向于行业专家，

第三环节的专家选择上则更倾向于社会的影响力。另一方面由于首届测评活动获得了社会的高度认可，参展企业的"伴手礼"市场销量快速提升，第二届活动启动开始申报的商品数量几乎翻番，其中有33家企业再次申请测评，且送评的商品在品质上也有明显的提升。

测评活动在2019年5月正式启动，经过筛选，共有200件产品进入初评环节（其中食品类产品91件，非食品类产品109件）。在8月2日、8月3日举行的初评会（第一阶段）现场，专家评委从地域特色、品牌文化、产品体验等维度，选出85件产品进入第二轮消费者网上评测环节。第二阶段，上海市消保委联手阿里巴巴，面向国内外、长三角及上海本地消费者开展网上调查和评测，共计发送问卷480万份，根据综合评分，50件产品入围了2019上海特色伴手礼。第三阶段，上海市消保委邀请广告营销、文化创意、商业经济、社会法律等领域的国内外大咖作为专家评委，又通过自主报名、定向邀请等方式产生有代表性的消费者评委。根据专家评委和消费者现场评分，并综合网上消费者调查分值，从50件上海特色伴手礼中甄选出25件2019上海优选特色伴手礼。

三、打响"四大品牌"的成效和经验

（一）成效显著：形成多个亮点

为不断坚定文化自信，助力打响上海"四大品牌"，上海市消费者权益保护委员会在上海市商务委、上海市老字号企业协会和相关行业协会的鼎力支持下，连续两年组织开展了上海特色伴手礼评测活动。通过上海知名企业积极申报、多维度权威专家甄选和面向国内外、长三角和上海本地近500万消费者的调查，产生了93件上海特色伴手礼（其中，2018年为43件、2019年为50件）。连续两届的上海"伴手礼"测评活动成功地达到预期目标，同时也超出了预期目标。

活动给消费者送上了最能代表上海精神、上海气质、上海水平的伴手礼，生动且充分诠释了"四大品牌"。上海是国际化大都市，曾经是全国各地消费者向往的购物胜地,从上海购回的商(礼)品最时尚、最好吃(用)、最有保障、最有面子。但随着市场的开放,消费者却越来越难以找到能代表上海的伴手礼了。如何满足人们对美好生活的向往,如何为消费者推荐最能代表上海精神、上海气质、上海水平的伴手礼,这是上海必须思考和采取行动的。测评活动产生和推荐的上海"伴手礼",体现了传统与创新融合、特色与文化融合、品质与时尚融合,为广大消费者所喜爱,在线下门店销售火热,销量同比都呈翻倍以上的增长。以乔家栅为例,其三丁烧麦入选上海特色伴手礼后,年销售额由 2017 年的 100 万元上升到 2018 年的 900 万元,2019 年预期可达 1 500 万元。

活动倒逼企业,让企业焕发生机。通过参与上海"伴手礼"测评活动,企业更加了解了市场的需求和发展方向。企业在不断优化产品的同时,更加强化了产品与文化的融合,更加强化了商品的属性。上海特色伴手礼评测活动不仅有效助推了以老字号为代表的上海传统企业的发展,还培育了一批兼具文化工艺传承和创新能力的新字号企业。

活动对接大平台,助力企业快速发展。测评活动吸引了阿里巴巴、唯品会等大平台主动对接,帮助参评企业的"伴手礼"实现了由区域市场向全国市场的成功拓展。

(二)经验总结:坚定文化自信

上海特色伴手礼评测活动的成功,最为重要的就是牢牢把握"不断坚定文化自信"的核心要义。纵观中国消费市场的发展,在改革开放之初,国内的消费品产业确实与国外发达国家有较大差距,随着外资进入,相当数量的本土企业和老字号沉沦甚至湮没。而后,随着居民收入的快速增长,以一线奢侈品为代表的高端消费和以海淘为代表的白领消费又加大了消费外溢的情况。可以说,消费领域"崇洋"现象盛行数十年。

但是,随着我国经济社会快速发展,我国的消费品产业无论是在技术、能力还是规模上都已经位居全球前列。国人在消费方面的文化自信也逐渐增强。特别是在新媒体传播时代,一个老字号的故事远比洋品牌的广告更能打动中国的消费者。上海特色伴手礼评测的核心环节就是对国内外和上海本地消费者的调查，测试哪些产品的故事更能代表上海的文化。从而使上海特色伴手礼具备了新媒体时代极强的传播力（据不完全统计，2018上海特色伴手礼评测活动网络传播量为6 000万。2019年预计将超过1亿）。而这种传播力的基础就是消费者的文化自信。

上海特色伴手礼评测活动的成功，还得益于对国货精品的发现和培育。不可否认，洋品牌和国外消费品确实在设计、创意、品质等方面有常年的积累。国货要与之竞争，势必要做得更好，甚至要全面超越。因此，上海特色伴手礼评测活动在发现和培育国货精品方面花了很大的力气，在初评环节邀请了权威的品质专家和行业专家严格把关，只有初评选出的"好货"，才能进入第二轮消费者调查环节。而到了第三轮优选评测环节，上海市消费者权益保护委员会更是邀请了传统文化、广告营销、商业经济、社会法律等领域的国内外大咖组成专家评委组和有影响力和代表性的消费者评委组，从第二轮入围的产品中再甄选出国货精品。很多参评企业表示，上海特色伴手礼评测活动本身也是很好的交流学习过程。在2018年评测活动之后，参评企业推出的新品在传统与创新融合、特色与文化融合、品质与时尚融合方面又有了很大的提升。

四、弘扬国货内涵文化的问题与建议

（一）面临的问题

当前，党中央、国务院高度重视加快完善促进消费体制机制，增强消费对经济发展的基础性作用。但我们不得不面对以下三个问题：

1. 一体的市场，割裂的职能部门

市场是高度一体化的，消费者在消费商品时是消费了该商品的全部属性，例如它是老字号企业生产的，这个产品的生产工艺属于非物质文化遗产。但目前在市场培育和发展中，又无可避免地面对如下尴尬，例如老字号的发展职能属于商委，非物质文化遗产的认定属于文旅局等。

2. 市场自身的弊端

市场是供需关系的体现，随着社会生产力的快速发展，供给会自然超出需求，供给方必然会想尽一切办法来实现交易，一些假名牌、假特产也就会层出不穷。如果需求方缺乏专业判断力，或者由于贪图小利有意放弃判断力，那么必然会恶化市场环境，出现劣币逐良币的现象，上海服务、上海制造、上海购物、上海文化也就无法真正落实。

3. 过时的消费思维惯性

在我国生产力相对落后的时期，洋品代表着品质、科技、格调、身份等。在经济实力允许的情况下，消费者往往以消费洋品为荣，且已经形成了这种消费思维的惯性。尽管新生代的90后、00后消费者并不天然地带有这种思维惯性，但如果不加强引导，崇洋的消费思维惯性将继续延续下去。同时一些老字号企业还只会讲故事1.0，也就是过去事、记录下来的事。

（二）牢记经验，展望未来

结合以上问题和评测活动的经验，特形成如下三条建议：

1. 在传承与创新上下功夫，让国货内涵的文化活起来

政府相关职能部门和各地政府都要充分重视消费与文化的融合。首先要建立跨部门机制，打通消费与文化原有的产业隔阂；其次要引入外部资源，借助更多外脑智库来讲国货故事；最后要增加消费文化投入，在大力保护非遗扶持老字号的基础上，依托传统文化打造消费IP，用IP带动产业发展。

2. 在发现和培育上下功夫，让更多的国货精品脱颖而出

发现和培育机制既关乎市场的优胜劣汰，更关乎消费者对国货的信心。因此，出发点要确保公正性和公益性，杜绝任何商业行为；方法要专业，参与要广泛，不能采用行业关起门来搞评比评选的老套路；结果要科学，要能得到消费者与市场的认可，充分的消费者调查与多维度专家的评测是有效的方法。

3. 讲好故事3.0，让消费者因买国货而自豪

在信息驱动消费的时代，传播对于促进消费的作用非常显著。第一，要

充分认识到讲好国货故事3.0对于不断坚定文化自信的意义，发挥好主流媒体宣传主阵地的作用；第二，要采用多种方法支持与鼓励以老字号为代表的传统企业开展新媒体传播；第三，要努力营造消费国货的舆论氛围，限制以"崇洋"为目的的商业炒作，逐步树立"以国货为荣"的消费理念。

作者简介：

陶爱莲：上海市市场监管局副巡视员、上海市消费者权益保护委员会副主任（秘书长）、上海新消费研究中心主任

唐健盛：上海市消费者权益保护委员会副秘书长、上海新消费研究中心总干事

刘　波：上海新消费研究中心副总干事、上海迪博大数据研究所所长

图书在版编目(CIP)数据

上海精神文明建设蓝皮书. 2019 / 王玉梅,杨雄主编. —上海:上海社会科学院出版社,2019
 ISBN 978-7-5520-1664-2

Ⅰ.①上… Ⅱ.①王…②杨… Ⅲ.①社会主义精神文明建设—研究报告—上海—2019 Ⅳ.①D648

中国版本图书馆 CIP 数据核字(2019)第 277222 号

上海精神文明建设蓝皮书(2019)

主　　编：王玉梅　杨　雄
责任编辑：杨　国
封面设计：周清华
出版发行：上海社会科学院出版社
　　　　　上海顺昌路 622 号　邮编 200025
　　　　　电话总机 021-63315947　销售热线 021-53063735
　　　　　http://www.sassp.cn　E-mail:sassp@sassp.cn
排　　版：南京展望文化发展有限公司
印　　刷：安徽新华印刷股份有限公司
开　　本：710 毫米×1010 毫米　1/16
印　　张：17.25
插　　页：4
字　　数：251 千字
版　　次：2019 年 12 月第 1 版　2019 年 12 月第 1 次印刷

ISBN 978-7-5520-1664-2/D·560　　　　定价:89.00 元

版权所有　翻印必究